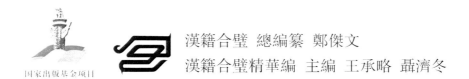

漢籍合璧 總編纂 鄭傑文

漢籍合璧精華編 主編 王承略 聶濟冬

戰國策三注旁訓評林

〔明〕李廷機　注

〔明〕沈一貫　選

〔明〕葉向高　評

郭萬青　整理

漢籍合璧精華編

學術顧問（按齒序排列）：
程抱一（法國）　袁行霈　項　楚　安平秋　池田知久（日本）
柯馬丁（美國）

編纂委員會（按姓氏筆畫排列）：

主　任：　詹福瑞
委　員：　王承略　王培源　王國良　呂　健　杜澤遜　李　浩　吳振武
　　　　　何朝暉　林慶彰　尚永亮　郝潤華　陳引馳　陳廣宏　孫　曉
　　　　　張西平　張伯偉　黃仕忠　朝戈金　單承彬　傅道彬　鄭傑文
　　　　　蔣茂凝　劉　石　劉心明　劉玉才　劉躍進　閻純德　閻國棟
　　　　　韓高年　聶濟冬　顧　青

總　編　纂：
鄭傑文

主　　編：
王承略　聶濟冬

本書編纂：
辛智慧　李　兵　林　相　段潔文

本書審稿專家：
馮春田　唐子恒

國家重點文化工程 "全球漢籍合璧工程" 成果

前　言

　　中華優秀傳統文化是中華民族寶貴的精神財富。古籍是中華優秀傳統文化的載體，凝聚了古人的智慧，承載了中華民族在人類發展史上的貢獻。古籍整理，是一種傳承、發展中華優秀傳統文化精髓的基礎研究，是一項事關賡續中華文脈、弘揚民族精神、建設文化强國、助力民族復興的重要工作。古籍整理研究雖面對古籍，但要立足當下，把握時代脈搏，將傳統與現實緊密結合，激活古籍的生命力，推動中華文明創造性轉化和創新性發展。

　　山東大學向來以文史見長，在古籍整理研究方面成就斐然。從 2010 年開始，承擔了國家社科基金重大委托項目"子海整理與研究"，遴選先秦至清代的子部書籍中的精華部分進行影印複製和整理研究，已取得了豐碩的成果。自2018 年始，山東大學在已有的古籍整理成功經驗的基礎上，又承擔了國家重點文化工程——"全球漢籍合璧工程"，主要是對海外存藏的珍本古籍複製影印和整理研究，旨在爲海内外從事古代文、史、哲、藝術、科技專業研究的學者提供新的資料和可信、可靠的研究文本。"漢籍合璧工程"共有四個組成部分，即"目録編、珍本編""精華編""研究編"和數據庫。其中，"精華編"是對海外存藏、國内缺藏且有學術價值的珍本古籍進行規範的整理研究。在課題設計上，進行了充分的調查分析和清晰定位，防止低水準重複。從選題、整理、編輯各環節中，始終堅持精品意識，嚴格把握學術品質。"漢籍合璧精華編"的整理研究團隊由近 150 人組成，集合了海内外 30 多所高校和研究機構的古文獻研究者，整理研究力量較爲强大。我們力求整理成果具有資料性、學術性、研究性、高品質的學術特色，以期能爲海内外學者和文史愛好者提供堅實的、方便閱讀的整理文本。

　　"漢籍合璧精華編"採用五次校審、遞進推動的管理模式。一、整理者提交文稿後，初審全稿。編纂團隊根據書稿的完成情況，判斷書稿的整體整理質量，做出退改或進入下一步編輯程序的判斷。二、通校全稿。進入編輯程序的書稿，編纂團隊調整格式，規範文字，初步挑出校點中顯見的不妥之處。三、匿名評審。聘請資深專家通審全稿，全面進行學術把關，盡力消滅硬傷，寫出詳盡的審稿意見。四、修改文稿。專家審稿意見及時反饋給整理者，整理者根據審稿意見修改，完成新文稿。五、終審文稿。待新文稿返回後，主編作最後的質量把關。五步程序完成後，將文稿交付出版社。出版社同樣進行嚴格的審稿、出版程序。

　　五次校審的目的是爲了保證學術質量，提高整理水準，減少訛誤和硬傷。但校書如掃塵埃落葉，"漢籍合璧精華編"儘管經多道程序嚴加把關，仍難免有錯，懇請方家不吝指教。"漢籍合璧精華編"編纂團隊將及時總結經驗，吸取教訓，把工作做得更好，以實現課題設計的初衷。

目　　録

整 理 説 明

　　《戰國策》是先秦時期繼《國語》《左傳》之後又一部重要的史學著作,具有重要的史學價值、文學價值和思想價值。該書經過漢代劉向整理、高誘注釋,流傳後世。至北宋時期脱損嚴重,由唐宋八大家之一的曾鞏重新校訂修補,足成三十三卷,但篇什已非劉向、高誘之舊。至南宋時期,有姚宏本和鮑彪本並行,而鮑本既標世次,又大致按時間先後編排,故流通較廣。至於元代,吳師道參合姚本補正鮑本,爲之校注。此明以前《國策》刊行研究之大略。

　　明代中後期既是評點學的極盛期,前此的中國要籍幾乎在這一時期都有相應的評點著作出現,《戰國策》也不例外。今檢譚家健《先秦散文藝術新探》所録明代《戰國策》評點著述,除了選録有《國策》篇章的古文評點之外,《戰國策》的專門評點著作尚有張文爌《戰國策譚棷》,焦竑批選《戰國策玉壺冰》,張居正、陸深評《張陸二先生批評戰國策鈔》,陳仁錫選評《策語選評》,陳仁錫、鍾惺評《戰國策》,陸樹聲評注《戰國策》,阮宗孔選評《戰國策鈔》,項應祥選評《國策膾》,穆文熙《戰國策評苑》《七雄策纂》,鄭維岳《新鐫鄭孩如先生精選戰國策旁訓便讀》,陳繼儒選批《戰國策龍驤》等。除了譚氏所録,還有鄧以讚《鄧太史評選三國策》,張鼐《鐫侗初張先生評選戰國策雋》,顧起元《鍥顧太史續選諸子史漢國策舉業玄珠》,許獬等《許太史評選戰國策文髓》,閔齊伋裁注集評《戰國策》,丁澎輯評《戰國策》,湯賓尹等《戰國策狐白》,張榜等批點《戰國策》《戰國策纂》,張嘉言輯《國策標奇》,此外還有署名李廷機等選評的《新刻李太史選釋國策三注旁訓評林》和署名陳子龍選的《陳先生選釋國策辯奇旁訓評林》等,足以見明代《戰國策》評點著述之豐富。可見,整理、研究《戰國策》的評點是大有可爲的,而且也確實有必要。

　　今檢《新刻李太史選釋國策三注旁訓評林》四卷,署明沈一貫選輯,李廷機注釋,葉向高評林。國內罕有著録。美國哈佛大學燕京圖書館、日本公文書館等則有庋藏，孤懸海外，國內鮮有知之者，域內學者無以窺其全貌。不僅未見《國策》研究專著使用，即便是專門研究先秦散文或《國策》明代文學的學者，其論述中亦未見引述本書。今幸有《美國哈佛大學燕京圖書館藏中文善本彙刊》出版，該書即收錄在內，相關研究者始得閱覽之便。

沈一貫（1531—1615），字肩吾，號蛟門，浙江鄞縣人。隆慶二年（1568）進士。曾任南京禮部尚書、正史副總裁協理詹事府、太子太保、戶部尚書、武英殿大學士等職。“輔政十有三年，當國者四年。枝拄清議，好同惡異，與前後諸臣同。”死後諡文恭。著有《易學》《經世宏辭》《喙鳴詩集》《敬事草》《老子通》《讀老概辨》《莊子通》《讀莊概辨》《國朝名儒文選百家評林》《臺館宏章》等。學者對沈一貫多有措意。

李廷機（1542—1616），字爾張，又字九我，號九江，福建晉江人。隆慶四年（1570）解元，萬曆十一年（1583）會試第一，曾任國子監祭酒、少詹事兼侍講學士、南京吏部右侍郎、禮部尚書東閣大學士，死諡文節。《明史》卷二一七有傳。著有《李文節文集》《易經纂注》《漢唐宋名臣錄》《宋賢事彙》《李文公家禮》《春秋講章》《大明國史》《國朝名臣言行錄》《四書臆説》等，刻印或參與校刻過《萬文一統內外集》《草堂詩餘》《魏書》《秘笈新書》等，還參校過湯賓尹《左國秋型》。

葉向高（1562—1627），字進卿，號臺山，福建福清人。與李廷機爲同科進士。歷任南京國子監司業、左中允、左庶子、南京禮部右侍郎、吏部右侍郎、禮部尚書、東閣大學士、中極殿大學士等。著有《蒼霞草》《蒼霞續草》《蒼霞餘草》《四夷考》《蘧編》《綸扉奏草》《綸扉奏續草》，還主持修纂過《光宗實錄》。

李、葉二氏還輯纂有《新刻李太史釋注左傳三注旁訓評林》，《國策三注旁訓評林》和《左傳三注旁訓評林》當爲姊妹篇，皆爲書林詹聖澤刻本。

詹氏爲明代後期建陽書林，有多位刻書家。①詹聖澤，字霖宇，刊刻有萬曆元年（1573）《新鍥施會元精選旁訓皇明鴻烈集》、萬曆二十二年（1594）《新鍥二太史匯選注釋老莊評林》、萬曆三十四年（1606）《新刊鳳洲先生籤題性理精纂約義》、萬曆三十八年（1610）《新鍥評林旁訓薛鄭二先生家藏我朝搜古人物奇編》。此外，詹氏刻書尚有不署刊刻年代的，除了上述李廷機、葉向高二種之

①　謝永順、李珽《福建古代刻書》，福建人民出版社，1997年，第317頁。

外,還有《新刻李太史釋注史記三注評林》《新鍥名家纂定注解兩漢評林》《新刻校正歷朝捷録旁訓評林》《新刻校正皇明我朝捷録旁訓》《注釋九子全書》《春秋胡傳》《新鍥會元湯先生批評空同文選》等。①

美國哈佛大學燕京圖書館藏《新刻李太史選釋國策三注旁訓評林》,上下雙欄,下欄半頁九行,行二十字,注文小字雙行,上欄小字,行六字。四周雙邊,白口,單魚尾。書眉上刻評點。卷首前半面卷次之下分行題"閣下蛟門沈一貫選輯,少宰九我李廷機注釋,臺山葉向高評林,書林霖宇詹聖澤綉梓"。則其注釋爲李廷機所爲,而評點則屬葉向高。書前有王衡《國語國策三注題辭》一篇,謂:"世稱太史公雄才,然猶尤藉之《國語》《國策》,以發其感憤鬱積之氣,況漢之學者,安得不取其書而讀之哉?然卷葉繁多,字語間晦,學者多苦難而不就目。即就目矣,又未有不若爰居之駭鐘鼓。夫《國語》字字温醇,□言雅飭,讀之能使人變粗鄙之態;《國策》意周詞雄,調古語健,讀之能使人發深長之思。則二書豈可廢哉?賴蛟門沈先生選其切舉業者,十存四五。若注釋、若旁訓,則有九我李先生,而旨意字義明矣。若額上批評,則有臺山葉先生,而一篇大意了然于胸中矣。都人士誠,沉潛涉玩,亦有所藉以發其窮襟,則其雄才大略,當與太史公不相上下。"對於幾位合作者的分工進行了明確標識,對《戰國策》的風格特點給予了肯定。選篇是沈一貫所爲,注釋、評點則是李廷機所爲,而葉向高則爲輯評。其中,李廷機承擔工作最多,故以"李太史"冠書名。

該書選録《戰國策》149 篇,其中《西周策》4 篇,《東周策》2 篇,《秦策》29篇,《齊策》23 篇,《楚策》13 篇,《趙策》49 篇,《韓策》23 篇,《宋策》3 篇,《衛策》2篇,《中山策》1 篇,和鄭維岳《戰國策旁訓便讀》選篇數量相同,都出自鮑彪校本。從書名上即可以看出,全書内容包括注釋、旁訓、眉批三個部分,實際上還有第四部分,即尾評。按照分工,注釋主要詮釋語義、解釋史實,而旁訓恐怕是對注釋的補充,眉批部分是評點。但仔細檢點發現,三者之間内容上並非截然區分,訓釋、眉批都有語義解釋和校勘,旁訓和眉批都有評點。從内容而言,本書包括注釋、評點、校勘等。

其中注釋部分包括注音、文字辨析、語詞訓詁、史實補充、句義串講等内容。注音主要出現在注釋和旁訓中,用直音和反切兩種注音形式,直音注音相

---

① 據方彦壽《建陽刻書史》,中國社會出版社,2003 年,第 345—346 頁。

對較多。如"游騰爲周説楚"篇"厹"旁訓云："音求。""蘇秦以合從説韓"篇"皸芮"注："皸，音筏。""蘇代因淳于髠以説齊"篇"子還"注："音旋。""蘇秦論留楚太子"篇"夫剬楚者王也"眉批："剬音喘。"也有的僅揭明聲讀，如"蘇代自解於燕昭王"篇"足下以愛之故與"旁訓："平聲。""蘇秦論留楚太子"篇"然則是我抱空質"旁訓："去聲。"即在揭明句中之"與""質"二字分別讀平聲和去聲。文字辨析主要包括辨明通用、通假等，如"秦黄歇説秦昭王"篇"齊、魏得地葆利"旁訓："保同。""武安君諫秦昭王伐趙"篇"不遂以時乘其振懼而滅之"旁訓："震同。""蘇子説齊閔王"篇"告遡於魏"注："遡、愬同。"如"蘇厲説白起勿攻梁"篇"是攻用兵"注："攻、工通。""蘇秦始以連衡説秦"篇"特窮巷掘門"注："掘，即'窟'。古字通。""魯仲連遺燕將書"篇"智者不倍時而棄利"注："倍、背同。"語詞訓詁以義訓爲主，且往往以同義相訓的形式出之。作爲史書注釋，史實補充和人物解釋是應有之義，而句意串講本就是語義訓詁中應有之義。

　　校勘内容相對較少，包括依據吳師道注、《韓非子》《春秋後語》《史記》等增改文字，揭明訛文疑誤，揭明他書異文或版本異文，揭明闕文等等。如"張儀欺楚絶齊交"篇"楚國不尚全乎"注："乎，原作'事'，從高注改。""馮諼客孟嘗君"篇"齊人有馮煖者"注："或作'諼'。《史》作'驩'。"同篇"文倦於事"注："事，原作'是'，從吳注改。"同篇"迎君道中"注："'中'下原有'終日'二字，從吳注省。""蘇子説齊閔王"篇"則察相不事也"注："原無'也'字，從吳注補。""顔率爲周欺齊以過秦師"篇"謀之於章華之庭"注："原作'葉庭之中'，從《春秋後語》改。""陳軫説齊合三晉"篇"秦曾不出力"注："力，一作'刀'。""蘇秦論留楚太子"篇"忠王而走"注："或衍'之'字。"同篇"今人惡蘇子於薛公之"注："'之'下當有缺文。或衍。或作'者'字。""蘇代諫止孟嘗君入秦"篇"挺子以爲人"注："一作'埏'。""貂勃欲附田單"篇"民人之治"旁訓："一本作'始'。""應侯説秦以利散六國之士"篇"居武安，高會，相與飲"注："此下有三十五字，文義欠通，必有脱誤，從《百家類纂》删。"既有根據高誘注、吳師道注補字、改字或省字的情況，也有根據《史記》《春秋後語》《韓非子》等他書異文改字的情況，也有揭明他本異文或他書異文的。少數條目還引録了他人校語。如"應侯説秦以利散六國之士"篇"王見大王之狗"注引何洛文曰："王見，當作'臣見'。"

　　評點是本書的重要組成部分。從評點的角度而言，該書屬於輯評性質。

署名評點主要分布在眉批和尾評中,眉批兼録各家評點,尾評僅録李廷機一人評點。此外,旁訓、注釋中也多有評點,但並不署人名,或即葉向高所自爲。文末的李廷機評點共 45 處,以"九我評"單獨爲段,與正文相區分。上欄評點署有評點者名字的有:李廷機 86 條,陳如岡 29 條,霍林 28 條,石簣 24 條,翁青陽 16 條,漪園 10 條,王緱山 4 條,蘇洵、茅坤、朱之藩、君一、鍾斗、錢貢等各 1 條,皆以"××云"或"××曰"出之。署名評點涉及内容比較廣泛,有揭示主體句者,如"司寇布爲周最説周君"篇"必無獨知"眉批引李九我云:"必無獨知,言凡有所信,必使衆知其良,不可獨知也。此一句,是一篇主意。"此即釋本句之義,又揭示出本句之關鍵作用。有對篇章中人物對話之整體方式及效果進行揭示者,如"司寇布爲周最説周君"尾評:"司寇布欲周立其庶子最,而以君多巧、最多詐激之,復以買信貨動之,可謂善於説矣。"即對司寇布的對話方式及其效果進行了揭示。有對文章節奏進行揭示者,如"游騰爲周説楚"尾評:"先下'甚敬'二字,而後云'以其重秦',自有節奏。"有對篇章巧用重出語句的評價,如"蘇代爲周説韓"尾評:"'徵甲與粟於周'一語,凡五出而不厭。"有揭示文章氣勢者,如"蘇代爲周説韓"篇"何患焉? 代能爲君令韓不徵甲與粟於周,又能爲君得高都"上眉批:"突起便勁。"揭出該篇開始既有如此氣勢之對話。有注重揭示上下照應者。如"蘇代爲周説韓"篇"韓氏罷於兵"旁訓:"應'徵田'。"同篇"倉廩空"注:"應'徵粟'。"

　　旁訓評點不署名,且較簡短。往往對關鍵字句進行揭示,以"字法""句法"出之。旁訓中共出現"字法"7 次,"句法"25 次,此外注釋中出現"句法"1 次、尾評中出現"字法""句法"各 1 次,全書實際出現"字法"8 處,"句法"27 處。除尾評所論較爲綜合外,其他皆針對具體字句而發。古人行文注重用字,故每每有注重篇章具體字眼之論,如袁枚《與孫傅之秀才書》即謂:"夫古文者,即古人宣言之謂也,能字字立於紙上則古矣。"[①]明清時期古文評點的編纂與出版,很大程度上是爲讀書人寫作提供門徑和方法,故於古文評點中往往揭示字法、句法。如本書 7 處"字法","司寇布爲周最説周君"篇"君爲多巧"旁訓:"字法。"同篇"最爲多詐"旁訓:"字法。""堆琴諫秦王輕韓、魏"篇"魏桓子肘韓康子"旁訓:"字法。""武安君諫秦昭王伐趙"篇"楚人自戰其地"旁訓:"字法。""蘇代諫

---

①　轉引自張聲怡、劉九州編《中國古代寫作理論》,華中工學院出版社,1985 年,第 322 頁。

止孟嘗君入秦"篇"則子漂漂者將如何耳"旁訓："句法，字法。""蘇子説齊閔王"篇"此固大王之所以鞭箠使也"旁訓："字法，句法。""張儀以連衡説楚"篇"而束指，則泗上十二諸侯盡王之有已"旁訓："字法，句法。"以"詐""巧""肘""戰""漂""鞭箠""指"等字所用極爲巧妙。

就形式上而言，雖然有眉批、尾評、旁訓評、注釋評的區分，但除了字法、句法多見於旁訓、注釋之外，其他評點内容區分度不高，凡篇章上欄眉批第一條，往往帶有總評性質，而李廷機尾評也有少部分並非針對全篇而發。從内容上而言，無論眉批、旁批，還是注釋中的評點，主要關注兩個方面：(1)文章對話技法；(2)思想教化。前者主要表現在：(1)揭示文章技法；(2)揭示篇章中行文和同時期典籍的異同；(3)揭示文章技法對後世古文家的影響；(4)揭示語言技巧和藝術。後者主要表現在：(1)對人物、事件、行爲的道德評價；(2)事件本身的警世功能；(3)篇章語句的警世功能以及箴銘效應。

檢點之下，該書具有以下價值：

(1) 爲《戰國策》研究增添了新的材料

如王衡序所云，該書包括注釋、旁訓、點評三方面内容。其注釋，往往有溢出高誘注外者。如卷一"西周策·游騰爲周説楚"篇"遺之大鐘，載以廣車"注云："欲開道也。"此爲高誘注所無，值得參照。除了增添語義注釋之外，該本還進行了校勘，如"以蔡公由戒之"高誘注："戒，以二國爲戒也。"《旁訓評林》移高注於該句右旁，於句下增注云："戒，原作'惑'，從吳注改。"此外，旁批中有言章法、注音讀、釋語詞、釋句義等内容，皆資參考。其上欄中的評點材料不僅是對《戰國策》評點學的豐富，同時也對《戰國策》文學、文章學、思想研究等起到助力作用。無論是音注、釋義、評點、校勘，《新刻李太史選釋國策三注旁訓評林》都對《戰國策》本體研究具有重要意義。

(2) 爲李廷機、葉向高等研究提供新的材料

李廷機和葉向高是同榜進士，同時入閣。李廷機著録於《四庫總目》的著作僅有《漢唐宋名臣録》和《宋賢事彙》二種。葉向高著録於《四庫總目》的只有一部《正音攟言》。今所能見的《海篇正宗》《歷朝紀要綱要》《新鎸翰林考正歷朝故事統宗》《新刻翰林評選注釋程策會要》以及哈佛所藏《新刻李太史選釋國策三注旁訓評林》，爲研究李廷機、葉向高的古籍評點和圖書校刻活動等增添了新的材料。

（3）爲明代評點學研究提供新的材料

整體而言，《新刻李太史選釋國策三注旁訓評林》仍然以評爲主。無論是欄外評點、尾評還是旁訓，所有評點爲《戰國策》評點研究和明代評點學研究提供了新的豐富資料，同時促進《戰國策》評點和明代評點學的研究。

（4）爲明代版刻以及其中的漢字應用提供新的材料

明代末期，書林版刻用字出現了一些新的傾向，俗字大量增加，甚至出現了一些新造字，如“禍”寫作“衬”、“職”寫作“戠”、“復”寫作“復”之類。這些新造字和俗字：①豐富了當時人們的漢字應用；②爲後來文字的簡化提供了基礎；③代表了漢字使用過程中從簡、從俗的基本規則。作爲明末刊刻的古籍，《新刻李太史選釋國策三注旁訓評林》刻本中的新造字和俗字爲研究明代後期漢字應用情況提供了材料。

本次整理，以美國哈佛大學燕京圖書館所藏爲底本，並參照日本內閣文庫藏本，參校黄丕烈《士禮居叢書》本以及明穆文熙《戰國策評苑》（日本內閣文庫藏明刊本）、明陳子龍《國策全本》、鄭維岳《新鐫鄭孩如先生精選戰國策旁訓便讀》（明萬曆庚子同仁齋刊本），凡有錯、脱之處，皆據黄丕烈《士禮居叢書》本及以上各本爲校。原書眉批、旁訓也入注文中，以“［旁訓］”“［眉批］”出之，以示區別。一句之下，既有注文，又有旁訓、眉批者，先注文，後旁訓，再眉批。篇章中有些首條眉批是關於全篇探討的，則繫在篇目之下。凡異體俗文，統一釐作規範字。闕文以“□”出之。書稿又經項目組評審專家和出版社編輯審閱，改正了不少錯誤。但個人學識能力有限，肯定還存在一些問題，祈請賢達校正，固所願也。

《國語國策三注》題辭

　　世稱太史公雄才,然猶尤藉之《國語》《國策》,以發其感憤鬱積之氣,況漢之學者,安得不取其書而讀之哉? 然卷葉繁多,字語間晦,學者多苦難而不就目。即就目矣,又未有不若爰居之駭鐘鼓。夫《國語》字字温醇,□言雅飭,讀之能使人變粗鄙之態;《國策》意周詞雄,調古語健,讀之能使人發深長之思。則二書豈可廢哉? 賴蛟門沈先生選其切舉業者,十存四五。若注釋、若旁訓,則有九我李先生,而旨意字義明矣。若額上批評,則有臺山葉先生,而一篇大意了然于胸中矣。都人士誠,沉潛涉玩,亦有所藉以發其窮襟,則其雄才大略,當與太史公不相上下。

縱山王衡撰

卷　　一

西周策

赧　王

司寇布爲周最説周君

司寇周官。布[旁訓]名布。爲周最[旁訓]周庶子名最。謂周君曰："君使人告齊王以周最不肯爲太子也。齊閔王善最，欲其爲太子，以賂進之。最時讓立，周以最不肯立告齊。臣爲君不取也。函姓。冶氏鐵官。[眉批]冶①，官名，因以爲號。爲齊太公田和。買良劍，公不知善，歸[旁訓]還。其劍而責[旁訓]取。之金。[旁訓]買劍之金。越人請買之千金，折而不賣。雖千金，猶未盡其本價，故折其劍②而不買③。將死，而屬其子曰：'必無獨知！'欲使衆識其良。[眉批]九我云：必無獨知，言凡有所信，必使衆知其良，不可獨知也。此一句，是一篇主意。今君之使最爲太子，周雖以最不肯立告齊，齊猶欲立之，特未定耳。獨知之契也。是獨知，而非共知也。[眉批]契，猶符驗也。天下未有信之者也。臣恐齊王之謂君實立果，亦周子。而讓之於最，讓，飾説也。以嫁之[旁訓]猶賣也。於齊。言欺齊。君爲多巧，巧，猶詐。[旁訓]字法。最爲多詐。心欲之，而言不肯

---

① 冶，原誤作"治"，今據黄丕烈本改。
② 劍，原作"錢"，今據黄丕烈本改。
③ 買，當爲"賣"。

立。[旁訓]字法。君何不買信貨哉？可信之貨，非獨知①也。奉養無有愛吝。於最也，使天下見之。"使衆見之，而信最之當立。

【九我評】司寇布欲周立其庶子最，而以君多巧、最多詐激之，復以買信貨動之，可謂善於説矣。

游騰爲周説楚

秦令樗里疾秦惠王弟。疾，名也。其居在渭南陰②鄉樗里，故號樗里子。以車百乘入周，周君迎之以卒，百人爲卒。甚敬。楚王怒，懷王。讓周，以其重秦客。游騰周臣。謂楚王曰："昔智伯欲伐厹由，[旁訓]音求。遺之大鐘，戴③以廣車，欲開道也。因隨入以兵，厹由卒亡，無備故也。[旁訓]愛其鐘，不防以兵。桓公伐蔡，號言伐楚，號言，聲言也。其實襲蔡。[旁訓]無鐘鼓曰襲。今秦，虎狼之國也，[旁訓]喻其貪殘。兼有吞周之意，使樗里疾以車百乘入周，周君懼焉。以蔡、厹由戒之，戒，原作"惑"。從吳注改。[旁訓]以蔡與厹由二國爲戒。故使長兵在前，戈矛之屬。强弩在後，名曰衛[旁訓]護。疾，而實囚之。[眉批]九我曰：游勝之對，雖餙詞以誑楚。然以秦之强④，加之樗里疾之智，百乘來過，安知無智伯、齊桓之心。周迎疾，而因以衛之詐也，亦情也。周君豈能無愛國哉！[旁訓]句法。恐一日之亡⑤國而憂大王。"爲楚王憂。楚王乃悦。此章大意謂周之迎疾，非敬之也，恐其爲智伯、桓公之故智，迎之以卒，實備之也。

【九我評】先下"甚敬"二字，而後云"以其重秦"，自有節奏。

蘇代爲周説韓

雍氏之役，陽翟有雍氏⑥城，楚再圍之。韓徵[旁訓]索也。甲與粟於周，周

---

① 知，原誤作"之"，今據黃丕烈本改。
② 陰，原誤作"陽"，今據黃丕烈本改。
③ 戴，當爲"載"。
④ 勝，當爲"騰"。强，原作"𩵩"，今據陳子龍《國策全本》改。
⑤ 亡，原誤作"忘"，今據黃丕烈本改。
⑥ 氏，原誤作"伐"，今據黃丕烈本改。

君患之，告蘇代。[旁訓]蘇秦之弟。代曰："何患焉？代能爲君令韓不徵甲與粟於周，又能爲君得高都。"在洛州伊闕縣北。[眉批]突起便勁。周君大悦，曰："子苟能，寡人請以國聽。"以國事從之。蘇代遂往見韓相國公仲，[旁訓]韓公族。曰："公不聞楚計乎？昭應楚將。謂楚王懷王。曰：'韓氏罷[旁訓]應"徵田"。於兵，罷音疲。倉廩空，應"徵粟"。無以守城。吾攻之以饑，因其饑攻之。不過一月，必拔之。'[旁訓]得城曰拔，如拔物然。今圍雍氏，五月不能拔，是楚病也。病，猶困也。楚王始不信昭應之計矣，今公乃徵甲與粟於周，此告楚病也。[旁訓]猶以飢疲告之。昭應聞此，必勸楚王益兵守雍氏，雍氏必拔。"公仲曰："善。然吾使者已行矣。"代曰："公何不以高都與周？"公仲怒曰："吾無徵甲與粟於周，亦已多矣，何爲與高都？"代曰："與之高都，則周必折而入於韓，折，猶屈。入，猶歸。秦聞之，必大怒而焚周之節，節，符信也。焚之者，不通周也。[旁訓]節，行者所執。不通其使。是公以敝高都[旁訓]句法。得完周也，何不與也？"[眉批]以敝高都得完周，言以高都敝壞之地易完全之周。公仲曰："善。"不徵甲與粟於周，而與高都。[眉批]結一句。楚卒不拔雍氏而去。

【九我評】"徵甲與粟於周"一語，凡五出而不厭。

蘇厲説白起勿攻梁

蘇厲謂周君曰："敗韓、魏，殺犀武，攻趙，取藺、離石、祁者，藺及離石屬河內。祁屬太原。皆白起。[旁訓]秦將武安君。是攻用兵，攻、工通。又有天命也。[旁訓]言善用兵，又得助。[眉批]九我曰：太史公傳霍去病云："天幸不至之絶。"①蓋本於此。今攻梁，梁必破，破則周危。君不若止之。謂白起曰：'楚有養由基者楚共王將。善射，去柳葉者百步而射之，百發百中，左右皆曰善，有一人過曰：善射，可教射也已。意欲其息。養由基曰：人皆善，子乃曰可教射，子何不代我射之也？客曰：我不能教子支左屈右。

---

① 之，或當作"乏"。今檢《史記·衞將軍驃騎列傳》本文作"軍亦有天幸，未嘗困絶也"。

《列女傳》曰："左手如拒，右手如附枝，右手發之，右手不知，此射之道也。"①夫射柳葉者，百發百中，而不以善息，百中，善也，此時宜息。少焉，氣力倦，弓撥矢鈎，撥，弓反也。鈎，矢鋒屈也。一發不中，前功盡矣。盡，猶滅也。［眉批］陳如嵩曰：東野畢之御、養由基之射，貪功競進者可爲座右銘。今公破韓、魏，殺犀武，而北攻趙，取藺、離石、祁者，公也。公之功甚多。今公又以秦兵出塞，過兩周，踐韓，而以攻梁，一攻而不得，前功盡滅，公不若稱病不出也。'"

【九我評】武安、杜郵之禍，蓋基之於不善息。

東周策

惠　　公

顏率爲周欺齊以遏秦師

［眉批］九我云：三秦之問鼎，本以窺周，不可謂無。但顏率至齊請救與卻鼎事，則似好事者飾之。且其文大摻縱爲不類，而中問②寄徑於楚，尤可疑也。

秦興師臨周而求九鼎，周君患之，以告顏率。周人。顏率曰："大王勿憂，臣請東借救於齊。"顏率至齊，謂齊王宣王也。曰："夫秦之爲無道也，欲興兵臨周，而求九鼎。周之君臣內自畫原作"盡"。從劉、曾本改。計，與秦，計，謀也。不若歸之大國。謂齊。夫存危國，周有秦兵，故曰危國。美名也；得九鼎，厚寶也。厚，猶重也。願大王圖之！"齊王大説。原無"説"字。從吳注補。發師五萬人，使陳臣思即後田臣思。將以救周，而秦兵罷。齊將求九鼎，周君又患之，顏率曰："大王勿憂。臣請東解之。"東，之齊。解，免之。顏率至齊，謂齊王曰："周賴大國之義，得君臣、父子相保也。願獻九鼎，不識大國何涂之從，問其路所從出。《禮》：遂上有徑，溝上有涂。而致之齊？"齊王曰："寡人將寄徑於梁。"徑，步道也。猶言假涂。顏率曰："不

---

①　今檢《列女傳》本文作"左手如拒，右手如附枝，右手發之，左手不知，此蓋射之道也"。
②　問，疑當作"間"。

可。夫梁之君臣欲得九鼎，謀之暉臺之下，臺名曰暉。沙海之上，《九域圖》：“開封有沙海。”引此。其日久矣。鼎入梁，必不出。”齊王曰：“寡人將寄徑於楚。”對曰：“不可。楚之君臣欲得九鼎，謀之於章華之庭，原作“葉庭之中”。從《春秋後語》改。其日久矣。若入楚，鼎必不出。”王曰：“寡人終何涂之從而致之齊？”顏率曰：“敝邑固竊爲王患之。夫鼎者，非效醯壺、醬瓿耳，醯壺，原作“壺醯”。從吳注改。可懷挾、提挈以至齊者。非效鳥集、烏飛、兔興、馬逝，並喻其輕疾。灕然止①於齊者。灕，滲流皃。昔周之代殷，得九鼎，凡一鼎而九萬人輓之，輓，引也。九九八十一萬人，士卒、師徒、械器、被具，械，器之總名。被具，士卒所服用之具。所以備者稱此。[旁訓]猶言他物稱是。稱此者，謂士圉賷具備輓鼎之役者，又且八十一萬也。今大王縱有其人，何涂之從而出？臣竊爲大王私憂之。”齊王曰：“子之數來，猶無與耳。”言許之而實不與也。顏率曰：“不敢欺大國，疾定所從出，敝邑遷鼎以待命。”齊王乃止。[眉批]九我曰：順而不逆，卒能使九鼎止而不遷，九鼎其賴顏率以增重哉！

杜赫説周以重景翠

杜赫楚人。欲重景翠於周，謂周君曰：“君之國小，盡君之重寶珠玉以事諸侯，不可不察也。國小，必略以求援，不可勝略，故宜察。譬之如張羅者，[眉批]李九我曰：可謂卒譬之諭。張之於無鳥之所，則終日無所得矣。張於多鳥處，則又駭鳥矣。[旁訓]多鳥處有觸羅者，傍鳥必覺，覺則群驚而去。必張於有鳥、無鳥之際，然後能多得鳥矣。今君將施於大人，[旁訓]大國之人。大人輕君；[旁訓]侵凌吾君。施於小人，[旁訓]小國之人。小人無可以求，[旁訓]求之無益。又費財焉。均之費財，而小人多，則多費也。君必施於今之窮士，不必且爲大人者。言不終窮，或且爲大人者，蓋指翠也。故能得欲矣。”

---

① 止，原作“至”，今據黃丕烈本改。

秦　策

惠文君

蘇秦始以連衡説秦

［眉批］如岡曰：太史公列傳體。

蘇秦始將連橫，文穎曰：關東爲從，西爲橫。孟康曰：南北爲從，東西爲橫。瓚曰：以利合曰從，以威勢相脅曰橫。高誘曰：連關中之謂橫，合關東之謂從。①《大事記》取高注。説秦惠王曰：“大王之國，西有巴、蜀、漢中之利，三郡並屬益州。北有胡貉②、代馬之用，胡，樓煩、林胡之類。代，幽州郡。南有巫山、黔中之限，巫山，在夔州府。黔中，今辰元等州，皆有險塞，故謂之限。東有殽、函之固，殽，二殽也，在澠池縣西。函，函關③也。田肥美，民殷富，戰車萬乘，奮擊百萬，土之能奮擊者。沃野千里，沃，言其肥潤也。蓄積饒多，地勢形便，地勢與形，便於攻守。此所謂天府，言蓄聚之多，非人力也。天下之雄國也。以大王之賢，士民之衆，車騎之用，［旁訓］士之便④馬者曰騎。兵法之教，教由習也。可以使⑤諸侯，吞天下，稱帝而治。願大王少留意。臣請奏其效。”秦王曰：“寡人聞之，毛羽不豐滿者，不可以高飛；文章不成者，不可以誅罰；道德不厚者，不可以使民；政教不順者，［旁訓］逆人之心。不可以煩大臣。逆人心，則行之難，故大臣勞。今先生儼然，矜莊。不遠千里而庭教之，教之於庭。願以異日。”俟成順，然后承教。《史》云：時方誅商鞅，疾辯⑥士，弗用。蘇秦曰：“臣固疑大王之不能用也。昔者，神農伐補遂，國名，未詳。黄帝伐涿鹿而禽

---

①　二“謂”字，原作“胃”，今徑改，下同。檢鮑彪校本，高注本文字作“爲”。“關東”之“關”，原作“干”，今據黄丕烈本改。

②　貉，原誤作“毅”，今徑改。

③　函關，原作“上干”，今據黄丕烈本改。

④　便，原作“使”，今據鮑本改。

⑤　使，原誤作“便”，今徑改。今本作“并”。

⑥　辯，原誤作“辨”，今徑改。

蚩①尤，九黎氏之後，事見《史》。堯伐驩兜，舜伐三苗，禹伐共工，[眉批]石簣曰：堯伐驩兜，禹伐共工，此游士之詞。下言五帝三王不能坐而致地，故以戰續之。此不過欲售其攻戰之説耳。凡戰國言帝王事類如此，皆不足辯。湯伐有夏，文王伐崇，武王伐紂，齊桓公任[旁訓]用。戰内政寄軍令是也。而伯天下。由此觀之，惡有不戰者乎？古者使車轂擊馳，轂相擊而馳，言其衆。言語相結，結，約親也。天下爲一，約從連横，兵革不藏，文士並餝，文，謂辯②也。餝、餙同。諸侯亂惑，萬端俱起，不可勝理。科條既備，民多僞態，書策稠濁，策，簡也。稠，多也。濁，亂也。百姓不足，上下相愁，③民無所聊。聊，賴也。明言章理，章亦明也。謂明著之言，章是之理。下句文詞，謂辭之文者。三語文勢同。兵甲愈起，辨言偉服，游説④之言，如人之盛其服餝。戰攻不息，繁稱文辭，明言者，教令。辯言者，游説。文辭者，書策。明言章理，即“科條既備”。辯言僞⑤服，即“言語相結”。繁稱文辭，即“書策稠濁”。天下不治，舌敝耳聾，不見成功，行義約信，天下不親。於是乃廢文任武，厚養死士，敢死之士。綴甲厲兵，厲，即礪。效勝於戰場。夫徒處而致利，徒，猶⑥空也。言無所爲。安坐而廣地，雖古五帝、三王、五伯，明主、賢君，常欲坐而致之，其勢不能。故以戰續之。寬則兩軍相攻，迫⑦則杖戟相撞，迫，近也。杖戟也。⑧然後可建大功。是故兵勝於外，義⑨强於内，論戰，故獨言義。威立於上，民服於下。今欲并天下，凌萬乘，凌，侵也。詘敵國，制海内，子元[旁訓]善也。元，民之善類，故稱元。臣諸侯，言敵國，又言諸侯，則侯非其敵者。非兵不可。今之嗣主，時君皆繼世者。忽於至道，皆惽[旁訓]不明。於教，亂於治，迷於言，惑於語，沉[旁訓]溺。於辯，溺於辭。[旁訓]爲所用。以此論之，王固不能行也。”[眉

---

① 蚩，原誤作“雖”，今據黄丕烈本改。
② 辯，原作“辦”，今據黄丕烈本改。
③ 上下相愁，原誤入注文，今據黄丕烈本等改。
④ 辨，當爲“辯”。游，原誤作“由”，今據鮑彪本注改。
⑤ 僞，當爲“偉”。
⑥ 猶，原誤作“由”，今徑改。
⑦ 迫，原誤作“追”，今徑改。注同。
⑧ 注文“杖戟也”不辭。
⑨ 義，原誤作“又”，今據黄丕烈本改。

批]九我曰：蘇秦說惠王雖煩詞濫說，總之，惟攻戰一事耳。然①秦自非子啓土，世世以威力雄伯諸侯，攻戰乃其習尚者，何必秦言？故書十上而卒不行，及後合從六國，則讖切時事如指掌，而六國遂從風而聽。由此觀之，說士之遇合，蓋以詞哉。漪園曰：至道與教治，即秦上所言攻戰事。言、語、辯②、辭，則指左右及游說者而言。王固不能行，應上“臣固疑王之不能用”句。說秦王書十上，而說不行。黑貂之裘，[旁訓]以黑貂鼠之皮爲裘。敝，貂，鼠屬，出丁零國。黃金百斤盡，資用乏絕，去秦而歸。贏縢履蹻，贏，纏也。縢，《詩》“邪幅在下”注“行縢”是也。所以束脛在股下者。蹻，草履也。負書擔橐，橐，原作“囊”。形容枯槁，面目黧黑，[旁訓]黃色。狀有愧色。歸至家，妻不下紝，[旁訓]不下機縷，而織自若。嫂不爲炊，父母不與言。蘇秦喟大息。然嘆曰：“妻不以我爲夫，嫂不以我爲叔，父母不以我爲子，是皆秦之罪也。”[眉批]朱之藩曰：秦游說之術本於此。乃夜發書，陳篋數十，篋，藏也。[旁訓]藏書之篋。得太公陰符之謀，陰符，太公兵法也。伏而誦之，簡練以爲揣摩。簡，猶擇也。練，如“練帛”之“練”，取其熟也。[旁訓]其情或摩切其旨。讀書欲睡，引錐自刺其股，血流至足，[眉批]石簣曰：秦之自刺可謂有志矣。而志在金玉卿相，故其所成就，適足誇嫂婦，而此史極口稱頌③，是亦利祿徒耳，惡覩所爲大丈夫之事哉？曰：“安有說人主，不能出其金玉、錦繡，取卿相之尊者乎？”期年，揣摩成，曰：“此真可以說當世之君矣。”於是乃摩燕烏集闕，摩，言切近過之。闕，塞名。見說趙王於華屋之下，見說，而說也。趙王，肅侯也。華，高麗也。抵掌而談。抵，側擊也。[旁訓]側擊手掌。趙王大悦，封爲武安君，武安，趙邑。受相印，革車百乘，錦繡千純，純，束也。徒本反。[旁訓]四端曰純。白璧[旁訓]玉環。百雙，黃金萬鎰④，[旁訓]一鎰，四十四兩。以隨其後，約從散橫，以抑强秦，故蘇秦相於趙而關不通。即所謂秦兵不敢窺函谷關者。當此之時，[眉批]青陽曰：自“當此之時”至“天下莫之亢”，皆著書者誇翮之詞。天下之大，萬民之衆，王侯之威，謀臣之權，皆欲決於蘇秦之策。決，言用之不疑。不費斗糧，未煩一兵，未戰一士，未絕一弦，未折一矢，諸侯相親，賢[旁訓]

---

①　然，原作“立”，今據《戰國策評苑》改。

②　辯，原誤作“辦”，今徑改。

③　極，原作“及”，今據《戰國策評苑》改。“頌”字原闕，今據《戰國策評苑》補。

④　鎰，鮑彪校注本、黃丕烈本等作“溢”，《戰國策評苑》、陳子龍《國策全本》作“鎰”，下同。

勝。於兄弟。夫賢人在而天下服，一人用而天下從，故曰：式於政，不式於勇；式，用也。式於廊廟之內，廊，東西序也。廟以尊先祖，人君之居謂之岩廊廟堂，尊嚴之稱。不式於四境之外。當秦之隆，蘇秦隆盛之時。黃金萬鎰爲用，轉轂連騎，車騎之盛。炫熿於道，炫熿，光耀也。山東之國從風而服，使趙大重。趙爲從主，諸侯尊之。且夫蘇秦，特窮巷掘門，掘，即"窟"。古字通。桑戶棬樞之士耳。棬者，揉木爲之如棬。棬，屈木盂也。伏軾樽銜，樽，由①頓也。銜，勒也。橫歷天下，歷，行也。庭說諸侯之主，杜左右之口，天下莫之伉。伉，當也。將說楚王，威王。路過洛陽。父母聞之，清宮除道，清，掃也。張樂設飲②，郊迎三十里。妻側目而視，不敢正視。側耳而聽。嫂蛇行匍伏，蛇不直行。伏，音匐。四拜，自跪而謝。既拜而復膝也。蘇秦曰："嫂何前倨而後卑也？"倨，不炊。嫂曰："以季子位高③而多金。"譙周謂秦字季子，不知乃嫂呼小叔爲季子耳。蘇秦曰："嗟乎！貧窮則父母不子，富貴則親戚畏懼。[眉批]九我曰：按《典略》云：蘇秦困不得志，如趙。逢其鄰子易水上，從貸布一疋，償千金，鄰子不與。夫一布爲千金之償，厚利及矣，而鄰子不與，鄰子知千金非秦所有也。世人徇目見，豈獨一鄰子耶？人生世上，勢位富厚④，蓋可以忽乎哉？"忽，輕也。

【九我評】炎涼世態，自古及今皆然。可慨也！

田華爲陳軫説秦王

　　田華之爲陳軫二皆齊姓。説秦惠王曰："臣恐王之如郭"虢"同。君。夫晉獻公欲伐郭，而懼⑤舟之僑[旁訓]虢大夫。存。畏舟之矯（橋）直諫。荀息[旁訓]晉大夫。曰：'《周書》有言：美女破舌。'舌，指諫臣。[眉批]舌指諫臣，謂破壞其事。乃遺之女樂，以亂其政。舟之僑諫而不聽，遂去，[旁訓]奔晉。因而伐郭，遂破之。又欲伐虞，而憚[旁訓]畏。宮之奇存。荀息曰：'《周書》有言：美男破老。'老成人。乃遺之美男，教之惡[旁訓]毀。宮之

---

① 由，鮑彪校注本、《戰國策評苑》作"猶"。
② 飲，原作"飯"，今據鮑彪校注本、黃丕烈本、《戰國策評苑》等改。
③ 高，黃丕烈本、《戰國策評苑》作"尊"。
④ 厚，黃丕烈本作"貴"。
⑤ 懼，黃丕烈本、《戰國策評苑》作"憚"。

奇。宫之奇以諫而不聽，遂亡，［旁訓］亦遂出奔。因而伐虞，遂取之。今秦自以爲王，時亦未王，謂其欲之。能害王者之國者，［眉批］"王者"之"者"疑衍。楚也。楚之橫門君秦將。之善用兵，與陳軫之智，故驕張儀以五國。驕，寵之也。言楚使韓、魏、趙、燕、齊以事屬之，以重其權。來，必惡是二人。［眉批］惡，使之惡也。願王勿聽也。"張儀果來辭，因言軫也，王怒而不聽。

　　【九我評】儀初游楚，楚相笞之，後相楚，乃爲秦間。楚無驕之事。今云然，因其自楚來間。

陳軫對秦王逐之楚

　　［眉批］如岡曰：軫之辯類捷給，而其所稱譬，皆當於人心，不詭於正論。周衰，辯士未有若軫之絕類①離群者。

　　陳軫去楚之秦，言去楚者，本其始仕秦之時自楚來也，因爲輸楚張本。張儀謂秦王曰："陳軫爲王臣，嘗以國情輸楚。情，實也。輸，寫也。輸寫以告之。儀不能與從事，從，猶同也。願王逐之。即復之楚，願王殺之。"王曰："軫安敢之楚也？"王召陳軫，告之曰："吾能聽子，子欲何之？［旁訓］往。請爲子約車。"約束戒令之②。［旁訓］具車馬。對曰："臣願之［旁訓］往。楚。"王曰："儀以子爲之楚，吾又自知子之楚。子非楚，且原作"宜"。安之？"［旁訓］向所。軫曰："臣出，必故之楚，以順王與儀之策，策，謂其所籌策。而明臣［旁訓］明臣以國情輸楚與否。之楚與否也。此"之"字，即所謂"以國情輸楚"也。下"之"字同。楚人有兩妻者，人誂③［旁訓］相呼誘。其長者，後語作"挑"，徒了反。長者詈［旁訓］罵。之；誂其少者，少者許之。居無幾何，［旁訓］無幾多時。有兩妻者死，客謂誂者曰：'汝取長者乎？少者乎？''取長者。'誂者對也。客曰：'長者詈汝，少者和汝。和，猶應也。汝何爲娶長者？'曰：'居彼人之所，則欲其許我也。今爲我妻，則欲其爲詈人也。'以國情輸楚，猶許者也。軫誠有此，則今之楚，楚必不欲也。［眉批］漪園曰：之楚之對固已稱奇，此伏從上

---

　　①　類，原誤作"顡"，今據《戰國策評苑》改。
　　②　之，原誤作"人"，今據黃丕烈本、《戰國策評苑》改。
　　③　誂，原作"跳"，今據黃丕烈本改。

翻出，一段譬喻，尤爲卓絕。若他人，必不能有是矣。戰國策士，軫其錚錚狡狡者乎！今楚王，懷。明主也；而昭陽，賢相也。軫爲人臣，而常①以國情輸楚，楚王必不留臣，昭陽將不與臣從事矣。以此明臣之楚與否。"[旁訓]即此，便可明臣曾以國情輸楚與否。軫出，張儀入，問王曰："陳軫果安之？"王曰："夫軫，天下之辯士也。熟視寡人曰：'軫必之楚。'寡人遂無奈何也。寡人因問曰：'子必之楚也，則儀之言果信也。'軫曰：'非獨儀之言也。行道[旁訓]路。之人皆知之。昔者，子胥忠其君，天下皆欲以爲臣；孝己[旁訓]商高宗之子。愛其親，天下皆欲以爲子。故賣僕妾不出里巷而取者，良僕妾也；出婦嫁於鄉里者，善婦也。臣不忠於王，楚何以軫爲忠？忠且見棄，軫不之楚而何之[旁訓]往。乎？'"王以爲然，遂善待之。

【九我評】中、末二段詞意甚佳。

司馬錯張儀論伐楚蜀

司馬錯[旁訓]秦人。與張儀爭論於秦惠王前。司馬錯欲伐蜀，張儀曰："不如伐韓。"王曰："請聞其説。"對曰："親魏善楚，下兵三川，塞轘胡貫反。轅、緱氏之口，轘轅，險道，在緱氏東南。緱氏，蓋以山爲名。當屯留之道，屯留縣屬潞安府。道，即太行羊腸坂道也。魏絶南陽，絶南陽，所謂當屯留之道，斷韓上黨之②。楚臨南鄭。臨南鄭，所謂塞緱氏之口，斷韓南陽之兵。秦攻新城、宜陽，以臨二周之郊，誅周主之罪，誅，討也。侵楚、魏之地。周自知不救，九鼎寶器必出。據九鼎，按圖籍，土地之圖，人民金穀之籍。挾天子以令天下，[旁訓]號令天下諸侯。天下莫敢不聽，此王業也。今夫蜀，西僻之國而戎狄之長也，敝兵原作"名"。勞衆，不足以成名。伯王之名。得其地，不足以爲利。臣聞，爭名者於朝，爭利者於市。今三川、周室，天下之市朝也，而王不爭焉，願爭於戎、狄，去王業遠矣。"司馬錯曰："不然。臣聞之：欲富國者務廣其地，欲強兵者務[旁訓]專。富其民，欲王者務博[旁

---

① 常，原作"嘗"，今據黄丕烈本、《戰國策評苑》、陳子龍《國策全本》改。
② "上黨之"不辭，下有脱文。

訓]專、大。其德。三資者備，[旁訓]三者於國，如人之有資貨。而王隨之矣。今王之地小民貧，故臣願從事於易。夫蜀，西僻之國也，而戎狄之長也，而有桀、紂之亂。以秦攻之，譬如使豺狼逐群羊也。[眉批]如岡曰：孔明之定滇南諸夷，而後謀伐魏，即此意。取其地足以廣國也，得其財足以富民。繕兵繕，治也。不傷衆而彼已服矣。故拔一國，而天下不以爲暴；利盡西海，[旁訓]蜀川。諸侯不以爲貪。是我一舉而名、實兩附，不貪暴，名也。得國，實也。而又有禁暴止亂之名。今攻韓劫天子，劫，脅也。劫天子，惡名也，而未必利也，又有不義之名，韓無罪而伐之，不義也。而攻天下之所不欲，危矣。臣請謁其故：周，天下之宗室[旁訓]所尊之室。也。宗，尊也。韓，周之與國也。周自知失九鼎，韓自知亡三川，則必將二國並力合謀，以因於齊、趙而求解乎楚、魏。解，免秦兵。[眉批]因齊起楚、魏之力以解免秦兵。以鼎與楚，以地與魏，王不能禁。此臣所謂危，不如伐蜀之完也。”不至傷敗。惠王曰：“善。寡人聽子。”卒起兵伐蜀，十月取之，遂定蜀。蜀主更號爲侯，而使陳莊相蜀。蜀既屬，屬，猶附也。秦益强富厚，輕諸侯。

張儀欺楚絕齊交

齊助楚攻秦，取曲沃。曲沃，晉桓叔所封，此時屬秦。其後，秦欲伐齊，齊、楚之交善，惠王患之。[旁訓]患其協力卻秦師。謂張儀曰：“吾欲伐齊，齊、楚方懽，子爲寡人慮之，奈何？”張儀曰：“王其爲臣約車[旁訓]具車從。并幣，并，合也。臣請試之。”不自必之辭。張儀南見楚王，懷。曰：“敝邑之王所說甚者，無大[旁訓]過。大王。雖儀之所甚願爲臣者，雖，原作“惟”。從《史》改“雖”。下“雖”字同。亦無大[旁訓]過。大王。敝邑之王所甚憎者，無大齊王。[旁訓]閔。雖儀之所甚憎者，亦無大齊王。[眉批]如岡曰：此段文氣爽朗跌宕，連用四“無大”字，不覺複。今齊王之罪，其於敝邑之王甚厚。言得罪於秦重也。敝邑欲伐之，而大國與之懽，是以敝邑之王不得事令，事，猶聽也。[旁訓]聽從命令。而儀不得爲臣也。大王苟能閉關絕齊，臣請使秦王獻商於平聲。之地方六百里。若此，齊必弱。失援楚，故弱。齊弱，則必爲王役[旁訓]楚王役使。矣。則是北弱齊，西德於秦，秦因楚絶齊，得報曲沃之役，楚之惠也。而私商於[旁訓]地名。於，音烏。之地以爲利也。則此一計而三利俱至。"[眉批]青陽曰：張儀商於之欺，雖豎子猶能知之，以陳軫之智，固不爲難也。儀之肆意而無忌者，無懷王之愚，軫之言必不入也。不然，他日楚之請儀，將懼其甘心焉。而儀請自往，卒不能害，豈非中其所料哉！楚王大悦，宣言之於朝廷，曰："不穀得商於之地方六百里。"群臣聞，見者畢[旁訓]盡。賀，[眉批]九我曰：楚王之駁懇無足怪，而群臣皆賀，則舉朝可知矣。設無一軫，楚幾無人哉！陳軫後見，時去秦在楚。獨不賀。[眉批]"策"下一"畢"字、"後"字、"獨"字，其意自見。楚王曰："不穀不煩一兵，不傷一人，而得商於之地六百里，寡人自以爲智矣，諸士大夫皆賀，子獨不賀，何也？"陳軫曰①："臣見商於之地不可得，而患必至也，故不敢妄賀。"王曰："何也？"對曰："夫秦所以重王者，以王有齊也。今地未可得而齊先絶，是楚孤也。[旁訓]無援，故孤。秦又何重孤國？且先出地絶齊，秦計必弗爲也。[旁訓]秦必不肯先出地。先絶齊後責地，且必受欺於張儀。言儀必背約。受欺於張儀，王必惋之。惋，猶恨也。是西生秦患，北絶齊交，則兩國兵必至矣。"[眉批]漪園曰：陳軫之見又出張儀之右。楚王不聽，曰："吾事善矣。子其彌口無言，以待吾事。"[眉批]石簣曰：軫之策，此可謂明矣。懷王不聽，愚而好自用者也。其使秦宜哉！楚王使人絶齊，使者未來，來，還也。又重絶之。張儀反秦，使人使齊，齊、秦之交陰合，楚因使一將軍受地於秦，張儀至，前反而今至也。稱病不朝，楚王曰："張子以寡人不絶齊乎？"乃使勇士往詈齊王，張儀知楚絶齊也，乃出見使者曰："從某至某廣從六里。"橫度曰廣，直爲從。使者曰："臣聞六百里，不聞六里。"儀曰："儀固以小人，小人，貧窶之稱，言不能多與。安得六百里？"使者反報楚王，楚王大怒，欲興師伐秦。軫曰："臣可以言乎？"[旁訓]初王使弭口，今可以言未也。王曰："可。"軫曰："伐秦非計也，王不如賂之一名都，都邑有聞於時者。與之伐齊，是我亡於秦而取償於齊也，楚國不尚全乎？乎，原作"事"，從高注改。王今已絶齊，而責欺於秦，是

_____

① 陳軫曰，"曰"上黃丕烈本有"對"字，此省。

吾合齊、秦之交也，國必大傷。"[眉批]如岡曰：賂秦攻齊，洪邁以爲乖謬不義，固矣。第是時齊懼既絶，勢必難以幣交。而秦勢方張，復不可以力屈，不如是，何以伸楚威而聞鄰國。軫蓋弗得已，而權以處之者也。楚王不聽，遂舉兵伐秦，秦與齊合，韓氏從之，楚兵大敗於杜陵。楚邑。故楚之土壤士民非削弱，僅以救亡者，計失於陳軫，過聽於張儀。過，猶誤也。

【九我評】"必至矣"下，史有善爲王計者一段甚佳。

陳軫爲楚説秦以止救齊

[眉批]九我曰：戰國之伏軾而游者，大抵傾危哉。若出入秦、楚，能忠楚而不忤於秦者，陳軫耳。

楚絶齊，齊舉兵伐楚，陳軫謂楚[旁訓]懷王。王曰："王不如以地東解於齊，西講[旁訓]講和。於秦。"王使陳軫之秦。秦王謂軫曰："子秦人也，寡人與子故也。軫原仕於秦。寡人不佞，不能親國事也，躬親治國。故子棄寡人，事楚王。今齊、楚相伐，或謂救之便，或謂救之不便，子獨不可以忠爲子主計，主，懷王也。以其餘爲寡人乎？"[旁訓]謙言先其君，而後及其秦。[眉批]如岡曰：從而散者，蘇秦負其責。橫而合者，張儀任其咎。陳軫之智不逮二子，而不王①從、橫之任，乘勢伺變，而行其説，故其説不勞而身處于佚。軫，其説士之巨擘哉！軫曰："王獨不聞吳人之游楚者乎？楚王甚愛之，楚先王。病，吳人病。故使人問之，楚王使問。曰：使者還，王問之。'誠病乎？意亦思乎？'思吳。左右曰：'臣又知其思又安知。與不思，誠思則將吳吟。'作吳人呻吟②。今軫將爲王吳吟。言不忘秦。王不聞夫管與[旁訓]人姓名。之説乎？有兩虎爭人而鬥，管莊子將刺[旁訓]殺。之，管與止之曰：'虎者戾蟲，人者甘餌。今兩虎爭人而鬥，小者必死，大者必傷。子待傷虎而刺之，則是一舉而兼兩虎也。[眉批]石簀曰：救難恤鄰，大義也。既不救，而又可伺③其傷以取之乎？無刺一虎之勞，而有刺兩虎之名。齊、楚今戰，戰必敗。必有一敗。敗，王起兵救之，有救齊之利，而無伐楚之害。計聽知覆逆者，唯

---

① 王，疑爲"主"之誤。

② 呻，原作"伸"，今據《戰國策評苑》改。

③ 伺，原誤作"同"，今據《戰國策評苑》《戰國策旁訓便讀》改。

王可也。覆，謂反覆。逆，謂逆料。覆即下文一二，逆即下文本末。計者，事之本
也。聽者，存亡之機。計失而聽過，能有國者寡也。〔眉批〕九我曰：剟通説
韓信曰："聽者，事之候也。計者，事之機也。聽過計失而能久安者，鮮矣。聽不失一二者，
不可亂以言。計不失本末者，不可紛以辭。"蓋本此。故曰：'計有一二者難悖，反覆
計之而至再至三者，難亂以是非。聽無失本末者難惑。'審聽顛末而無失其始終之序
者，難惑以可否。

武　王

扁鵲以醫諫秦王

醫扁鵲見秦武王，武王示之病，扁鵲請除。欲去其病。左右曰："君
之病在耳之前、目之下，除之未必已也。將使耳不聰，目不明。"君以
告扁鵲。扁鵲怒而投其石，石針曰砭，所以刺病。投，棄也。曰："君與知之者
謀之，而與不知者敗之。使此知秦國之政也，此，如此。〔眉批〕使此知秦國之
政，謂使用此道而知秦國之政，必爲讒邪所沮。則君一舉而亡國矣。"

甘茂拔宜陽

〔眉批〕九我①曰：愚嘗反覆古今之故，而深憾于説賊之貽累不淺也。彼不遇具辭，
鬱龐眉之都尉，數奇見惜，挫猿臂之將軍者，姑且無論。若令公之節不兑朝思之譖，而
忠肝義膽如岳武穆，卒以十二金牌見誅，則説佞之過也。故謀國②者甚無樂乎説賊之肆
行也。然此乃古今之明案，又非所以律乎甘茂。蓋自茂以是聖其君，而遂得以拔宜陽，
蠶食山東，盡滅古法，豈非得宜陽以爲之胎哉？是故君子于此，又以見世道更變之端云。
秦武王謂甘茂曰："寡人欲車通三川，以闚周室，闚，窺同。周室，洛邑
也。蓋欲取之，不正言耳。而寡人死不朽矣。"矣，原作"乎"，從《史》改。甘茂對
曰："請之魏，約伐韓。"王令③向壽宣太后外族。輔行。輔，猶④副也。甘茂
至魏，謂向壽："子歸告王曰：'魏聽臣矣，然願王勿攻也。'事成，盡以

---

① 九我，《戰國策評苑》作"黄宗一"。
② 底本"故"、"國"之間有墨釘，據《戰國策評苑》補"謀"字。
③ 王令，原誤作"至今"，今據黄丕烈本改。
④ 猶，原誤作"尤"，今徑改。

爲子功。"茂欲壽告王勿攻①，王必疑其故，而茂得以薦言，故曰"事成，盡以爲子功"。向壽歸以告王，王迎甘茂於息壤。秦地。甘茂至，王問其故，勿攻之故。對曰："宜陽，大縣也，上黨、南陽積之久矣。二縣財賦歸之。名爲縣，其實郡也。春秋時，郡屬於縣。趙簡子所謂"上大夫受縣，下大夫受郡"是也。戰國時，縣屬於郡，所謂"上郡十五縣"是也。孝公商鞅時，并小鄉爲大縣，縣一令，尚未有郡及守稱，故魏納上郡之後十餘年，《秦紀》始書漢中郡。或者，山東諸侯先變古制，而秦效之與？今王倍數險，倍、背同。行千里行下原有"數"字，從吳注省。而攻之，難矣。臣聞張儀西并巴、蜀之地，北取西河之外，南取上庸，本庸國，今鄖陽府竹山縣，漢中要地。天下不以多張儀而賢先王。惠王。魏文侯令樂羊將攻中山，三年而拔之，樂羊反而語功，文侯示之謗書一篋，樂羊再拜稽首，曰：'此非臣之功，主君之力也。'今臣羈旅之臣也，樗里疾、公孫衍二人者挾韓而議，謂媒糵之。王必聽之，是王欺魏，而臣受公仲朋［旁訓］公仲，名朋。之怨也。［眉批］九我曰：幸而宜陽之役②未曠日持久也，謗書不行。王之貪者土地耳③，使更遲之以旬月④，而韓陽以爲之胎哉！是故君子於此之地不入⑤，則王何愛於一茂哉？騎劫之事當先爲之矣，又幸而茂得以全功歸也。不幸而功弗集，則宜陽爲不歸之兵，茂亦爲奔齊之毅矣。其肯歸以受死乎？是上下之交，相賊一至此也。昔者，曾子處費，費人有與曾子同名族者族，姓也。而殺人，人告曾子母曰：'曾參殺人。'曾子之母曰：'吾子不殺人。'織自若。［旁訓］如故。有頃焉，人又曰：'曾參殺人。'其母尚織自若也。頃之，一人又告之曰：'曾參殺人。'其母懼，投杼，踰牆而走。夫以曾參之賢與母之信也，而三人疑之，使其母疑。則慈母不能信也。今臣之賢不及曾子，而王之信臣，又未若曾子之母也。疑臣者疑之於王。不適三人，適、啻同。臣恐王爲臣之投杼也。"王曰："寡人不聽也。請與子盟。"於是與之盟於息壤，果攻宜陽，五月而

①　攻，原誤作"改"，今據黃丕烈本、《戰國策評苑》改。
②　役，原誤作"后"，今據《戰國策評苑》《戰國策旁訓便讀》改。
③　耳，原作"其"，今據《戰國策評苑》《戰國策旁訓便讀》改。
④　月，原誤作"目"，今據《戰國策評苑》《戰國策旁訓便讀》改。
⑤　原無"陽以爲之胎哉是故君子於此"，今據《戰國策評苑》補。"而韓陽以爲之胎哉！是故君子於此之地"，陳子龍《國策全本》作"安知樗里疾公孫衍之説"。

不能拔也。樗里疾、公孫衍二人在，言在中也。爭之王，王將聽之，召甘茂而告之。[旁訓]告以不去拔之疑。甘茂對①曰："息壤在彼。"息壤之盟尚在故府。王曰："有之。"因悉②起兵，復使甘茂攻之，遂拔宜陽。

【九我評】譬喻乃古今文章之火，機括蓋始於元首股肱之歌，溢於舟楫鹽梅之命，波瀾於《詩》之比體，下至《孟》《荀》《莊》《列》，文章奇特處亦多見譬喻。

或諫秦王輕齊易楚而卑畜韓

[眉批]如岡曰：此策③孟軻之徒也，惜其不名。

甘茂④謂秦王曰："臣竊惑王之輕齊、易楚而卑畜[旁訓]待。韓也。臣聞，王兵勝而不驕，伯主約而不忿。約，斂也。勝而不驕，故能服世；約而不忿，故能從鄰。使鄰國服從。今王廣德[旁訓]大施恩惠。魏、趙而輕失齊，驕也；戰勝宜陽，不恤楚交，忿也。言不以交楚爲意。驕、忿非伯王之業也，臣竊爲大王慮之而不取也。《詩》[旁訓]《大雅·蕩》之詩。云：'靡不有初，鮮克有終。'故先王之所重者，惟終與始。何以知其然也？昔⑤晉智伯瑤殘范、中行，[旁訓]范吉射、中行寅，晉兩卿。趙約韓、魏攻荀瑤，滅之。圍晉陽，卒爲三家笑。吳王夫差棲越於會稽，勝齊於艾陵，[旁訓]齊地。爲黃池⑥之遇，[旁訓]吳會諸侯于黃池。無禮於宋，[旁訓]吳欲伐宋，殺其大夫。遂爲勾踐禽，死。梁君惠王。伐楚勝齊，制韓之兵，驅十二諸侯，以朝天子於孟津，後子死，太子申死。身布冠[旁訓]喪禮自居。而拘[旁訓]制。於秦。三者非無功也，能始而不能終也。今王⑦破宜陽，殘三川，而使天下之士不敢言。雍天下之國，雍、擁同。徙兩周之疆，侵逼之。而世主不

---

① 原無"對"字，今據黃丕烈本、《戰國策評苑》補。
② 悉，原誤作"息"，今據黃丕烈本、《戰國策評苑》改。
③ "策"字漫漶，此據《戰國策評苑》。
④ 《戰國策》多本"謂秦王"前無字。
⑤ 原無"昔"字，今據黃丕烈本、《戰國策評苑》補。
⑥ 池，原誤作"地"，今徑改。注同。
⑦ 原無"王"字，今據黃丕烈本、《戰國策評苑》《戰國策旁訓便讀》補。

敢窺。陽侯之塞，取黃棘，而韓、楚^①之兵不敢進。王若能爲此尾，尾，終也，即上文“能終”之説。則三王不足四，五伯不足六。王若不能爲此尾而有後患，則臣恐諸侯之君，河、濟之士，以王爲吳、智之事也。［旁訓］即上吳與智伯。《詩》云：‘行百里者，半於九十。’逸《詩》。言行九十里，適足爲五十里耳。此言末路之難。今大王皆有驕色，以臣之心觀之，天下之事，依世主之心，依，猶據也。非楚受兵，必秦也。皆驕强故。何以知其然也？秦人援魏以拒楚，楚人援韓以拒秦，四國之兵敵，秦、楚、韓、魏也。韓、魏雖弱，以得援，故與之敵。而未能復戰也。敵，故不敢輕戰。齊、宋在繩墨之外以爲權，外，言四國不以爲意。權，言能輕重四國。故曰先得齊、宋者伐秦。下文楚先得齊可知。秦先得齊、宋，則韓氏鑠；韓氏鑠，則楚孤而受兵也。楚先得之^②，則魏氏鑠；魏氏鑠，則秦孤而受兵矣。若隨此計而行之，則兩國者秦、楚。必爲天下笑矣。”

昭襄王

甘茂自託於蘇代^③

甘茂［旁訓］擊魏皮氏，未拔而去。亡秦，且之齊。出關，遇蘇子，代。曰：“君聞夫江上之處女［旁訓］在室之女。乎？”蘇子曰：“不聞。”曰：“夫江上之處女，有家貧而無燭者，處女相與語，欲去之。［旁訓］遣之使去。家貧無燭者將去矣，謂處女曰：‘妾以無燭故，常先至掃室布席。何愛於餘明之照四壁者？幸以賜妾，何妨於處女？妾自以爲有益於處女，何爲去我？’處女相語以爲然而留之。［眉批］九我云：處女一段辟喻新奇。今臣不肖，棄逐於秦而出關，願爲足下掃室布席，幸無我逐也。”蘇子曰：“善。請重公於齊。”乃西説秦王曰：“甘茂賢人，非恒士也。其居秦累世［旁訓］茂事惠、武、昭三王。重矣。自殽塞谿谷，地形險易盡知之。彼若以齊

---

① 　楚，原作“魏”，今據黃丕烈本、《戰國策評苑》改。
② 　原脱“楚”字，今補。
③ 　代，原誤作“伐”，今據黃丕烈本、《戰國策評苑》《戰國策旁訓便讀》改。

約韓、魏，反以謀秦，是非秦之利也。"秦王曰："然則奈何?"蘇代曰："不如重其贄，[旁訓]多其贄幣。厚其祿以迎之。彼來，則置之槐谷，終身勿出，代知茂必留齊，故言此，示不爲茂游說也。天下何從圖秦?"秦王曰："善。"與之上卿，以相迎之齊。以相迎之於齊。甘茂辭不往，蘇子僞爲[眉批]爲，當作"謂"。齊王閔。曰："甘茂賢人也，今秦與之上卿，以相迎之，茂德[旁訓]以王之賜爲大德。王之賜，故不往，願爲王臣。今王何以禮之? 王若不留，必不德王，彼以甘茂之賢，得擅用强秦之衆，則難圖也。"齊王曰："善。"賜之上卿，命而處之。賜之上卿之命，而厚禮之。

蘇代爲齊獻書穰侯

陘山之事，趙且與秦伐①齊，齊懼，令田章以陽武[旁訓]地名。合於趙，而以順子爲質。齊公子。趙王惠文。喜，乃案兵，告於秦曰："齊以陽武賜敝邑而納順子，欲以解伐，敢告下吏。"不斥王，故言告吏。秦王使公子他之趙，謂趙王曰："齊與大國救魏而倍約，齊背二國之約。不可信恃。大國不義，趙以齊背之爲不義。以告敝邑，告以伐齊。而賜之二社[旁訓]二邑也。之地，邑皆有社。以奉祭祀。今又案兵，且欲合齊而受其地，非使臣之所知也。請益甲四萬，大國裁之。"[旁訓]量度之。蘇代爲齊獻書穰侯[旁訓]秦相國。曰："臣聞往來者之言曰：'秦且益趙甲四萬人以伐齊。'臣竊必之必者，意其然也。敝邑之王襄。曰：'秦王明而熟於計，[旁訓]句法。穰侯智而習於事，必不益趙甲四萬人以伐齊。'[旁訓]此三句是一篇大意。是何也? 夫三晉相結，秦之②深讎也。[眉批]此下分五段，詳言三晉相結，秦伐齊，齊必割地，以失晉、楚，相與頓釰，而秦反受兵。是晉、楚以秦伐齊，以齊破秦，使秦深懼而自不益趙甲四萬人以伐齊也。三晉百背[旁訓]句法。秦，百欺秦，不爲不信，不爲無行。今破齊以肥趙，趙，秦之深讎，[旁訓]前年敗趙，取趙光狼。不利於秦，一也。[旁訓]一段。秦之謀者必曰：'破齊敝晉，此晉即趙也。以趙破齊，齊破，趙亦破。而後制晉、楚之勝。'二國破敝，秦無後慮，可以南制楚。夫齊，

---

① 伐，原誤作"代"，今據黃丕烈本、《戰國策評苑》改。
② 之，原作"以"，今據黃丕烈本、《戰國策評苑》改。

罷[旁訓]音疲。國也。以天下擊之，譬猶以千鈞之弩射潰癰也。[旁訓]句法。秦王安能制晉、楚哉！[旁訓]攻疲國，勝之非武也，安能制人？二也。[旁訓]二段。秦少出兵，則晉、楚不信。不信其伐齊。多出兵，則晉、楚爲制於秦。齊恐，則不①走於秦，且走晉、楚。多兵，則非獨齊見制，懼晉、楚亦見制，齊畏秦，故不趨秦而與晉、楚同患，故趨晉、楚。三也。[眉批]"不走""且走"活看，是言不走彼則走此，必不聽趙。齊割地以實晉、楚，則晉、楚安。齊舉兵而爲之頓劍，二國惡秦，而齊先伐，故既合，則齊爲二國出兵。則秦反受兵。四也。[旁訓]四段。是晉、楚以秦伐齊，晉亦趙也，初與秦伐齊。以齊破秦，[旁訓]爲之頓劍是也。何晉、楚之智而齊、秦之愚！五也。[旁訓]五段。秦得安邑，[眉批]按：安邑屬魏，亦屬韓。善齊以安之，亦必無患矣。秦有安邑，則韓、魏必無上黨[旁訓]言上黨可取。哉。夫取三晉之腸胃，安邑、上黨是三晉內地，如腸胃然。與出兵而懼其不反也，孰利？故臣竊必之敝邑之王曰：'秦王明而熟於計，穰侯智而習於事，必不益趙甲四萬人以伐齊矣。'"[眉批]九我曰：晉、楚强，故不能制。婉言以動之。

秦客卿勸穰侯攻齊

秦客卿造造，其名。謂穰侯曰："秦封君以陶，籍君天下借以制天下之權。數年矣。攻齊之事成，陶爲萬乘，益以齊地，則陶遂爲萬乘之國。長小國以朝天子，爲小國之長而率以朝天下。天下必聽，五霸②之事也。攻齊不成，陶爲鄰恤而莫之據也。言攻齊不成，則陶且有爲鄰國得之之憂，而無援國可恃。故攻齊之於陶也，存亡之機也。君欲成之，何不使人謂燕相國曰：'聖人不能爲③時，時至弗失。時，天時也。非人力所爲，但能不失時耳。舜雖賢，不遇堯也，不得爲天子。湯、武雖賢，不當桀、紂，不王。故以舜、湯、武之賢，不遭時，不得帝王。令攻齊，此君[旁訓]指燕相。之大時也已。大時，謂得時之利無大於此。因天下之力，伐讎國之齊，報惠王之恥，惠王在昭

---

① 黃丕烈本等"不"前有"必"字。
② 霸，黃丕烈本等作"伯"，下同。
③ 爲，原作"違"，今據黃丕烈本、《戰國策評苑》改。

王前，有誤。成昭王之功，[眉批]按：燕惠王時，田單破燕。燕昭王時，樂毅下齊七十餘城。除萬世之害，此燕之長利而君[旁訓]謂燕相。之大名也。《詩》云：樹德莫如滋，立德莫先培植其本。除害莫如盡。除害莫先盡去其根。吳不亡越，越故亡吳。吳勝越，不盡滅之，故卒爲越所滅。齊不亡燕，燕故亡齊。齊勝燕，不盡滅之，卒爲燕所滅。齊亡於燕，吳亡於越，此除疾不盡也。非以此時也成君之功，除君之害，秦卒猝同。有他事而從齊，齊、秦合，其讎君必深矣。挾君之讎[旁訓]謂齊。以誅於燕，使燕誅相。後雖悔之，不可得也已。君悉燕兵而疾攻之，天下之從君也，若報父子之仇。誠能亡齊，封君於河南，爲萬乘，達途[旁訓]通道。於中國，南與陶爲鄰，世世無患。願君之專志於攻齊，而無他慮也。’”

秦黄歇説秦昭王

　　此春申君未封時書。①

　　“天下莫强於秦、楚，今聞大王欲伐楚，此猶兩虎相與②鬥，而駑犬受其敝，不如善楚。臣請言其説。臣聞：物[旁訓]起得朗爽。至極也。而反，冬夏是也。致至而危，致，言取物置之物上。累棋是也。今大國之地半天下，有二垂，邊陲。此從生民以來，萬乘之地，未嘗有也。[眉批]九我云：詞氣容容不迫。先帝文王、惠文王。武王、王之身，三世而不接地於齊，不與齊通。以絶從親之要。約也。今王使成橋秦人。守待也。事於韓，成橋已北入燕，使燕入朝於秦。是王不用甲，不伸威，而出百里之地，燕人秦，必出地割與秦。王可謂能矣。[旁訓]一段。王又舉甲兵而攻魏，杜大梁之門，舉河内，拔燕魏邑。酸棗、虚、桃人，楚、燕之兵，雲翔散也。而不敢校，[旁訓]報。王之功亦多矣。王休甲息衆，二年然後復之，又取蒲、衍、首垣③，以臨[旁訓]以兵臨之。仁、平丘、小黄、濟陽嬰城，[旁訓]嬰，守也。

---

　　①　黄丕烈本、《戰國策評苑》標題作“頃襄王二十年章”，《戰國策評苑》上欄概括文義爲“秦黄歇説秦昭王”，本書省去前文，以“秦黄歇説秦昭王”標目。

　　②　黄丕烈本、《戰國策評苑》無“與”字。

　　③　垣，原誤作“桓”，今據黄丕烈本、《戰國策評苑》改。

二邑環兵自守。而魏氏服矣。王又割濮、磨之北屬之燕，斷齊、秦之要，絶楚、魏之脊。天下五合六聚而不敢救也，[眉批]波瀾闊而整。王之威[旁訓]三段。亦憚矣。可畏。王若能持功守威，省攻伐之心，而肥[旁訓]厚。仁義之地，[旁訓]地，一本作"誠"。使無復後患，三王不足四，五霸不足六也。王若負人徒之衆，恃甲兵之强，乘毀魏[旁訓]猶言勝魏。之威，而欲以力臣天下之主，臣恐有後患。[眉批]緊切利害。《詩》云：'靡不有初，鮮克有終。'《易》曰：'狐濡其尾。'[旁訓]小狐不能涉大川，雖濟而無餘力，將濡其尾，不能終也。此言始之易，終之難也。何以知其然也？智氏見伐趙之利，[旁訓]分兩段作波瀾。而不知榆次之禍也。吴見伐齊之便，而不知干隧之敗也。[眉批]此言智伯、夫差恃功之害。此二國者，[旁訓]繳上。非無大功也，没利於前，而易患於後也。[眉批]爲利所沉溺，而以前之利易後日之患也。吴之信越也，[旁訓]再翻作一轉倒應。從而伐齊，遂攻齊人於艾陵，還爲越王禽於三江之浦。智氏信韓、魏，從而伐趙，攻晉陽之城，勝有日矣，[旁訓]其日可期。韓、魏反之，殺智伯瑶於鑿臺之上。今王[旁訓]露本意。妬楚之不毀也，謂無傷。而忘毀楚之强韓、魏也。楚毀，不能侵之，故强。臣爲大王慮而不取。《詩》云：'大武遠宅①不涉。'威武之大者遠安定之，不必涉其地也。[眉批]冷語宛轉。從此觀之，楚國援也，鄰國敵也。《詩》云：'他人有心，予忖度之。躍[旁訓]走也。躍毚[旁訓]狡也。兔，遇犬獲之。'[眉批]言兔雖善走，或時遇犬，犬擊得之。人心難知，或可忖度。今王中道而信韓、魏之善王也，中道，在前後間。此[旁訓]用一字繳文法。正吴信越也。臣聞[旁訓]聞說。敵不可易，時不可失。臣恐[旁訓]合□。韓、魏之卑辭慮患，[旁訓]以慮患，故辭卑。而實欺大國也。王既無重再。世之德[旁訓]轉。於韓、魏，而有累世之怨焉。[旁訓]可怨可恨，不待語終。夫韓、魏父子兄弟接踵而死於秦者，十世矣。[眉批]語益奇，不竭。本國殘，社稷壞、宗廟隳，刳腹折頤，首身分離，暴骨草澤，[旁訓]曬乾枯骨於草莽中。頭顱僵仆，頭顱，首骨。相望於境。父子老弱，係虜相隨於路。係累而被虜獲。鬼神狐祥無所食，死而爲

---

① 宅，原誤作"澤"，今據黄丕烈本、《戰國策評苑》改。

鬼,如狐之爲妖,無所依倚而取食。百姓不聊生,族類離散流亡爲臣妾男爲人臣,女爲人妾。滿海内矣。韓、魏之不亡,秦社稷之憂也。今王之攻楚,不亦失乎![旁訓]發問作難。且王攻楚之日,則惡[旁訓]平聲。出兵?安所出兵。王將藉路於仇讎[旁訓]二字照應。之韓、魏乎!兵出之日而王憂其不反也,是王以兵資於仇讎之韓、魏。王若不藉路於仇讎之韓、魏,必攻隨陽[旁訓]一字千鈞。第一難。右壤,此皆廣川大水,山林谿谷不食之地,王雖有之,不爲得地。是王有毁楚之名,無得地之實也。且王攻楚之日,[旁訓]第三難。四國必悉起應王,齊、趙、魏、韓必躪秦後。秦、楚之兵構而不離,魏氏將出兵而攻留、方與、銍、胡陵、碭、蕭、相,故宋必盡。七邑故皆宋地。齊人南面,泗北必舉。此皆平原四達,膏腴之地也,而王使之獨攻。秦與楚戰不服,救七邑及泗北,故二國攻之,兵勢無所分也。王破楚於以肥韓、魏於中國而勁齊,[眉批]當時齊最大。又提出作一折,最有輕重。韓、魏之强足以校[旁訓]敵。於秦矣。而齊南以泗爲境,東負[旁訓]背。海,北倚河,而無後患,天下之國,莫强於齊。齊、魏得地葆[旁訓]保同。利,而詳事下吏,詳其事以下於吏,慎重之意。一年之後,爲帝若未能,於以禁王之爲帝有餘。[眉批]深中事機,不覺傾聽。夫以王[旁訓]只作一轉。壤土之博,人徒之衆,兵革之强,而注猶屬。地於楚,詘猶反也。反使韓歸爲帝之重於齊。令韓、魏歸帝重於齊,是王失計也。臣爲王慮,[旁訓]合上本意。莫若善楚。秦、楚合而爲一,以臨韓,韓必授首。服而請誅。王襟以山東之險,障蔽如襟。帶以河曲之利,圍繞如帶。韓必爲關中之候。比之候吏。若是,王以十萬戍鄭,梁氏寒心,[旁訓]戰俱膽寒。許、鄢陵嬰城,上蔡、召陵不往來也。許與鄢陵嬰城而守,則韓、魏不通,而上蔡、召陵不相往來。如此,而魏亦關内候矣。[旁訓]文字層疊。王一善楚,而關内二萬乘之主注地於秦,[旁訓]以韓、魏、齊又作三疊。齊之右壤可拱手而取也。是王之地,一經兩海,要絶天下也。言秦地自西海亘東海,中斷天下也。[眉批]收拾步步漸緊。是燕、趙無齊、楚,齊、楚無燕、趙也。然後危動燕、趙,以危亡之事恐動之。持[旁訓]劫也。齊、楚,以無援劫之。此四國者,不待痛[旁訓]不待攻伐之酷。而服矣。"痛,言攻伐之酷。

段干越人①説新城君

段干越人[旁訓]魏人，在秦。謂新城君曰："王良之弟子駕，[旁訓]以馬駕車。云'取千里馬'。遇造父之弟子，[眉批]九我曰：造父，周穆王之御，不得與王良同時。然學出于造父者，得稱于其弟子，非必與之同時也。造父之弟子曰：'馬不千里。'[旁訓]是馬必不主千里。王良弟子②曰：'馬，千里之馬也；服，千里之服也。駕車馬四，兩服在中央夾轅，兩驂在旁。而不能取千里，何也？'曰：'子繘牽長。'繘，索也，以牽馬。故繘牽於事，萬分之一也，而難千里之行。今臣雖不肖，於秦亦萬分之一也，而相國見臣戎未嘗相，以其傳③國事稱之。不釋塞者，言障之於下，不解。是繘牽長也。"言芈④戎短於用己所長。

【九我評】語不在多，而意深長。

范雎因王稽獻書秦王

范子名雎，字叔，後封應侯，魏人。因王稽⑤秦謁者。入秦，獻書[眉批]九我曰：雎此書只是求見，尚未深言秦國之事，即王稽所謂不可以書傳者也。然穰侯謂諸侯容子無益，昭王亦厭天⑥下辯士，無所信。則此書固所以陰破其見耳。昭王曰："臣聞明主蒞政，原作"政"，從《史》⑦改。有功者不得不賞，有能者不得不官，勞大者其禄厚，功多者其爵尊，能治衆者其官大。故不能者不得⑧當其職焉，能者亦不得蔽隱。使以臣之言爲可，[旁訓]可行。則行而益利[旁訓]達。其道。若將弗行，則久留臣無謂也。語曰：'庸原作"人"，從吳注改。主賞所愛而罰所惡。明主則不然，賞必加於有功，刑必斷於有罪。'[眉批]又

---

①　"越"下原脱"人"字，今據黄丕烈本、《戰國策評苑》補。黄丕烈本此篇在《韓策三》，校云："此篇鮑本在《秦策》。"
②　"王良"下原脱"弟子"二字，今據黄丕烈本、《戰國策評苑》補。
③　傳，原誤作"得"，今據黄丕烈本、《戰國策評苑》改。
④　芈，原誤作"芋"，今徑改。
⑤　王稽，原作小字誤入注"秦謁者"下，今據黄丕烈本、《戰國策評苑》改。
⑥　天，原誤作"大"，今據黄丕烈本、《戰國策評苑》改。
⑦　史，原誤作"使"，今徑改。
⑧　得，黄丕烈本、《戰國策評苑》俱作"敢"。

曰：此是一篇隱語，中用三臣聞爲議論發端。文辨而核。今臣之胸不足以當椹質，椹，砍木。質、鑕，鐵椹。質、鑕同。要〔旁訓〕平聲。不足以待斧鉞，〔旁訓〕亦斧也。豈敢以疑事介在可行、不可行，謂之疑事。嘗試於王乎？嘗亦試也。雖以臣爲賤而輕辱臣，獨不重任臣者後無反覆於前者耶？保任人必保其後，後不如言，則爲反覆，此重也，王豈得輕之。臣聞周有砥厄，〔旁訓〕美玉。宋有結綠，〔旁訓〕亦玉名。梁有懸黎，楚有和璞。〔旁訓〕夜光之璧，卞和之璞。此四寶者，工之所失也，〔旁訓〕所不能別。而爲天下名器。然則聖王之所棄者，獨不足厚①〔旁訓〕重。國家乎？厚言使之重。臣聞善厚家者取之於國，善厚國者取取其人。之於諸侯。天下有明主，則諸侯不得擅厚矣。是何也？爲其凋〔旁訓〕傷草華。榮也。凋榮，《史》作「割榮」，即上「擅厚」，謂擅權也。九我云：此喻厚重，彼有擅之，則此無有。〔眉批〕九我曰：凋榮意已指穰侯等，而不可明言，故微及之。良醫知病人之死生，聖主明於成敗之事，利則行之，害則舍之，疑則少嘗之，雖堯、舜、禹、湯復生，弗能改已。〔眉批〕青陽曰：睢云「聖主明于成敗之事」，而曰「疑則少嘗之」，語既反覆，又引舜、禹。舜、禹豈嘗疑事者哉？所謂游士之言也。語之至者，睢自謂其心良苦。臣不敢載之於書，〔眉批〕漪園曰：語之至者不敢載于書，即後太后、穰侯、高陵、涇陽專權事。其淺者又不足聽也。意者，臣愚而不闓於王心耶？闓，合也。亡其言臣者將賤而不聽耶？亡其，猶得無。非若是也，〔旁訓〕《史記》作「自非云也者」。則臣之志願少賜游觀之間，間，暇也。望見足下而入之。"不斥王，故指其足下之人，猶陛下也。書上，秦王説之，因謝王稽説，謝其得人，而説其欲見之意。使人持車召之。范睢至秦，王庭迎，謂②范睢曰："寡人宜以身受令〔旁訓〕命。久矣。會義渠之事〔旁訓〕秦滅義渠。急，寡人旦暮③自請太后。今義渠之事已，寡人乃得以身受命。躬竊閔猶傷。然不敏，自傷見睢之晚。敬執賓主之禮。"范睢辭讓。是日見范睢，見者無不變色易容者。無不變色易容，見其但敬肅，兼有恐懼意。秦王屏〔旁訓〕去。左右，宮中虛無人，〔眉批〕屏左右者，欲聞前書所謂「至語」也。秦王跪而

---

① 黃丕烈本、《戰國策評苑》「足」「厚」之間有「以」字。

② 原脱「謂」字，今據黃丕烈本補。

③ 旦暮，黃丕烈本、《戰國策評苑》作「日」。

請曰："先生何以幸教寡人?"范雎曰："唯唯。"有間，秦王復請，范雎曰："唯唯。"若是者三。[眉批]三跪請而不言,以嘗試①其意耳。秦王跽曰："先生不幸教寡人乎?"范雎謝曰："非敢然也。臣聞始時吕尚之遇文王也,身爲漁父而釣於渭陽之濱耳。若是者,交疏也。已一説而立爲太師,載與俱南歸者,其言深也。[旁訓]所言深入其心。[眉批]九我云:此處欲言不言,最妙。云非吾形容不出,見其次序。故文王果收功於吕尚,卒擅天下而身立爲帝王。即使文王疏吕望而弗與深言,是周無天子之德,而文、武無與成其王王業。也。今臣,羈旅之臣也,交疏於王,而所願陳者,皆匡君臣之事,處在也。人骨肉之間,[眉批]石簣曰:處人骨肉之間,便暗指太后、穰侯。②願以陳臣之陋忠,而未知王心也,所以三發問③而不對者是也。臣非有所畏而不敢言也,[旁訓]此句爲患、憂二三句之綱。[眉批]石簣曰:"臣非有所畏"一句,爲患憂恥之。知今日言之於前,而明日伏誅於後,然臣弗敢畏也。[眉批]石簣曰:未言窮辱之事、死亡之患,臣不敢畏,特窮辱即爲屬,爲狂臣。不敢畏,應上"非有畏而不敢言",字眼極有關鍵。大王信行臣之言,死不足以爲臣患,亡不足以爲臣憂,[旁訓]此二句又爲下三段之綱④。漆身而爲厲,音賴。⑤凡漆⑥有毒,近之者多患瘡腫若癩然,故以漆塗身,令若癩也。被髪而爲狂,不足以爲臣恥。[眉批]綱:患、憂、恥三句,即非有畏之意,又爲下三段之綱。五帝之聖而死,三王之仁而死,五伯之賢而死,烏獲之力而死,[旁訓]秦武三力士。奔、育之勇而死。孟奔、夏育皆勇士。[眉批]青陽曰:宜語三有足以及五死,字又如貫珠。死者,人之所必不免⑦。處必然之勢,可以少補⑧於秦,此臣之所大願也。臣何患乎?[眉批]青陽曰:五死,應上"死"字;"臣又何患"應上"患"字。此段言死

---

① 試,原誤作"式",今徑改。
② 底本此處文字有漫漶不清之處,今據《戰國策評苑》。
③ 三發問,黄丕烈本、《戰國策評苑》作"王三問"。
④ 原脱"綱"字,今補。
⑤ 音賴,原作"音下",今據《戰國策評苑》改。
⑥ 漆,原作"三",今據黄丕烈本、《戰國策評苑》改。
⑦ 黄丕烈本"免"下有"也"字。
⑧ 黄丕烈本、《戰國策評苑》"少"下有"有"字。

不足以爲患也。伍子胥橐載而出昭關，夜行而晝伏，至於菱水，水，元作
"天"，從吳注改"水"。菱水，即溧水。無以餌其口，膝行蒲伏，[旁訓]飢困不能行，
故膝行蒲伏。①乞食於吳市，卒興吳國，闔閭爲伯。使臣得進謀如伍子
胥，加之以幽囚，終身不復見，是臣說之行也，臣何憂乎？[眉批]青陽曰：
伍子胥夜行晝伏，應上"亡"字。"臣又何憂"，應上"憂"字。此段言亡不足以爲臣憂也。箕
子、接輿，漆身而爲厲，被髮而爲狂，無益於殷、楚。使臣得同行於箕
子、接輿，可以補所賢之主，是臣之大榮也，[旁訓]二子無補于時，猶内之。今
得同行于二子，而又有補于時，故特以爲榮。臣又何恥乎？臣之所恐者，[眉批]如
岡曰：提一個"臣何患""何憂""何恥"，下繫以"臣之所恐"云云，昭王焉得不感②發。獨恐
臣死之後，天下見臣盡忠而身蹷也，是以杜口裹足，莫肯即秦耳。即，
就也。足下上畏太后之嚴，下惑奸臣之態，居深宮之中，不離保傅之
手。女保、女傅，非大臣也。終身闇惑，無與照奸。[旁訓]辨其奸邪。大者宗廟
滅覆，小者身以孤危。此臣之所恐耳。若夫窮辱之事，死亡之患，臣
弗敢畏也。[眉批]石簀曰：末言窮辱之事、死亡之患，臣不敢畏也。窮辱，即爲厲，爲狂。
臣不敢畏，應上"非有畏而不敢言"。字眼極有關鍵。臣死而秦治，賢[旁訓]勝。於
生也。"秦王跪曰："先生是何言也？夫秦國僻遠，寡人愚不肖，先生乃
幸至此，此天以寡人恩先生，恩、㥄同，沃澆也。而存先王之廟也。寡人得
受命於先生，此天所以幸先王③而不棄其孤也，先生奈何而言若此。
事無大小，上及太后，下至大臣，願先生悉以教寡人。[眉批]九我曰：此時
昭王之心，惟恐范雎不言，秦國不保，故上及太后。且欲爲之甘心，又何有于大臣哉？此其
說得行而相即歸之也。無疑寡人也。"范雎再拜，秦王亦再拜。范雎曰："大
王之國，北有甘泉、谷口，南帶涇、渭，右隴、蜀④，戰車千乘，奮擊百萬。
[旁訓]士之能奮厲⑤者。以秦卒之勇，車騎之多，以當諸侯，譬若馳韓盧[旁
訓]韓有黑犬名盧。而逐蹇兔也。馳，原作"施"。蹇，原作"駑"。俱從吳注改。伯王

① "伏"上文字漫漶，今據正文薈作"蒲"。
② 感，原誤作"敢"，今據《戰國策評苑》改。
③ 王，原作"生"，不辭，今據黃丕烈本改。
④ 黃丕烈本"右隴蜀"下有"左關阪"三字。
⑤ 厲，原誤作"萬"，今據黃丕烈本、《戰國策評苑》改。

之業可致。［眉批］又曰：到此不言内，又只言外，范雎所以深交其君，而後能逐穰侯輩三人也。今反閉關閉函谷關。而不敢窺兵於山東者，是穰侯爲國謀不忠，而大王之計有所失也。"王曰："願聞所失計。"雎曰："大王越韓、魏而攻强齊，非計也。少出師則不足以傷齊，多之則害於秦。臣意［旁訓］以意測度之。王之計，欲少出師而悉韓、魏之兵，則不義矣。義，宜也。己少出師，而使人悉出，非宜也。今見與之國①不可親，與，謂韓、魏。越人之國而攻，可乎？疏於計矣。昔者，齊人伐楚，戰勝，破軍殺將，再辟千里，尺寸之地無得者，尺，元作"膚"。從《史》改。豈齊不欲地哉？形弗能有也。諸侯見齊之罷露，罷、疲同。在野曰露。君臣之不親，舉兵而伐之，主辱軍破，爲天下笑。所以然者，以其越楚而肥韓、魏也。此所謂藉賊兵［旁訓］借賊以干兵。而齎盜食者［旁訓］送盜以糧食。也。王不如遠交而近攻，［旁訓］秦卒用此術并天下。［眉批］漪園曰：遠交近攻，即假途滅虢。齊、楚不悟，使范雎成荀息之計，而秦人收晉獻之功，愚矣。雖然，猶莫甚于楚商於之咍，齊懼絶矣。其究至于丹陽，敗屈匄亡，割漢中地，而後免，是秦之愚楚者已先于雎，而楚之爲秦愚者，至雎而再矣。故齊莫甚于楚也。又曰：秦之伯業，在于遠交近攻之言。得寸則王之寸，得尺則王之尺也。今舍此而遠攻，不亦繆［旁訓］差繆。乎？且昔者，中山之地方五百里，趙獨擅之，功成、名立、利附焉，天下莫能害。此言近②攻之利。今韓、魏，中國之處，而天下之樞［旁訓］言樞紐，天下之本。也。言出入往來所由。王若欲伯，必親中國而以爲天下樞，以威楚、趙。趙强則楚附，楚强則趙附。言雖不能兼制，必有一附。楚、趙附則齊必懼，懼必卑辭重幣以事秦，齊附，而韓、魏可虛也。"可使爲③丘墟。王曰："寡人欲親魏。魏，多變［旁訓］詐。之國也，寡人不能親。請問親魏奈何？"［眉批］如岡曰：親魏者，豈誠親魏哉？孤韓黨耳。范雎曰："卑辭重幣以事之；不可，削地以④賂之。不可，舉兵而攻。⑤"［旁訓］不爲吾親，則以賂嘗之。又不爲吾親，則以兵

---

① 之國，黄丕烈本、《戰國策評苑》作"國之"。
② 近，原誤作"也"，今據黄丕烈本、《戰國策評苑》改。
③ 爲，原作"以"，今據黄丕烈本、《戰國策評苑》改。
④ 以，黄丕烈本、《戰國策評苑》作"而"。
⑤ 攻，黄丕烈本、《戰國策評苑》作"伐之"。

伐之。於是①舉兵而攻邢丘。邢丘拔而魏請附。〔眉批〕遠交近攻之策當
矣。語未卒而復欲親之，既親之，又欲伐之，立談之間矯亂如此，使人主②何適從乎？若曰
其策爲上，某次之，其可也。曰：雎復説。"秦、韓之地形，相錯如綉，〔旁訓〕如綉
文之相交錯。秦之有韓，若木之有蠹，人之病心腹。天下有變，爲秦害者
莫大於韓，王不如收韓。"原無此句，從姚本補。王曰："寡人欲收韓，韓不
聽，爲之奈何？"范雎曰："舉兵而攻滎陽，則成皋之路不通。北斬太行
之道，則上黨之兵不下。一舉而攻③宜陽，則其國斷而爲三。韓見必
亡，焉得不聽？韓聽而伯事可成也。"王曰："善。"此下《史》④云：且欲發使於
韓⑤。范雎日益親，復説用數年矣。因請間説曰"臣居山東"云云。〔眉批〕如岡曰：范雎欲
得相位，又傾太后、穰侯，但骨肉之間不能直指，故方未見王時，即感怒之，以植其根。及其
既見，則欲言、不言，反覆婉轉，以待其自悟。至王自言，上及太后，下至大臣，可以直指矣。
卻又言外事，以待數言，始及其内，漸漬不驟如此，聽者自不覺及于肝膈。雎其深于術哉！
范雎曰：雎先已摩切秦王，王曰：上及太后，下至大臣，願先生悉以教寡人，宜可言矣。而
且陳遠交近攻之策，至是，始極所欲言，此策士之深術也。"臣居山東，聞齊之内有
田單，單，《春秋後語》作"文"。不聞其有王。聞秦之有太后、穰侯、涇陽、昭
王母弟。華陽，四貴者，穰侯、涇陽、華陽、高陵。《史》"涇陽、華陽擊斷無諱"下有"高陵進
退不請"一句，《策》下文出"高陵"，則此疑有缺。不聞其有王。夫擅國之謂王，能
專利害之謂王，制殺生之威之謂王。今太后擅行不顧，不顧王⑥。穰侯
出使不報，報，白也。言不白王而擅遣使於外。涇陽、華陽擊斷無諱，〔旁訓〕刑人
無所畏避。高陵進退不請。四貴備而國不危者，未之有也。爲此四者
下，乃所謂無王已。人主之權反出四貴者之下。然則權焉得不傾，而令焉得
從王出乎？臣聞：善爲國者，内固其威而外重其權。穰侯使者操王之
重，決裂諸侯，謂分剖其地。剖符於天下，剖符，承上決裂言，謂擅封爵也。〔眉批〕

---

① 原脱"於是舉兵而攻"六字，今據黄丕烈本、《戰國策評苑》補。
② 主，原誤作"王"，今徑改。
③ 攻，原誤作"改"，今徑改。
④ 史，原誤作"吏"，今徑改。
⑤ 韓，原誤作"燕"，今據《史記》改。
⑥ 原無"王"，今據黄丕烈本、《戰國策評苑》《戰國策旁訓便讀》補。

石贊曰：四貴權惟穰侯最重，故又專以穰侯來説。征敵伐國，莫敢不聽。[眉批]九我曰：范雎相秦，其利秦者少而害秦者多，以魏冄之專，忌其舊勳而逐之可也，並逐宣太后①，使昭王以子絶母，不已甚乎？宣太后之于秦，非鄭武姜、莊襄侯之惡也。鄭武姜、莊襄后猶不可絶，而雎絶之，獨不愧穎考叔、茅焦乎？及雎任秦事，殺白起而用王稽、鄭安平，使民怨于內，兵折于外，曾不若魏冄之一二，其自爲身謀取卿相可耳，未見有益于秦也。戰勝攻取，則利歸於陶，國敝，御於諸侯。敝，《史》②作“獘”，斷也。御，制也。言穰侯執權以制御主斷於諸侯也。戰敗，則怨結於百姓，而禍歸社稷。詩曰：‘木實繁者實，木子也。披其枝，披其枝者傷其心。大其都者危其國，尊其臣者卑其主。’四語非必逸《詩》，古有此語耳。淖齒管齊之權，管，專也。縮閔王之筋，懸之廟梁，宿昔[旁訓]夜。而死。李兌用趙，減食主父，減主父食。百日而餓死。今秦太后、穰侯用事，高陵、亦昭王母弟。涇陽佐之，卒無秦王。此亦淖齒、李兌之類已！臣今見王獨立於廟朝矣，且臣將恐③後世之有秦國者，非王之子孫也！”秦王懼，於是乃廢太后，逐穰侯，出高陵，走涇陽於關外。昭王謂范雎曰：“昔者齊公得管仲，時以爲‘仲父’。今吾得子，亦以爲父。”

【九我評】按秦廢其母后，尊雎爲父，豈聖王盛德事哉？

范雎再論三貴

此更端説之語，意與上節大同，當自爲一章。

應侯謂昭王曰：“亦聞恒思[旁訓]地名，灌木中有神靈托之④。有神叢與？《墨子》：⑤建國必擇木之脩茂者以爲叢。恒思有悍少年，請與叢博，[旁訓]局戲。曰：‘吾勝叢，叢藉我神三日。以神靈借我。不勝叢，叢困我。’乃左手爲叢投，尚左，尊神也。右手自爲投，勝叢，叢藉其神。三日，叢往求之，遂弗歸。五日而叢枯，七日而叢亡。今國者，王之叢。勢者，王之神。

---

① 后，原誤作“和”，今據《戰國策評苑》改。
② 史，原誤作“吏”，今徑改。
③ 恐，原作“見”，今據黃丕烈本、《戰國策評苑》《戰國策旁訓便讀》改。
④ 原脱“托”字，今據黃丕烈本補。
⑤ 墨，原作“黑”，從吳師道注、《戰國策評苑》改。

藉[旁訓]借。人以此，[旁訓]勢。得無危乎？臣未嘗聞指大於臂，臂大於股，若有此，則病必甚矣。百人輿瓢而趨，輿，載也。[旁訓]負之輿，載物。不如一人持而走疾①。[旁訓]百人負之，不如一人持之而走，更爲疾速。百人誠輿瓢，瓢必裂。以爭持者衆也。今秦國，華陽用之，穰侯用之，太后用之，王亦用之。不稱瓢[旁訓]謂比國于瓢。爲器則已，稱，猶等也。稱瓢爲器，國必裂矣。[眉批]九我曰：首以神叢爲喻，見國勢不可以假人。次以指臂爲喻，見臣之勢不可使大于君。三以輿瓢爲喻，見國勢既分、必至亂國。譬喻意一節深一節。臣聞之：'木實繁者枝必披，枝之披者傷其心，都大者危其國，臣强者危其主。'且今原作"其今"。邑中自斗食以上，《漢官表》："歲俸不滿百斛，計日而食一斗二升。"至尉、内史秦有郡縣。内史，郡縣官也。及王左右，有非相國[旁訓]侯。之人者乎？相國，謂穰侯。國無事則已，國有事，臣必見王獨立於庭也。臣竊爲王恐，恐萬世之後有國者，非王子孫也。臣聞：古之善爲政者②，其威内扶，持也。其輔外布，謂股肱之臣。[旁訓]外布爲羽翼。而治政不亂、不逆，使者直道而行，[旁訓]奉君命，而以直道行之。不敢爲非。今太后使者分裂諸侯，而符布天下，[旁訓]符爵布滿於天下。操大國之勢，强徵兵伐諸侯。戰勝攻取，利盡歸於陶。國之幣帛③竭入太后之家，境内之利分移華陽。[旁訓]分其半而移入于華陽君之室。古之所謂'危主滅國之道'必從此起。三貴竭國以自安，盡國之所入，以自安自利。然則令何得從王出，權何得毋分？是王果處三分之一也。"

【九我評】此篇語奇，甚似《莊子》。

推④琴諫秦王輕韓魏

秦昭王謂左右曰："今日韓、魏孰與始强？"對曰："弗如也。"王曰：

---

① 走疾，原作"疾走"，今據黃丕烈本、《戰國策評苑》改。

② 者，黃丕烈本作"也"。

③ "帛"字處原爲墨釘，今據黃丕烈本、《戰國策評苑》補。

④ 推，本書及《戰國策評苑》《戰國策旁訓便讀》俱作"堆"，諸祖耿《戰國策集注彙考》引黃式三亦作"堆"，今據黃丕烈本改，下同。

“今之知^①、魏人。魏齊，魏相。孰與孟嘗、芒卯[旁訓]先時魏相。芒卯亦魏人。之賢？”對曰：“弗如也。”王曰：“以孟嘗、芒卯之賢，帥强韓、魏之兵以伐秦，猶無奈[旁訓]無如我何。寡人何也，今以無能之如耳、魏齊帥弱韓、魏以攻秦，其無奈寡人何，亦明矣。”中期推琴[旁訓]猶《論語》曾點舍瑟。對曰：“王之料[旁訓]量。天下過矣。昔者六晉之時，[眉批]六晉，智、范、中行、韓、趙、魏皆晉卿，實分晉國。智氏最强，滅破范、中行，又帥韓、魏以圍趙襄子於晉陽，決晉水以灌晉陽，城不沈者三板耳。[旁訓]板高二尺。智伯出行水，[旁訓]按視。韓康子御，在右爲御。魏桓子驂乘。在左爲驂。智伯曰：‘始，吾不知水之可亡人之國也，乃今知之。汾水利以灌安邑，絳水利以灌平陽。’魏桓子肘[旁訓]字法。韓康子，康子履魏桓子，躡[旁訓]蹈。其踵，不敢正語，築其肘、躡其踵，而以意會之。[旁訓]脚跟。肘足接於車上，[旁訓]句法。而智氏分矣。身死國亡，爲天下笑。今秦之强不能過智伯，韓、魏雖弱，尚賢其在晉陽之下也？其在，猶云豈在。此乃方其用肘足時也，願王之勿易[旁訓]去聲。也。”[眉批]九我云：末段句語新奇，可玩可法。

【九我評】秦之强既不能過智伯，韓、魏之賢又不在晉陽之下，則輕之者非矣。

范睢説秦攻韓以求張儀

[眉批]九我曰：馬謖教孔明用兵，攻心爲上，攻城次之。蓋本諸此。

秦攻韓，圍陘，范睢謂秦昭王曰：“有攻人者，有攻地者。穰侯十攻魏而不能傷者，能，原作“得”。^② 非秦弱而魏强也，其所攻者地也。地者，人主所甚愛也。人主者，人臣之所樂爲死也。攻人主之所愛，與樂死者鬥，故十攻而弗勝也。[旁訓]蘇氏多此文法。今王將攻韓圍陘，臣願王之毋獨攻其地，而攻其人也。攻其人，謂不徒力戰，而置人於敵，使足以制敵之命。王攻韓圍陘，以張儀爲言。張儀之力多，且割地[旁訓]割，原作“削”。

---

　　① “知”下爲墨釘，據黃丕烈本，當爲“耳”字。又據下文可知，此處“知”爲“如”字之誤，當改正。

　　② 得，原作“德”，今據《戰國策評苑》改。

而以自贖於王，幾割地而韓不盡。張儀之力少，則王逐張儀，而更與
不如儀者市。_{智不如耳，非力也。}則王之所求於韓者，可盡得也。”

應侯論平原君

應侯曰：“鄭人謂玉未理者璞，[旁訓]珋^①琢。周人謂鼠未腊[旁訓]乾
脯。者朴。周人懷朴[旁訓]原作“璞”^②。過鄭賈曰：‘欲買朴乎？’鄭賈曰：
‘欲之。’出其朴，_{出其而視之。}乃鼠也，因謝[旁訓]辭去。不取。今平原君
[旁訓]趙公子勝也。自以爲賢，顯名於天下，然降其主父[旁訓]趙武靈王自稱
主父。沙丘而臣之。_{降，貶損也。《趙記》書公子成、李兌，非平原也乎？“原”字必有}
_{誤。}天下之王尚猶尊之，是天下之王不如鄭賈之智，眩於名，不知其實
也。”_{眩，目無常主也，故爲惑。}

應侯説秦以利散六國之士

天下之士，合從相聚於趙，而欲攻秦。秦相應侯曰：“王勿憂也，
請令廢之。秦於天下之士非有怨也，相聚而攻秦者，以己欲_{原作“有”。}
富貴耳。王見大王之狗，_{何洛文曰：王見，當作“臣見”。是。}臥者臥，起者起，
行者行，止者止，毋相與鬥者。投之一骨，輕起相牙者，_{輕，猶忽也。牙，言}
_{以牙相嚙。[旁訓]忽起，而以牙相噬。}何則？有爭意也。”於是使唐雎載音樂，
予之五千金，居武安，[旁訓]魏郡^③。高會，[旁訓]大會。相與飲。_{此下有三十}
_{五字，文義欠通，必有脱誤，從《百家類纂》删。}“不問金之所之，金盡者功多矣。
今令人復載五千金隨公。”唐雎行至武安，散不能三千金，天下之士大
相與鬥矣。_{士得金，復爲秦，故其謀不協。}[眉批]_{九我曰：前此范雎之散合從，後此陳平}
_{之間^④項羽，同出一術，蓋亂正風俗貪鄙，故此術多中。}

武安君諫秦昭王伐趙

昭王既息民繕兵，復欲伐趙。[旁訓]邯鄲。武安君曰：“不可。”王

---

① 珋，原誤作“周”，今據《戰國策旁訓便讀》改。
② 璞，原誤作“僕”，今據《戰國策評苑》改。原，《戰國策評苑》《戰國策旁訓便讀》作“元”。
③ 郡，原誤作“即”，今據《戰國策旁訓便讀》改。
④ 間，原誤作“問”，今據陳子龍《國策全本》改。

曰："前年國虛民饑，君不量百姓之力，求益軍糧以滅趙。今寡人息民以養士，蓄積糧食，三軍之俸[旁訓]秩禄。有倍於前，而曰不可，其説何也？"[眉批]叙事典勁切至。武安君曰："長平之事，秦軍①大克，[旁訓]古"剋"字，通。趙軍大破，秦人歡喜，趙人畏懼，秦民之死者厚葬，傷者厚養，勞者相饗，[旁訓]飲之酒。飲食餔饋，[旁訓]餽餉。以靡[旁訓]費。其財。趙人之死者不得收，傷者不得療，[旁訓]治。涕泣相哀，勠力同憂，耕田疾作以生其財。今王發軍雖倍其前，臣料趙國守備亦以十倍矣。趙自長平以來，君臣憂懼，早朝晏罷，卑辭厚幣，四面出嫁，以女與諸國以姻親。結親燕、魏，連好齊、楚，積慮并心，備秦爲務。其國內實，其交外成。當今之時，趙未可伐也。"王曰："寡人既以興師矣。"乃使校大夫王陵將而伐趙。校，木爲欄格也。軍部及養馬用之，故軍尉馬官以爲號。陵戰失利，亡五校。王欲使武安君，武安君稱疾不行。王乃使應侯往見武安君，責之曰："楚地方五千里，持戟百萬。君前率數萬之衆入楚，拔鄢、郢，焚其廟，燒夷陵。先王之墓。東至竟陵，楚人震恐，震，如霹靂之震，故爲恐。東徙而不敢西向。韓、魏相率，興兵甚衆，君所將之卒不能半之，而與戰於伊闕，大破二國之軍。血流漂[旁訓]大漂也。鹵，[眉批]血流漂鹵，言没人多，而流血漂流浮鹵也。斬首二十四萬，韓、魏以故至今稱東藩。東方之藩蔽。此君之功，天下莫不聞。今趙卒之死於長平者已十七八，其國虛弱，是以寡人雖稱王命，故云寡人。大發軍，人數倍於趙國之衆，願使君將，必欲滅之矣。君常以寡擊衆，取勝如神，況以彊擊弱，以衆擊寡乎？"武安君曰："是時楚王頃襄王。恃其國大，不恤其政，而群臣相妒以功，諂諛用事，良臣斥疏，儐斥而疏遠之。百姓心離，城池不脩，既無良臣，又無守備。故起所以得引兵深入，多倍城邑，城邑在後，故言倍。發梁焚舟以專民，發橋梁，焚舟楫，皆示以不還，使民專力於戰。掠於郊野[旁訓]奪取地。以足軍食。當此之時，秦中[旁訓]秦中，一作"秦之"。士卒以軍中爲家，將帥爲父母，不約而親，不謀而信，一心同力，死不旋踵。[旁訓]不反走。楚人自

---

① 軍，原誤作"君"，今據黃丕烈本、《戰國策評苑》改。

戰[旁訓]字法。其地，咸顧其家，各有散心，莫有鬥志。是以能有功也。伊闕之戰，韓孤顧魏，韓勢孤，而望魏之援。不欲先用其衆。魏恃韓之銳，欲推以爲鋒。[旁訓]軍之先鋒。二國爭便之利不同，是以臣得設疑兵，以持韓[旁訓]持，不決戰也。陣，專軍并銳，合軍而并力精銳。觸魏之不意。出其不意。魏軍既敗，韓軍自潰，乘勝逐北，戰敗曰北。以是之故能立功。皆計利形勢，謂人謀、地利，軍之形勢。自然之理，何神之有哉？今秦破趙軍於長平，不遂以時乘其振[旁訓]震同。懼而滅之，畏而釋之，以趙畏服，遂釋不攻，不肯遂乘勝而滅之。使得耕稼以益蓄積，養孤長幼養其孤兒，長其幼。以益其衆，繕治兵甲以益其強，增城浚池增高其城，鑿深其池。以益其固。主折節[旁訓]俯躬。以下其臣，臣推體[旁訓]委身。以下死士。敢死之士。至於平原之屬，皆令妻妾補縫於行伍之間。臣人一心，上下同力，猶勾踐[旁訓]越王。困於會稽[旁訓]地名。之時也。越王勾踐爲吳王夫差困於會稽。以今伐之，趙必固守。挑其軍戰，挑敵以求戰。必不肯出。圍其國都，必不可克。攻其列城，必未可拔。掠其郊野，必無所得。[眉批]以上言無功，以下言有害。兵出無功，諸侯生心，主救趙之心。外救必至。臣見其害，未覩其利。又病，未能行。”應侯慚而退，以言於王。王曰：“微[旁訓]無也。白起，吾不能滅趙乎？”復益發軍，更使王齕代王陵伐趙。圍邯鄲八九月，死傷者衆而弗下。趙王孝成王。出輕銳以寇[旁訓]擊也。其後，秦數不利。[旁訓]勝。武安君曰：“不聽臣計，今果何如？”王聞之怒，因見武安君，强起之曰：“君雖病，强爲寡人臥而將之。有功，寡人之願，若得有功，寡人之至願也。將加重於君。將加重賞以報君。如君不行，寡人恨君。”武安君頓首曰：“臣知行雖無功，得免於罪。雖不行無罪，不免於誅。然惟①願大王覽臣愚計，釋趙養民②，以觀諸侯之變，撫其恐懼，安其恐懼之心。伐其憍慢，使之憍慢弛備而後伐之。誅滅無道，以令諸侯，天下可定。何必以趙爲先乎？此所謂爲一臣屈而勝天下也大。[眉批]

---

① 惟，原作“臣”，《戰國策旁訓便讀》同，今據黃丕烈本、《戰國策評苑》《國策全本》改。

② 趙養，原作“養趙”，《戰國策旁訓便讀》同，今據黃丕烈本、《戰國策評苑》《國策全本》改。

夫謂勝一臣之威，孰若勝天下之威大。昭王此時尚可以不悟耶？　王若不察臣愚計，必欲快心於趙，以致臣罪，此亦所謂勝一臣而爲天下屈者也。夫勝一臣之嚴[旁訓]威。爲，孰若勝天下之威大耶？[旁訓]句法。臣聞明主愛其國，忠臣愛其名①。破國不可復完，死卒不可復生。臣寧伏受重誅而死，不忍爲辱軍之將。軍敗則辱，此所謂愛名。願大王察之。”王不答而去。

【九我評】“勝一臣而爲天下屈”一段，字法、句法俱佳。

秦以反誅王稽而欲連范雎

秦攻邯鄲，十七月不下，莊[旁訓]人名。謂王稽曰：“君何不賜軍吏乎？”王稽曰：“吾與王也，不用人言。”莊曰：“不然。父之於子也，令有必行者，必不行者。曰‘去貴妻，賣愛妾’，此令必行者也；因曰‘毋敢思也’，此令必不行者也。守閭嫗曰：‘某夕，某孺子婦人之美稱。內某士。’內，私之也。言嫗之言，亦有必行者。貴妻已去，愛妾已賣，而心不有。有，猶欲也。言父雖令之，而非其所欲，故令之勿思，則必不行。欲教之[旁訓]猶告。者，人心固有。孺子，內士。人心固欲其告，雖非至親，必令行也。今君雖幸於王，不過父子之親。言王之令亦能奪其所貴愛，有不必行者。軍吏雖賤，不卑於守閭嫗。言且告稽。且君擅主輕下之日久矣。聞：‘三人成虎，[眉批]三人成虎，即魏國土葱所稱者。十夫揉椎，[旁訓]屈曲。衆口所移，毋翼而飛。’故曰，不如賜軍吏而禮之。”王稽不聽，軍吏窮，果惡[旁訓]毀譖也。王稽、杜摯[旁訓]稽之副。以反。果譖王稽與諸侯通。秦王大怒，而欲兼誅范雎。稽始薦雎，雎後任稽守河東，故欲兼誅。范雎曰：“臣，東鄙之賤人也。魏在秦東。開罪於魏，始得罪。遁逃來奔。臣無諸侯之援②，親習之故，非王近習之故舊。王舉臣羈旅之中，使執③事，天下皆聞臣之身與王之舉也。今愚[旁訓]自謂。惑，與罪人謂王稽。同心，而王明誅之，是王過[旁訓]誤也。舉顯於天下，昔舉而今誅之，是舉之誤。而爲諸侯所議也。臣願請藥賜死，而恩以相

---

① 名，原誤作“君”，《戰國策旁訓便讀》同，今據黃丕烈本、《戰國策評苑》《國策全本》改。
② 援，原誤作“授”，今據黃丕烈本改。
③ 執，《戰國策旁訓便讀》同，黃丕烈本、《戰國策評苑》《國策全本》作“職”。

葬臣。既殺之而加恩，以相國禮葬之。王必不失臣之罪，而無過舉之名。"王曰："有之。"然其過舉之言。遂弗殺而善遇[旁訓]待。之。

蘇子諫秦攻趙

秦攻趙，蘇子謂秦王曰："臣聞明王之於其民也，博論而技藝之，試之以事。是故官無缺。乏①事而力不困。於其言也，多聽而時用之，是故事無敗業而惡不章。[旁訓]顯。臣願王察臣之所謁，而效之於一時之用也。臣聞懷重寶者不以夜行，任大功者不以輕敵。[眉批]"懷重寶"二句，皆慎重之意。是以賢者任重而行恭，[旁訓]行愈敬謹。智者功大而辭順。[旁訓]不自矜伐。故民不惡其尊，而世不妬其業。臣聞之：百倍之國者，民不樂後也。[旁訓]民爭先附之。功業高世，人主不再[旁訓]一舉成之，不待再。行也。力盡之民，仁者不用也。求得而反靜，所求既得，復②於無事。聖王之制也。功大而息民，用兵之道也。今用兵終身不休，力盡不罷，怒趙必於其己邑。必欲戰服，使爲己邑。趙僅存哉！言所③存無幾。然而四輸[旁訓]四達。之國也，輸，原作"輪"。從吳注改。今雖得邯鄲，時攻邯鄲不拔，故曰"今雖"云云。非國之長利也。[眉批]"趙僅存哉"數語，言趙所存無幾，然而趙爲四方輻輳之國，皆得救之。秦伐之，難成功也。意者，地廣而不耕，民羸而不休，又嚴之以刑罰，新民未服故。則雖從而不止矣。言且去之。語曰：'戰勝而國危者，物不斷也，物，事也。斷，止也。言戰事不止。功大而權輕者地不入也。'[眉批]石簣曰：戰勝國宜安而愈戰，則國危。功大權宜重而愈求功，則權輕。危，故物不止。輕，故地不入。不斷、不入，因上文"用兵不休"與"雖從而不止"言之。故過任之事，父不得於子。雖父責之其子使必爲，不可得也。無已之求，君不得於臣。故識乎微之爲著者強，察乎息民之爲用者伯，明乎輕之爲重者王。"不伐人，人所輕也，重莫大焉。秦王曰："寡人案兵息民，則天下必爲從，將以逆秦。"蘇子曰："臣有以知天下之不能爲從以逆秦也。臣以田

---

① 乏，原誤入注文"缺"字之下，今據黃丕烈本、《戰國策評苑》《戰國策旁訓便讀》改。
② 復，原作"袄"，今據黃丕烈本、《戰國策評苑》《戰國策旁訓便讀》改。
③ 所，原誤作"此"，今據黃丕烈本、《戰國策評苑》《戰國策旁訓便讀》改。

單、如耳爲太過也。此時，必二人欲爲從，故云然。豈獨田單、如耳爲太過哉？天下之主亦盡過矣。夫慮收亡齊、罷楚、敝魏與不可知之趙，欲以窮秦折韓，世主之志慮，欲收破亡之齊，疲敝之楚、魏，與夫存亡不可知之趙，而因以窮秦折韓。臣以爲至愚也。夫齊威、宣者，世之賢王也。德博〔旁訓〕大。而地廣，國富而民用，〔旁訓〕民爲之用。將武而兵强。宣王用之，後破韓滅魏，以南伐楚，西攻秦，秦爲齊兵困於殽函之上，言秦不敢出關。十年攘〔旁訓〕拓也。地，言攘取秦地。秦人遠迹不服，遠迹，畏而避之也。然終不服。而齊爲虛戾①矣。《趙策》亦有“社稷爲虛戾”之語，《莊子》：“國爲虛厲。”《釋文》：“虛，如字，又音墟。李云：居宅無人曰虛。死而無後爲厲。”恐此戾即厲也。夫齊兵之所以破，韓、魏之所以僅存者，何也？僅存，應虛戾言。齊雖破，韓、魏其國僅存，以其兵久而自敝也。〔眉批〕如岡曰：齊宜强而反遭破，韓、魏宜亡而乃僅存，何也？故下文言“齊之受殃”。是則伐楚攻秦，而後受其殃也。是齊之務攻伐，而自受其殃也。今富非有齊威、宣之餘也，今謂世王。精兵非有富韓、勁魏之庫也，而將非有田單、司馬之慮也。司馬穰苴。收破齊、罷楚、敝魏、不可知之趙，欲以窮秦折韓，臣以爲至誤。臣以爲從一合從爲一。不可成也。客有難者，難者，如刑名家。今臣有患〔旁訓〕蘇子所患。於世。夫刑名之家，〔旁訓〕申韓之徒。皆曰‘白馬非馬’也已，如白馬實馬，乃使有白馬之爲也。如使白②馬實馬，必有白馬之爲。如天下之馬不皆爲白馬，故曰非馬。此臣之所患也。言難者皆無端若此，故可患，而今非若此。昔者，秦人下兵攻懷，服其人，三國從之。趙奢、齊鮑佞，並楚爲三。趙奢、鮑佞將，〔旁訓〕句。楚有四人起而從之。臨懷而不救，秦人去而不從。趙鮑與楚四人本起救懷而不救，又聽秦人之自去，不肯隨擊也。不識三國之憎秦而愛懷耶？亡其憎懷而愛秦耶？夫攻而不救，去而不從，是以知三國之兵困，而趙奢、鮑佞之能也。以不救、不從爲能知秦之不可當也。故裂地以敗於齊。裂地敗齊，當是③指五國伐齊之事。三國之不救懷，卒裂地以敗齊，皆言從之不能合。田單將齊之良，以兵橫行於中十四年，終

---

①　原脱“戾”字，今據注文及黃丕烈本補。

②　白，原誤作“曰”，今徑改。

③　是，原誤作“時”，今據黃丕烈本、《戰國策評苑》改。

身不敢設兵以攻秦折韓也,而馳於封内,言不出戰,所謂橫行於中。不①識從之一成惡存也。"於是秦王解兵不出於境,諸侯休,天下安,二十九年不相攻。

【九我評】《過秦》文法多用此。

韓非初見秦王

[眉批]九我曰:非書歷詆秦之謀臣,蓋指魏冉、范雎等。他日,謂申不害徒術無法,公孫鞅徒決無術,張儀以秦徇韓、魏,甘茂以秦徇周,穰侯、應侯攻他國以成其私封,終以此殺其身,可爲騁説者之戒矣。

韓非原作"張儀"。從吳注改。説秦王曰:"臣聞之:弗知而言爲不智,知而不言爲不忠。爲人臣,不忠當死,言不審亦當死。《韓子》"審"作"當"。不當,即上云"不智"。雖然,臣願悉[旁訓]盡。言所聞,大王裁[旁訓]制。其罪。臣聞,天下陰燕陽魏,陰北陽南。[旁訓]此一段立案②。連荆始皇諱其父,楚曰荆。固齊,山東諸國,齊、楚爲大,故從人連結之,恃以爲固。收餘韓韓多喪地,今存者其餘也。成從,將西面以與秦爲難。面,原作"而"。從《韓子》改。臣竊笑之。世有三亡,而天下得之,其此之謂乎?此謂合從。臣聞之曰:'以亂攻③治者亡,以邪攻正者亡,以逆攻順者亡。'今天下之府庫不盈,囷倉[旁訓]藏穀、粱。空虛,圓曰囷,方曰倉。悉其士民,張軍數十百萬,白刃在前,斧質在後,誅不進戰者,故在後。而皆怯而卻走,不能死也,非其百姓不能死也,其上不殺也。言亦殺之。言賞則不與,言罰則不行,賞罰不行,故民不死也。[眉批]緱山曰:此言山東諸侯之弱,士民不能死帖在亂、邪、逆一邊。今秦出號令而行賞罰,不攻耳,無相攻事也。言秦有不攻耳,無敢與相攻者。出其父母懷衽之中,生未嘗見寇也,[眉批]君一曰:此言秦之强,士民樂死帖在治、正、順一邊。聞戰頓足徒裼,頓,躓也。徒,空也。犯白刃,蹈鑪炭,斷死於前者,以死自斷。比比是也。比,次也。言如是者相次也。夫斷死與斷生也[旁

---

① 原脱"不"字,今據黃丕烈本補。
② 原無"此一"二字,今據《戰國策評苑》、陳子龍《國策全本》補。
③ 攻,原誤作"文",今據黃丕烈本改。

訓]語甚的着。不同，言死難。而民爲之者[旁訓]民甘爲斷死。是貴奮也。[旁訓]奮死。一可以對[旁訓]當。十，十可以對百，百可以對千，千可以對萬，萬可以對天下矣。[眉批]五"對"字，《韓子》作"勝"。今秦地形，斷長續短，方數千里，名師數百萬，師有勇決之名，曰名師。秦之號令賞罰，地形利害，天下莫如也。以此與天下，與，言與之争。天下不足兼而有也。是知秦戰未嘗不勝，攻未嘗不取，所當[旁訓]相値。未嘗不破也。開地數千里，此甚大功也。然而甲兵頓，頓，弊也。士民病，蓄積索，[旁訓]盡。田疇荒，[旁訓]蕪。困倉虛，四鄰諸侯不服，霸王之名不成，此無異故，[旁訓]他事。謀臣皆不盡其忠也。[眉批]鍾斗曰：此段言秦所以不王，由于①謀臣之不忠。此一篇關鍵。先虛言之，下文一一照名，皆歸罪于謀臣之不忠。臣[旁訓]開。敢言往昔②。昔者，齊南破荆，中破宋，西服秦，北破燕，中使韓、魏之君，兩國從其役使。地廣而兵强，戰勝攻取，詔令天下，以詔令令天下。清濟濁河，原作"濟清河濁"。從《韓子》改。足以爲限③，長城巨防，足以爲塞。齊，五戰之國也，謂四面及中受兵。一戰不勝而無齊。燕昭入臨淄事。故由此觀之，夫戰者萬乘之存亡也。[旁訓]言當以齊爲戒。且[旁訓]轉。臣聞之曰：'削株掘根，無與禍鄰，禍乃不存。'秦與荆[旁訓]楚。人戰，大破荆，襲郢，取洞庭、五都、江南。荆王[旁訓]楚頃襄王。亡走，東伏於陳。[旁訓]照應前語。當是之時，隨荆以兵，則荆可舉。[旁訓]拔。舉荆，則其民足貪也，地足利也。東以弱齊、燕，弱，原作"强"。從《韓子》改。中陵[旁訓]欺陵。三晉。然則是一舉而霸王之名可成也，四鄰諸侯可朝也。[旁訓]可使之朝。而謀臣不爲，引軍而退，與荆人和。[眉批]霍林曰：此言秦破楚而不取爲失計。今荆人收亡國，聚散民，立社主，[旁訓]爲木主社。置[旁訓]立。宗廟，令帥天下西面，以與秦爲難，[旁訓]□難。此固已失伯王之道一矣。失，原作"無"。從《韓子》改。下同。天下有比志，比，密也。言其志親。而軍華下，即華陽

---

① 由于，原誤作"田干"，今據《戰國策評苑》改。
② 昔，原誤作"者"，今據黃丕烈本、《戰國策評苑》改。
③ 限，原誤作"恨"，日本内閣文庫藏本已校正。

之所。大王以詔破之，詔①，原作“詐”。從《韓子》改。兵至梁都，圍梁數旬，則梁可拔。拔梁，[旁訓]此連珠文法。則魏可舉。梁，以都言魏全國也。舉魏，則荊、趙之志絕。魏居二國之中，而爲與國。故舉魏，則二國不通。荊、趙之志絕，則趙[旁訓]趙尤近秦。危。趙危而荊孤，東以弱[旁訓]輕。齊、燕，中陵[旁訓]欺。三晉，然則是一舉而伯王之名可成也，[旁訓]又照應。四鄰諸侯可朝[旁訓]可使來朝。也。而謀臣不爲，引軍而退，與魏氏和，令魏氏收亡國，聚散民，立社主，置宗廟，此固已失伯王之道二矣。前者穰侯之治秦也，用一國之兵而欲以成兩國之功。秦及穰侯所封也，如封剛壽以廣陶之類。[眉批]霍林曰：此言穰侯治秦之失計。所謂“謀臣不忠”者，蓋指穰侯云。是故兵終身暴露於外，士民疲病於内，疲，原作“露”。從《韓子》改。伯王之名不成，此固已失伯王之道三矣。趙氏，中央之國也，雜民之所居也。趙都邯鄲，燕之南，齊之西，魏之北，韓之東，故曰中央。兼四國之人，故曰雜。其民輕而難用也，輕，則其志不堅。號令不治，賞罰不信，地形不便，上云中央，此云不便，是以大勢言之。[旁訓]無險隘故也。上非能盡其民力。彼固亡國之形也，而不憂民氓，在野曰氓。悉其士民，軍於長平之下，以爭韓之上黨，[旁訓]即馮亭事。大王以詔破之，詔，當作“詐”。拔武安。當是時，趙氏上下不相親也，貴賤不相信也，然則是邯鄲不守，拔邯鄲，筦河澗②。筦，當作“完”。[眉批]完河澗者，欲急取脩武、上黨諸郡，置之而去也。引軍而去，西攻脩武，屬河内。踰羊腸，降代、上黨。代三十六縣，上黨十七縣，不用一領甲，不苦一民，皆秦之有也。代、上黨不戰而已爲秦矣，東陽河外東陽即屬清河。不戰而已反爲齊矣，此本趙所得齊地，今趙弱，故齊復取之。取之，則益弱矣。中山呼沱以北原無“山”字，從《韓子》補。不戰而已爲燕矣。燕乘敗而取之。然則是舉趙則韓必亡，韓亡則荊、魏不能獨立，則是一舉而壞韓，蠹[旁訓]病其中也。魏，拔③荊，以東弱燕、齊，拔，原作“挾”。從《韓子》改。決白馬之口以沃魏

---

① 詔，原誤作“謂”，今徑改。

② 筦河澗，黃丕烈本、《戰國策評苑》、陳子龍《國策全本》作“完河間”，注同。《戰國策旁訓便讀》字作“澗”。

③ “拔”字原脱，今據黃丕烈本及下文注補。

氏。沃，猶灌也。一舉而三晉亡，從者敗。合從者。大王拱手以須，須，待也。天下徧隨而^①伏，伯王之名[旁訓]又照應。可成也。而謀臣不爲，引軍而退，與趙氏爲和。[眉批]霍林曰：此言秦破趙而不取爲失計。以大王之明，秦兵之强，伯王之業，謂先世所創。地曾不可得，曾，原作"尊"。從《韓子》改。乃取欺於亡國，亡國，以長平之敗言。是謀臣之拙也。[旁訓]責歸謀臣。且夫趙當亡不亡，[旁訓]收上起下。[眉批]如岡曰：秦方事趙，故言趙事特多。秦當伯不伯，天下固量秦之謀臣一矣。[眉批]此下三段，只就伐趙一段發揮收拾，甚是爽勁。乃復悉士卒以攻邯鄲，從《韓》補"士卒"二字。不能拔也，棄甲兵怒，戰慄而卻，且怒且懼而退。天下固量秦力二矣。軍乃引退，并於李下，大王又并軍而致與戰，致，極力也。非能厚勝之也，厚，大也。又交罷卻，交，言秦與趙俱罷兵而退。天下固量秦力三矣。内者量吾謀臣，[旁訓]二句結上三段。外者極吾兵力。極，言度其力之所至。由是觀之，臣以天下之從，[旁訓]合從。豈其難矣。諸侯知秦兵頓民疲，則合從益固矣。内者，吾甲兵頓，士民病^②，蓄積索，田疇荒，困倉虛；外者，天下比志甚固。合從以相比之志甚堅。願大王有以慮之也。且臣聞之：'戰戰慄慄，日慎一日。苟慎其道，天下可有也。'何以知其然也？昔者紂爲天子，帥天下甲百萬^③，甲，原作"將"。從《韓子》改。左飲於淇谷，右飲於洹水，淇水竭而洹水不流，亦竭也。以與周武爲難。武王將素甲三千領，[旁訓]素，以色言。戰一日，破紂之國，以甲子日戰，遂破之。禽其身，據其地，而有其民，天下莫傷。[旁訓]莫傷紂之亡。智伯帥三國之衆，以攻趙襄主^④於晉陽，決水灌之，三月，月，原作"年"。從《韓子》改。城且拔矣。襄主鑽龜，鑽，原作"錯"。從《韓子》改。數策占兆，數策以蓍筮也，灼龜折處曰兆。以視利害，何國可降，三國中，孰爲可降。而使張孟談。於是潛行而出，反智伯之約，得兩國之衆，以攻智伯之國，

---

① 原衍"而"字，今正。

② 病，原作"疲"，今據黃丕烈本、《戰國策評苑》《戰國策旁訓便讀》改。

③ 甲，今檢《戰國策評苑》《戰國策旁訓便讀》字俱作"將"。黃丕烈本作"將甲"，謂鮑本無"甲"字，黃丕烈《札記》云："《韓子》作'將帥天下，甲兵百萬'。"

④ 主，原誤作"王"，今據黃丕烈本、《戰國策評苑》《戰國策旁訓便讀》改，下同。

禽其身，以成襄子之功。[眉批]石簣曰：此結言戰之當慎，因舉武王、襄王以爲勸。今秦地[旁訓]又照應。斷長續短，方數千里，名師數百萬，秦國號令賞罰，地形利害，天下莫如也。[眉批]九我曰："今秦地"一段，與前"今秦地"一段首尾相應，文法自《孟子》"王何必曰利"來。以此與天下，天下可兼而有也。[眉批]如岡曰：未一段一正一反，總通篇之意而結言之。臣昧死望見大王，言所以破天下之從，"以"下原有"舉"字，從吳注省。舉趙亡韓，臣荆、魏，親齊、燕，二國去秦遠，未可加兵，故親之。其後，秦滅諸國，二國獨後①亡，以此故也。以成伯王之名，朝四鄰諸侯之道。大王試聽其說，一舉而天下之從不破，趙不舉，韓不亡，[旁訓]又覆說總收。荆、魏不臣，齊、燕不親，伯王之名不成，四鄰諸侯不朝，大王斬臣以徇於國，以主不忠於國者。"主，言以爲首惡。[眉批]漪園曰：結歸重于己，以應篇首，且與"謀臣不盡忠"句相顧。

【九我評】近時奏疏，多法此結構②。

蔡澤說應侯辭位

[眉批]九我曰：范雎以亡囚而欲間骨肉，蔡澤以羈旅而欲伐相行，而無媒犯天下之至難。其勢非危言則不能驚動，故聲之宜言因□者③，即雎謬言與王，皆危而激之之詞。

蔡侯[旁訓]燕人，仕於趙。見逐於趙，而入韓、魏，遇奪釜鬲[旁訓]鬲，鼎也。人奪之。於涂，聞應侯任鄭安平、王稽皆負重罪，應侯内慚，初，范雎得此二人，乃脫身入秦。及雎爲秦相，任用此二人。時安平擊魏，以二萬人降趙。王稽與諸侯通，坐法誅。乃西入秦。將見昭王，使人宣言以感怒應侯曰："燕客蔡澤，天下駿雄弘辯之士也。彼一見秦王，秦王必相之而奪君位。"應侯聞之，使人召蔡澤。蔡澤入則揖應侯，應侯固不快，不快其宣言。及見之，又倨，[旁訓]及，長揖不拜。應侯因讓之曰："子嘗宣言代我相秦④，豈有此乎？"對曰："然。"應侯曰："請聞其說。"蔡澤曰："吁！君何見之晚

---

① 後，原誤作"君"，今據黃丕烈本、《戰國策評苑》《戰國策旁訓便讀》改。
② 構，原作"搆"，今改作"構"。
③ 因、者之間字漫漶不可識。
④ 相秦，原作"爲相"，今據黃丕烈本、《戰國策評苑》《戰國策旁訓便讀》改。

也？夫四時之序，成功者去。夫人生手足堅强，耳目聰明聖智，豈非士之所願與？”應侯曰：“然。”蔡澤曰：“質仁秉義，以仁爲質幹，以義爲秉持。行道施德於天下，天下懷樂敬愛，願以爲君王，豈不辯智之期與？”期，猶志也。辯智者志期得此。應侯曰：“然。”蔡澤復曰：“富貴顯榮，成理萬物，萬物各得其所。生命壽長，終其年而不夭傷。天下繼其統，守其業，傳之無窮。名實純粹，言其全美。澤流于①世，稱之而無絶，豈非道[旁訓]行道。之符，[旁訓]效。而聖人所謂吉祥善事與？”應侯曰：“然。”澤曰：“若秦之商君，[旁訓]衛人，仕秦。楚之吳起，[旁訓]衛人，仕魏，後相楚而死。越之大夫種，姓文，越王勾踐之相。其卒亦可願與？”[眉批]石簣曰：引此三人，侯爲所窘了。應侯知蔡澤之欲困己以說，復曰：“何爲不可？夫公孫鞅事孝公，極[旁訓]竭。身毋二，竭力謀國，無有二心。盡公不還私，還，反顧也。設刀鋸以禁奸邪，信賞罰以致治。竭智能，示情素，素、愫通，誠也。蒙[旁訓]冒也。怨咎，鞅嘗刑②太子之傅③，知必見怨，猶冒爲之。欺舊交，虜魏公子卬，公子卬，鞅之舊交，猶欺而虜④之。卒爲秦禽將，破敵軍，攘地千里。吳起事悼王，使私不害公，讒不蔽忠，言不取苟合，行不取苟容，行義不顧毀譽，必欲伯主强國，不辭禍凶。大夫種事越王，王離[旁訓]罹同。困辱，悉忠而不解。[旁訓]懈同。王雖亡絶，盡能而不離，[旁訓]去。多功而不矜，富貴不驕怠。若此三子者，義之至、忠之節也。故君子殺身以成名，義之所在，身雖死，無憾悔，何爲而不可哉？”[眉批]九我曰：雖欲說雎退位，而實稱其賢，故詞可入而說亦正。蔡澤曰：“主聖臣賢，天下之福也。君明臣忠，國之福也。父慈子孝，夫信婦貞，家之福也。故比干[旁訓]天下。忠不能存殷，子胥[旁訓]國。智不能存吳，申生[旁訓]家。孝而晉惑亂。是有忠臣、孝子，國家滅亂，何也？無明君賢父以聽之。故天下以其君父爲戮辱，賤之如刑戮、詬辱之人。憐其臣子。夫待死[旁訓]“死”字應上。而後

---

① 于，《戰國策》多本作“千”。
② 刑，原脱，今據黃丕烈本、《戰國策評苑》《戰國策旁訓便讀》補。
③ 傅，原誤作“傳”，今據黃丕烈本、《戰國策評苑》《戰國策旁訓便讀》改。
④ 欺、虜，原誤作“其”“膚”，今據《戰國策旁訓便讀》改。

可以立忠成名，是微子不足仁，孔子不足聖，管仲不足大也。［眉批］漪園
曰：只將一"死"字難倒范雎，終篇竟以死恐之。夫人之立功，豈不期於成全耶？
身與名俱全者，上也；名可法而身死者，其次也；名在僇辱而身全者，
下也。"於是應侯稱善。蔡澤得少間，［旁訓］間，言有隙可乘。因曰："商君、
吳起、大夫種，其爲人臣盡忠、致功，則可願矣。閎夭事文王，周公輔
成王也，豈不亦忠乎？以聖論之。商君、吳起、大夫種，其可願孰與閎
夭、周公哉？"應侯曰："商君、吳起、大夫種不若也。"蔡澤曰："然則君
之主慈仁任忠，慈仁而信任忠臣。敦厚舊故，敦厚，故舊之交。其賢智與有道
之士爲膠漆，義不倍功臣，孰與秦孝、楚悼、越王乎？"應侯曰："未知何
如也。"蔡澤曰："今主固親忠臣，不過秦孝、越王、楚悼。君之爲主，正
［旁訓］靖。亂、披［旁訓］擊。患、折［旁訓］除。難，廣地殖［旁訓］種。穀，富國
足家，强主威蓋海内，功彰萬里之外，不過商君、吳起、大夫種。而君
之祿位貴盛，私家之富過於三子，而身不退，竊爲君危之。語曰：'日
中則移，［旁訓］昃。月滿則虧。'［旁訓］缺。物盛則衰，天之常數也。進
退、盈縮、變化，聖人之常道也。昔者，齊桓公一匡天下，至葵丘之會，
有驕矜之色，畔者九國。吳王夫差無敵於天下，輕諸侯，陵齊、晉，遂
以殺身亡國。夏育、太史啓［旁訓］其人未詳。叱呼駭三軍，而身死於庸
夫。［眉批］青陽曰：澤卒，桓公、夫差見國君履盛滿而不以卑退自居，猶未①免於畔且亡
也。況于相人國者，而可以成功久處乎？此後雖分三段，總是一意。此皆乘至盛不近
道理也。夫商君爲孝公明法令、平權衡、正度量、調輕重，決裂阡陌，
教民耕戰，叙三子之功，與前所叙無一字同，妙甚。是以兵動而地廣，兵休而國
富，故秦無敵於天下，立威諸侯。功已成矣，遂以車裂。楚地方數千
里，持戟百萬，白起率數萬之師以與楚②戰，一戰舉鄢、郢，再戰燒夷
陵，南并蜀、漢。又越韓、魏，攻强趙，北坑馬服，誅屠四十餘萬之衆，
［旁訓］言殺之酷。流血成川，沸聲若雷，哀號之聲，沸若雷鳴。遂入圍邯鄲，使

---

① 　未，原誤作"木"，今據《戰國策評苑》改。
② 　楚，原誤作"秦"，日本内閣文庫藏本已校出。

秦業帝。有帝之業。自是之後，趙、楚懾服，不敢攻秦者，白起之勢也。[眉批]霍林曰：前言商君、吳起、大夫種，此特增一白起，不惟激以事，而且動其心，尤切也。身所服者七十餘城，功已成矣，賜死[旁訓]賜劍而死。於杜郵。[眉批]霍林曰：詳商君、吳起、大夫種。申上文也。中入白起，耳目之所見聞也。總以四子者，五句純之，是第一段。吳起爲楚悼罷無能，廢無用，捐不急之官，塞私門之請，一楚國之俗，南攻揚越①，越屬揚州。北并陳、蔡，破橫散從，使馳說之士無所開其口。功已成矣，卒支解。斷其四支。大夫種爲越王墾草創邑，闢草策，造都邑。辟地殖穀，率四方之士，專上下之力，以禽勁吳，成伯功，勾踐終掊原作“拮”，從吳注改。而殺之。此四子者功成而不去，禍至於此。此所謂信而不能屈，往而不能反者也。范蠡知之，超然避世，長爲陶朱。[眉批]石簣曰：歷叙四子不善，居功以致奇禍，而陶朱公獨以見幾令終。一去，一不去，得失判然。反覆劇論，要不外“成功者退”一語。霍林曰：范蠡見幾明決，扁舟五湖，正所謂“名與身俱全者，上也”。四子豈能彷彿②其萬一哉？應侯苟戀位於秦，不忍分功，不退，則名在戮辱，而身不可全，與四子等耳。是第二段。君獨不觀博者乎？或欲大投，大，謂全勝也。或欲分功，分勝者所獲。此皆君之所明知也。今君相秦，計不下席，猶言不下階序。謀不出廊廟，坐制諸侯，利施三川，以實宜陽，施，展也。言展開三川之地，以實宜陽也。決羊腸之險，塞太行之口，又斬范、中行之途，斬，絶也。言斷三晉之路。棧道千里，棧，棚也。施於絶險，以濟不通。通於蜀、漢，使天下皆畏秦。秦之欲得矣，君之功極矣，此亦秦之分功之時也。秦，謂秦人。如是不退，是，原作“時”。從吳注改。則商君、白公、吳起、大夫種是也。君何不以此時歸相印，讓賢者授之，退而嚴居川觀，必有伯夷之廉，長爲應侯，世世稱孤，而有喬松之壽。[旁訓]王子晉，赤松子。孰與以禍終哉？此則君何居焉？”[眉批]又曰：此真欲其辭位，而云則能賢如古人，壽如喬松，子孫世享祿位，無絶人臣，立功持己，所深願而不可得者，皆卒於應侯之一身矣。是第三段。應侯曰：“善。”乃延入坐，爲上客。後數日入朝，言於秦昭王曰：“客新有從山東來者蔡澤，臣之見人甚衆，莫有及者，臣不如

----

① 揚，原作“楊”，今據《戰國策評苑》改，注同。
② 彿，原誤作“彷”，今據《戰國策評苑》改。

也。"秦昭王召見，與語，大說之，拜爲客卿。應侯因謝病，[旁訓]以病辭去。請歸相印。昭王强起①應侯，應侯遂稱篤，[旁訓]病甚。因免相。昭王新說蔡澤畫計，遂拜爲秦相，東收周室。蔡澤相秦王數月，人或惡之，懼誅，乃謝病歸相印，號爲剛成君。居秦十餘年，事昭王、孝文王、莊襄王，卒事始皇帝。爲秦使於燕，三年居燕三年。而燕使太子丹入質於秦。

【九我評】此《蔡澤傳》大同，然《傳》稍有繁冗，不如《策》文清勁。

孝文王

吕不韋説立異人爲太子

[眉批]漪園曰：不韋非特大賈，乃大盜也。如岡曰：不韋②鄙耕田、珠玉之小，而圖建國立功之大，自謂得計矣。徙蜀飲鴆之時，能無悔乎？

濮陽人吕不韋賈於邯鄲，見秦質子異人，子楚初名異人，孝文王子。歸而謂父曰："耕田之利幾倍？"曰："十倍。""珠玉之贏幾倍？"曰："百倍。""立國家之主贏幾倍？"曰："無數。"曰："今力田疾作，不得煖衣餘食。今建國立君，澤可以遺世。[旁訓]貽後世。願往事之。"事，猶爲也。秦子異人質於趙，處於㹈城。㹈音脚。故往說之曰："子傒異人異母兄。有承國之業，又有母在中。今子無母於中，異人母曰夏姬，無寵，如無母然。外託於不可知之國，《史》言趙不禮之，故禍福未可知。一日倍約，身爲糞土。[旁訓]棄死且賤。今子聽吾計事，[旁訓]謀事。求歸，可以有秦國。吾爲子使秦，必來請子。"乃説秦王后孝文王后，華陽夫人。弟陽泉君曰："君之罪至死，君知之乎？君之門下無不居高尊位，太子[旁訓]子傒。門下無貴者。君之府藏珍珠寶玉，君之駿馬盈外廄，美女充後庭。王之春秋高，春秋，舉成歲。此言其年高。一日山陵崩，山陵，喻高固。崩，死也。太子用事，君危於累卵，而不壽於朝生。木槿③也。朝榮夕死，今又不如。説有可以一切[旁訓]

---

① 原脱"起"字，今據黃丕烈本、《戰國策評苑》補。
② 韋，原誤作"幃"，今據《戰國策評苑》改。
③ 槿，原誤作"僅"，今改正。

權宜。而使君富貴千萬歲,寧於太山四維,以太山爲四維。必無危亡之患矣。"陽泉君避席,請聞其説。[眉批]翁青陽曰:太史公載不韋説子楚,及使説華陽夫人,比此爲詳,而句句皆刺骨語,以故得行其計。不韋曰:"王年高矣,王后無子,子傒有承國之業,士倉又輔之。王一日山陵崩,子傒立,士倉用事,王后之門必生蓬蒿。子異人賢材也,棄在於趙,無母於内,引領西望,而願一①得歸。王后誠請而立之,是子異人無國而有國,[旁訓]句法。王后無子而有子也。"陽泉君曰:"然。"入謂王后,王后乃請趙而歸之。趙未之遣,不韋説趙曰:"子異人,秦之寵子也,無母於中,王后欲取而子之。使秦而欲屠趙,不顧一子以留計,留,不決也。是抱空質也。此質本以交好,今不能然,故曰空質。[旁訓]句法。若使子異人歸而得立,趙厚送遣之,是不敢倍德畔施,是自爲[旁訓]句法。德講。必以恩德講好於趙。秦王老矣,一日晏駕,天子當早作而方崩隕,臣子之心,猶謂宫車晚出,故曰晏駕。雖有子異人,不足以結秦。"趙乃遣之。[眉批]九我曰:不韋買人也,彼豈能知義? 欲圖嬴而奪嫡立庶。秦國之不亂敗者②幸也。以此得嬴而飲鴆於蜀,於是知有天道矣。異人至,不韋使楚服而見,以王后楚人,故服楚服以悦之。王后説其狀,高其智,曰:"吾楚人也。而③自子之。"乃變其名曰楚。王使子誦,誦所習書。子曰:"少棄捐在外,嘗無師傅所教學,不習於誦。"[眉批]秦自昭王,謂儒無益於人國,而異人亦謂不習於誦,此焚④書之兆也。王罷之。乃留止。止宫中。間曰:間,政事之閑暇。"陛下嘗軔車於趙矣,軔,礙車木。[旁訓]謂曾居於趙。趙之豪傑得知名者不少。以名見知於王。今大王反國,皆西面而望大王。無一介之使以存之,問其存亡。臣恐其皆有怨心。使邊境早閉晚開。"有警則然。王以爲然,奇其計。王后勸立之。王乃召相,令之曰:"寡人子莫若楚,立以爲太子。"子楚立,是爲莊襄王。以不韋爲相,號曰文信侯,食藍田十二縣。王后爲華陽太后,諸侯皆致秦邑。致邑,爲

---

① 原脱"一"字,今據黄丕烈本、《戰國策評苑》《戰國策旁訓便讀》補。
② "敗"字,原漫漶不可識,今據陳子龍《國策全本》補。
③ 而,原作"當",今據黄丕烈本、《戰國策評苑》改。
④ 焚,原誤作"楚",今據《戰國策旁訓便讀》改。

太后養地。

　　【九我評】不韋先以死懼華陽泉君，次復説以立異人之利，如以巨
梃擊洪鐘，安得不響？

　　始皇帝

頓子説秦散六國之從

　　[眉批]九我曰：頓子之義高於范雎，而其説過之遠矣。惜其不知擇本焉，有仁人
君子而爲始皇用哉，魯連視之簑矣。

　　秦王欲見頓弱，[旁訓]秦人。頓弱曰：“臣之義不參拜，王能使臣無
拜，則可[旁訓]可見。矣。不，即不見也。”秦王許之，於是頓子曰：“天下
有有其實而無其名者，有無其實而有其名者，有無其名又無其實者，
王知之乎？”王曰：“弗知。”頓子曰：“有其實而無其名者，商人是也。
無把銚推①耨之勞，銚、耨，皆芸田器。而有積粟之實，此有其實而無其名
者也。無其實而有其名者，農夫是也。解凍而耕，暴背而耨，無積粟
之實，此無其實而有其名者也。無其名又無其實者，王乃是也。已立
爲萬乘，無孝之名。以千里養，無孝之實。”秦王悖觔同。然而怒。頓
弱曰：“山東戰國有六，威不掩[旁訓]掩，猶被。於山東，而掩於母。帝太
后，遷雍。[眉批]按：始皇母本呂不韋姬，通不韋，又通嫪毐，人告之，王怒，遷太后於雍。
臣竊爲大王不取也。”秦王曰：“山東之戰國可兼與？”頓子曰：“韓，天
下之咽喉。魏，天下之胸腹。王資[旁訓]齎。臣萬金而遊，聽之[旁訓]往
也。韓、魏，入其社稷之臣於秦，時不通諸國，故聽其往説之，使入臣於秦。即
韓、魏從，而天下可圖也。”秦王曰：“寡人之國貧，恐不能給也。”頓子
曰：“天下未嘗無事也，非從即橫也。橫成，則秦帝。從成，則楚王。
秦帝，即以天下恭養。且敬且養。楚王，即王雖有萬金，弗得私也。”秦
王曰：“善。”乃資萬金，使東遊韓、魏，入其將相。北遊燕、趙而殺李
牧。李牧，趙良將，以郭開讒殺之。齊入朝，四國畢從，魏、燕、趙、韓。頓子之

————————————

　　①　推，原誤作“桂”，今據黃丕烈本、《戰國策評苑》改。

説也。

或爲六國説秦

　　或爲六國説秦王曰："土廣不足以爲安,人衆不足以爲强。若土廣者安,人衆者强,則桀、紂之後將存。昔者,趙氏亦嘗强矣。曰猶言。趙强[旁訓]文法。何若? 舉左案齊,舉兵於左,則齊下。案,下也。舉右案魏,伏也。厭①案萬乘之國,二國②千乘之宋也。言秦能案止二國之兵,則秦視二國,即千乘之宋矣。[眉批]愚按:"二國千乘之宋也"一句疑有誤,或當以"二"字屬上句,"國"字作"因③"字。築剛平,衛無東野,剛平,蓋趙取之衛④也。芻牧薪採,芻,草也,以食馬。牧,養牛⑤人也。大⑥者薪,小者採。莫敢闚東門。當是時,闚同"窺",伺也。衛危於纍卵,天下之士相從謀曰:'吾將還其委質,下"抱質"同。而朝於邯鄲之君乎?'[旁訓]吾將改其入質於衛者,而朝於趙乎。於是天下有稱伐邯鄲者,莫不夕令朝行。魏惠王。伐邯鄲,因退爲逢澤之遇,乘夏車,夏取其文。[旁訓]乘中夏之車⑦。稱夏王,夏,中國也。一朝天子,天下皆從。齊宣王聞之,舉兵伐魏。梁王身抱質贄同。執璧,請爲陳侯臣,齊,陳敬仲後,故稱陳侯。天下乃釋梁。郢威王聞之,寢不寐,食不飽,帥天下百姓,以與申縛齊將。遇於泗水之上,而大敗申縛。趙人聞之,至枝桑。蓋赴魏之難。[旁訓]魏地名。燕人聞之,至格道。[旁訓]亦魏地。格道不通,平際[旁訓]地名。絕。齊戰敗不勝,謀則不得,使陳毛釋劍撇,撇,夜戒,有所擊引也。釋二者,不自衛,示卑也。委南聽罪,委去南面之尊,聽罪於楚。西説趙,使人解之。北説燕,使人説燕、趙罷兵。内喻其百姓,而天下乃齊釋。釋齊不攻。於是天下積薄而爲厚,聚少而爲多,以同言郢威王於側牖之

---

①　原無"厭"字,今據黄丕烈本、《戰國策評苑》補。
②　原無"二國"二字,今據黄丕烈本、《戰國策評苑》補。
③　因,原誤作"閑",今據《戰國策評苑》改。
④　衛,原誤作"魏",今據黄丕烈本、《戰國策評苑》補。
⑤　牛,原誤作"乎",今據黄丕烈本改。
⑥　大,原誤作"夫",今據黄丕烈本改。
⑦　原無"車"字,今據正文補。

間。[眉批]歷言强不可恃。至末，獨以楚發明之，亦是結法。臣豈以郢威王爲政衰謀亂以至於此哉！郢爲强，臨天下諸侯，故天下樂伐之也。”

韓非短姚賈於秦王

　　四國[旁訓]荆、齊、燕、代。爲一，將以攻秦，秦王召群臣賓客六十人而問焉，曰：“四國爲一，將以圖秦。寡人屈於内，財力困也。而百姓靡於外，爲之奈何？”群臣莫對。姚賈[旁訓]魏人。對曰：“賈願出使四國，必絕其謀而案其兵。”乃資車百乘，金千斤，衣以其衣，舞一作“帶”。以其劍。以王衣衣之，以王劍賜之，寵之也。姚賈辭行，絕其謀，止其兵，與之爲交以報秦。[眉批]姚賈安得與太公望諸人比哉？然其言歷歷可聽。秦王大說。賈封千户，以爲上卿。韓非知之，[旁訓]韓之諸公子。曰：“賈以珍珠重寶南使荆、齊，北使燕、代之間三年，四國之交未必合也，而珍珠重寶盡於内。是賈以王之權，外自交於諸侯，願王察之。且梁監門子，其父爲①梁監門卒。嘗盜於梁，臣於趙而逐。取世監門子，父死子繼曰世。梁之大盜，趙之逐臣，與同知社稷之計，非所以厲礪同。群臣也。”言取此等人，而與共謀國家之政，非所以勉礪群臣。王召姚賈而問曰：“吾聞子以寡人財交於諸侯，有諸？”對曰：“有。”王曰：“有何面目復見寡人？”對曰：“曾參孝其親，天下願以爲子；子胥忠其君，天下願以爲臣；貞女工巧，有婦功也。天下願以爲妃。今賈忠王而王不知也。賈不歸四國，尚焉之？使賈不忠於君，四國之王尚焉用賈之身？以上即陳軫之說。桀聽讒而誅其良將，紂聽讒而殺其忠臣，至身死國亡。今王聽讒，則無忠臣矣。”王曰：“子監門子，梁之大盜，趙之逐臣。”姚賈曰：“太公望，齊之逐夫，婦逐之也。朝歌之廢屠，賣肉不售，故曰廢。子良之逐臣，未聞。棘津之讎售同。不庸，嘗求售與人爲庸，不見用。文王用之而王。[眉批]引逐夫、廢屠一段，蓋以爲監門子自解地也。管仲，其鄙人之賈人也，蓋鄙鄙之人爲賈者。南陽之敝幽，仲，穎上人，嘗以貧困隱此。[旁訓]敝，困也。幽，隱也。魯之免囚，桓公用之而霸。

---

① 爲，原誤作“與”，今據《戰國策旁訓便讀》改。

百里奚，虞之乞人，傳賣以五羊之皮，奚，虞臣也，不見用，自鬻於秦養牲者，以五殺羊皮鬻之。穆公相之而朝①西戎。文公用中山盜，[眉批]按：中山盜，即豎頭須，嘗竊藏以逃者。而勝於城濮。此四士者，皆有詬醜，大詬詬，辱。醜，恥。天下，明主用之，知其可與立功也。使若卞隨、務光、申屠狄，[旁訓]紂②時人，自沉于淵。人主豈得其用哉？故明主不取其汙，不聽其非，察其爲己用。汙者、非者，雖不取不聽，察其爲用，則或聽取之。故可以存社稷，雖有外誹者不聽，雖有高世之名、無恐尺之功者不賞，[旁訓]文法頓挫。是以群臣莫敢以虛願望於上。"秦王曰："然。"乃復使姚賈而誅韓非。

【九我評】韓非以短姚賈而殺其身，可爲輕險者之戒。

---

① 朝，原作"霸"，今據黃丕烈本、《戰國策評苑》《戰國策旁訓便讀》改。
② 原脫"紂"字，今據黃丕烈本、《戰國策評苑》、《戰國策旁訓便讀》、陳子龍《國策全本》補。

卷　二

齊　策

威　王

威王料章子必不背齊

[眉批]九我云：周衰，齊威不世之主也。列子曰：君非自知我也，以人之言賜我。其罪我，又將以人之言。故人君於其臣，欲其自知之也。威王之於章子有焉。夫如是，雖百市虎不搖也，豈以三告而投杼乎哉。

秦假道[旁訓]借路。韓、魏以攻齊，齊威王使章子將而應之，與秦交和而舍，兩軍相對，曰交和。使者數相往來，章子爲變其徽章，徽，幟也。章，其別也。以雜秦軍。候者[旁訓]齊之候者。言章子以齊入秦，威王不應。頃間，有頃之間。候者復言章子以齊兵降秦，威王不應。而此者三。而此，猶言如此。有司請曰："言章子之敗者異人而同辭，王何不發將而擊之？"王曰："此不叛寡人明矣。曷爲而擊之？"頃間，言齊兵大勝，秦兵大敗，於是秦王稱西藩之臣而謝於齊。左右曰："何以知之？"曰："章子之母啓[旁訓]母名啓。得罪其父，其父殺之而埋馬棧之下。棧爲棚，以立馬者。吾使章子將也，勉之吾使章子爲將之時，嘗勉諭之。曰：'夫子之强，全兵而還，必更葬將軍之母。'對曰：'臣非不能更葬先妾也。臣之母啓得罪臣之父，臣之父未教而死。未有教命。夫不得父之教而更葬母，是欺死父也。故不敢。'夫爲人子而不欺死父，豈爲人臣欺生君哉？"[眉批]九我曰：以不欺死父而信其不欺生君，此章子所以能獲勝秦之功。

鄒忌諷齊王納諫

［眉批］石簀曰：鄒忌嘗以詐走田忌，則其人亦傾險士耳。惟此言者，萬世之言也。

鄒忌修［旁訓］長。八尺有餘，而形貌昳麗。昳，讀曰逸。朝服衣冠，窺鏡，謂其妻曰：“我孰與［旁訓］初詳。城北徐公美？”其妻曰：“君美甚。徐公何能及君也？”城北徐公，齊國之美麗者也。忌不自信，而復問其妾曰：“吾孰與［旁訓］再略。徐公美？”妾曰：“徐公何能及君也？”旦日，客從外來，旦，明也。與坐談，問之曰：原無“曰”字。從吳注補。“吾與徐公［旁訓］二變。孰美？”客曰：“徐公不若君之美也。”明日，徐公來，熟視之，自以爲不如。窺鏡而自視，又弗如遠甚。［眉批］張洲曰：人苦不自知。鄒子之不如徐公美，鄒子自知之。故人言不能蔽也。暮寢而思之，曰：“吾妻之美我者，［旁訓］一轉。私我也；私，猶親。妾之美我者，畏我也；客之美我者，欲有求於我也。”於是入朝見威王，曰：“臣誠知不如徐公美。臣之妻私臣，臣之妾畏臣，臣之客欲有求於臣，皆以美於徐公。［旁訓］再轉。今齊地方千里，百二十①城，宮婦左右莫不私王，朝廷之臣莫不畏王，四境之內莫不有求於王。由此觀之，王之蔽甚矣。”王曰：“善。”乃下令：“群臣吏民能面刺寡人之過者，受上賞；上書諫寡人者，受中賞；能謗議於市朝，聞寡人之耳者，受下賞。”令初下，群臣進諫，門庭若市。數月之後，時時而間進。期②年之後，雖欲言，無可進也。燕、趙、韓、魏聞之，皆朝於齊。此所謂戰勝於朝廷。坐朝廷之上，四國朝之，不待兵也。

【九我評】篇中“私我”“畏我”“求我”是他主意，而文法三變。

宣　　王

蘇秦以合從說齊

［眉批］九我曰：說齊，則以齊之強、秦之不能害齊者誇言之。以齊之強而事秦，則

---

①　二十，原誤作“十二”，今據黃丕烈本、《戰國策評苑》改。
②　期，原誤作“暮”，今徑改。

不能揣己。韓、魏之輕臣事秦者，以近秦患①也。以秦之不能害齊而輕事秦，則不能揣敵。皆可羞也。然曰秦不能深入攻齊，恐韓、魏之議其後也，與説趙同。然不言韓、魏爲蔽者，以齊强而秦交之也。然則韓、魏任所收矣。

蘇秦爲趙合從，説齊宣王曰：“齊南有太山，東有琅邪，西有清河，北有渤海，此所謂四塞之國也。言四方皆有險固。齊地方二千里，帶甲數十萬，粟如丘山，齊車之良，五家之兵，管仲軍令始於五家爲軌。疾如錐矢，錐，鋭也。戰如雷電，其威大也。解如風雨，言疾也。即有軍役，未嘗倍泰山、絶清河、涉渤海也。臨淄之中七萬户，臣竊度之，下户三男子，三七二十一萬，不待發於遠縣，而臨淄之卒固已二十一萬矣。臨淄甚富而實，其民無不吹竽、鼓瑟、擊筑、彈琴、鬥雞、走犬、六博②、蹹鞠者。竽，似笙，三十六簧。瑟，似琴，二③十五弦。筑，以④竹曲五弦之樂。投六著，行六棋，謂之六博。鞠，即今之蹹皮裘，黄帝作，蓋因娱戲以練軍士。臨淄之途，車轂擊，人肩摩，連紝⑤成幃，衣紝⑥相連可成帳。舉袂成幕，舉袖相掩，可成幕。揮汗成雨。家殷而富，殷，原作“敦”。從《史》改。志高而揚。[眉批]霍林曰：自首“志高而揚”，言齊之强。夫以大王之賢與齊之强，天下不能當。今乃西面事秦，竊爲大王羞之。且夫韓、魏所以畏秦者，以與秦接界也。兵出而相當，[旁訓]對敵。不至十日，而戰勝存亡之幾決矣。韓、魏戰而勝秦，則兵半折，雖勝，猶爲失半。四境不守。戰而不勝，以亡隨其後。是故韓、魏之所以重與秦戰而輕爲之臣也。[眉批]又曰：自“且夫韓、魏”至“輕爲之臣也”，言二國近秦重⑦而輕事秦。今秦攻齊則不然，[眉批]又曰：自“今秦攻齊”至“不能害齊亦明矣”，言秦之不能害齊。倍韓、魏之地，倍，言二國在其後。至衛陽晉之道，徑亢父之險，車不得方軌，[旁訓]兩車並行曰方軌。馬不得並行，百人守險，千人不能過也。秦雖欲深入，則狼顧，狼性怯，走嘗還顧。恐魏、韓之議其

---

① 患，原誤作“忠”，内閣文庫藏本已校出，今據《戰國策評苑》改。
② 六，原作“陸”，今據黄丕烈本、《戰國策評苑》改。
③ 二，原誤作“三”，今據黄丕烈本、《戰國策評苑》改。
④ 以，原誤作“似”，今據黄丕烈本、《戰國策評苑》改。
⑤ 紝，原誤作“社”，今徑改。
⑥ 紝，原誤作“枉”，今徑改。
⑦ 重，原誤作“忠”，今徑改。

後也。是故恫疑虚喝，高躍恫，痛也，言疑之甚。喝，呵也。高躍，《史》作“驕矜”。而不敢進，秦自疑懼，虚作恐喝之聲，而不敢進。則秦不能害齊亦明矣。夫不料秦之不奈我何也，而欲西面事秦，［眉批］九我曰：齊無患于秦，故特以事秦辱之。是群臣之計過也。原無“也”字，從吴注補。今臣無事秦之名，而有强國之實，臣故願大王之少留計。”留意計之。齊王曰：“寡人不敏，今足下以趙王之教詔之。足下，原作“主君”。從《史》改。詔，告也。敬奉社稷以從。”

【九我評】齊之形勢、風俗，此篇卻説殆盡。

淳于髡一日而進七士

［眉批］九我曰：《策》文自“不然”以後僅八十餘字，而奇思警句，層出疊見，讀之有無限光景。當與蒯通説韓信文並觀。

淳于髡［旁訓］齊人。一日而見七人於宣王，王曰：“子來！寡人聞之：千里而一士，是比肩［旁訓］相次也。而立；言士難得，千里有一，猶爲比肩也。百世而一聖，若隨踵而至也。今子一朝而見七士，則士不亦衆乎？”髡[①]曰：“不然。夫鳥同翼者而聚居，獸同足者而俱行。今求柴胡、桔梗於沮澤，則累世不得一焉。二草生山，而沮澤水也，故求不可得。及之睪黍、梁父［旁訓］皆山名。之陰，梁父在太山。山北曰陰。則郄車而載耳。郄、卻同，言多獲車重，不能前也。夫物各有疇，疇，類也。今髡賢者之疇也。王求士於髡，若挹水於河，挹，酌也。而取火於燧也。燧，取火之木。髡將復見之，豈特七士也！”［眉批］譬喻渾融無迹，奇絶奇絶。

淳于髡説止伐魏之役

［眉批］霍林曰：此與蘇代蚌鷸相持、陳軫虎争人之説同。

齊欲伐魏。淳于髡謂齊王曰：“韓子盧者，韓盧，今作“子盧”，此亦美稱。天下之疾犬也。東郭逡者，逡、㕙同。狡兔名。海内之狡［旁訓］獪也，疾也。兔也。韓子盧逐東郭逡，環山者三，騰山者五，兔極［旁訓］窮。於前，犬廢［旁訓］敝。於後，犬、兔俱罷，［旁訓］疲。各死其處。田父見之，無勞勌

---

① 他本“髡”前有“淳于”，本書省。

之苦，而擅[旁訓]專而得之功。其功。擅者，無與爭也。今齊、魏久相持，以頓其兵，頓，猶勢也。敝其衆。臣恐强秦、大楚承其後，有田父之功。"齊王懼，謝將休士。辭去將士，而休息兵卒。

顏斶説齊王貴士

齊宣王見顏斶，[旁訓]音觸。曰："斶前！"王使斶就己。斶亦曰："王前！"斶亦使王就己。宣王不説。左右曰："王，人君也。斶，人臣也。王曰斶前，斶亦曰王前，可乎？"斶對曰："夫斶前爲慕勢，慕王權勢。王前爲趨士。就士道德。與使斶爲慕勢，不如使王爲趨士。"王忿然作色，曰："王者貴乎？士貴乎？"對曰："士貴耳，王者不貴。"[眉批]詞大危激，此戰國策士之習。王曰："有説乎？"斶曰："有。昔者，秦攻齊，令：有敢去柳下季壟[旁訓]冢也。五十步而樵採者，死不赦。魯展禽，字季，食采柳下。秦伐齊，先徑，故云。令曰：有能得齊王頭者，封萬户侯，賜金千鎰。由是觀之，生王之頭，曾不若死士之壟也。"宣王默然不説。左右皆曰："斶來！斶來！大王據千乘之地，而建千石鍾，[旁訓]一石，百二十斤。萬石簴。鐘鼓之栒。天下仁義之士皆爲役處，役爲使，處在位。辯智並進，莫不來與。[旁訓]歸。東西南北，莫敢不來服。萬物無不備具，而百姓無不親附。今夫士之高者，乃稱匹夫，徒步而處農畝，下則鄙野、監門、閭里，[旁訓]最下，則居於鄙野、閭里而已。士之賤也，亦甚矣。"斶對曰："不然。斶聞古大禹之時，諸侯萬國。何則？德厚之道，得貴士之力也。言能貴士，故德厚。故舜起農畝，出於野鄙，而爲天子。及湯之時，諸侯三千。當今之世，南面稱寡[旁訓]寡人。者，乃二十四。由此觀之，非得失之策與？得策，貴士也。[眉批]緱山曰：得失之策，謂昔諸侯多由得策，今諸侯多由失策。稍稍誅滅，滅亡無族之時，欲爲監門、閭里，安可得而有也哉？是故《易傳》不云乎：'居上位，未得其實，而喜其爲名者，必以驕奢爲行。[眉批]未有得士之實，而誇待士之名。据[旁訓]倨通。慢驕奢，則凶必從之。是故無其實而喜其名者削，削地。無德而望其福者約，窮也。無功而受其禄者辱，禍必握。'言禍辱隨之不捨。故曰：'矜功不立，言徒有矜大好功之志，而不爲，故功不立。虚願不至。'不求、不爲而欲得之,虚願也,物不自至。此皆幸樂其名,而無其實德者也。是以堯有九佐,[旁訓]九官。舜有七友,雄陶、方回、續牙、伯陽、東不訾、秦不虚、靈甫。禹有五丞,益、稷、皋陶、垂、契。湯有三輔,伊虺二相外,有誼伯、仲伯、咎單。自古及今而能虚成名於天下者,無有。是以君王無羞亟問,不以數問於人爲羞。不愧下學,不以學於臣下爲愧。是故成其道德而揚功名於後世者,堯、舜、禹、湯、周文王是也。故曰:'無形者,形之君也。無端者,事之本也。'無形、無端,皆指實德言。夫上見其原,上立其德。下通其流,下成其功。至聖明學,此皆聖明之事。何不吉之有哉? 老子曰:'雖貴,必以賤爲本。無賤,何以爲貴。雖高,必以下爲基。無下,何以能高。下與賤,乃貴、高之基本也。是以王侯稱孤、寡、不穀,是其賤之本與非?'[旁訓]猶言非耶。夫孤寡者,人之困賤下位也,而侯[①]王以自謂,豈非下人[旁訓]以身下人。而尊貴士與? 夫堯傳舜,舜傳禹,周成王任周公旦,而世世稱曰明主,是以明乎士之貴也。"宣王曰:"嗟乎! 君子焉可侮哉? 寡人自取病[旁訓]詬辱。耳。及今聞君子之言,乃今聞細人之行。王自稱。[旁訓]知吾所行者,皆小人之行。願請受爲弟子。且顔先生與寡人遊,食必太牢,出必乘車,妻子衣服麗都。"顔斶辭去,曰:"夫玉生於山,制則破焉,非弗寶貴矣,然大璞不完。士生乎鄙野,推選則禄焉,非不遵遂[旁訓]達。也,然而形神不全。斶願得歸,晚食以當肉,饑而食,其美比於食肉。安步以當車,[眉批]緱山云:斶嘗破此中滋味,故翻然欲晚食、安步,其出處,僅與蔡澤等。無罪以當貴,清净貞正以自虞。[旁訓]娱樂。制言命令。者王也,盡忠直言者斶也。言要道已備矣,願得賜歸,安行反臣之邑屋。"則再拜辭去。君子曰:"斶知足矣,歸真[②]反璞,歸於正道,而反守其璞。則終身不辱。"

王斗説齊王好士

[眉批]霍林曰:王斗言王不好士,不可謂不切也。但桓公好狗馬酒色之説,亦管

---

① 侯,原誤作"候",今徑改。

② 真,原作"貞",今據黄丕烈本、《戰國策評苑》改。

仲不害伯①之意。此其所以爲辨②士之言，而非君子之正耳。

先生王斗［旁訓］齊人。造門而欲見齊宣王，宣王使謁者延入。使掌賓贊受事者引入見王。王斗曰："斗趨［旁訓］就也。見王爲好勢，王趨［旁訓］就。見斗爲好士，於王何如？"使者復還報。王曰："先生徐之，使無趨至。寡人請從。"就之也。宣王因趨而迎之於門，與入，曰："寡人奉先君之宗廟，守社稷，聞先生直言正諫不諱。"王斗對曰："王聞之過。王所聞過。斗生於亂世，事亂君，焉敢直言正諫。"宣王忿然作色，不悦。有間，王斗曰："昔先君桓公所好者五，九合諸侯，一匡天下，天子授籍，土③地人民之藉，猶賜履也。立爲太伯。［旁訓］方伯也。今王有四焉。"宣王説，曰："寡人愚陋，守齊國，惟恐夫抎之，抎，失也。焉能有四焉？"王斗曰："先君好馬，王亦好馬；先君好狗，王亦好狗；先君好酒，王亦好酒；先君好色，王亦好色。先君好士，而王不好士。"［眉批］善於婉諷。宣王曰："當今之世無士，寡人何好？"王斗曰："世無麒麟、緑耳，［旁訓］俱馬名。王之駟已備矣。世無東郭逡、［旁訓］兔也。盧氏之狗，逡，原作"俊"，從吳注改。［旁訓］美狗。王之走狗已具矣。世無毛嬙、西施，［旁訓］俱美女名。王宮已充矣。王亦不好士也，何患無士？"王曰："寡人憂國愛民，固願得士以治之。"王斗曰："王之憂國愛民，不若王愛尺縠也。"王曰："何謂也？"王斗曰："王使人爲冠，不使左右便辟，而使工者何也？爲能之也。今王治齊，非左右便辟無使也，臣故曰不如愛尺縠也。"［眉批］如岡曰：尺縠之言與魏牟合，戰國論④説相類者甚多。宣王謝曰："寡人有罪國家。"有負國家之罪。於是舉士五人任官，齊國大治。宣王喜文學游説之士，賜列第。爲士大夫者七十六人，不治而議論。稷下學士至數百千人。士非不盛也，然鄒衍、淳于髡之徒類皆誣誕無實，不治而議，所養非所用，國何賴焉。故顏斶勸以貴士，王斗譏其不好士，有以也。［眉批］青陽曰：璞玉之論，孟子之善喻也，孰意王斗、魏牟亦能言乎？

---

① 伯，陳子龍《國策全本》作"霸"。
② 辨，原誤作"亦"，今據陳子龍《國策全本》改。
③ 土，原誤作"上"，今徑改。
④ 論，原誤作"侖"，今徑改。

田需對管燕

[眉批]霍林曰：《説苑》宗衛相齊罷歸，召田饒等問，饒對亦與此合。

管燕[旁訓]齊人。得罪齊王，謂其左右曰："子孰而與我赴諸侯乎？"
汝等誰能與我奔赴諸侯。左右默然莫對。管燕連然流涕，連與"漣"同，泣下也。
曰："悲夫！士何其易得而難用也。"田需對曰："士三食不得饜，[旁訓]
飽。而君鵝鶩有餘食。下宮糅[旁訓]雜。羅紈，下宮，後宮下列。[旁訓]素。
曳綺縠，而士不得以爲緣。[旁訓]倒法，健。且財者君之所輕，死者士之
所重，君不肯以所輕與士，而責士以所重事君，非士易得而難用也。"

陳軫爲齊説昭陽

[眉批]九我曰：按《習學記言》云："爲蛇畫足之論，世之庸人固多以爲口實。然戰
勝而不知止，謂之畫足者①也，如未爲蛇，則奚足之云？"

昭陽爲楚伐魏，覆軍[旁訓]敗魏軍。殺將，[旁訓]殺魏將。得八②城，移
兵而攻齊。陳軫爲齊王見昭陽，再拜，賀戰勝，起而問："楚之法，覆軍
殺將，其官爵何也？"昭陽曰："官爲上柱國，爵爲上執珪。"陳軫曰："異
貴於此者何也？"問此外復③有貴者否。曰："唯令尹耳。"楚相也。陳軫曰：
"令尹貴矣。王非置兩令尹也，臣竊爲公譬可也。楚有祠[旁訓]春祭。
者，賜其舍人[旁訓]親近左右。卮酒。卮，酒器。舍人相謂曰：'數人飲之不
足，一人飲之有餘。請畫地爲蛇，先成者飲酒。'一人蛇先成，引酒且
飲，乃左手持卮，右手畫蛇，曰：'吾能爲之足。'未成，一人之蛇成，奪
其卮，曰：'蛇固無足，子安能爲之足？'遂飲其酒。爲蛇足者終亡其
酒。今君相楚而攻魏，破軍殺將得八城，不弱兵，恃其兵强而不弱。欲攻
齊，齊畏公甚，公以是爲名，亦足矣。公以是而得其畏秦（楚）之名，亦已足矣。
官之上非可重也。官至令尹，貴極矣，非可復加也。戰無不勝而不知止者，身

---

① 　者，原作"可"，據《習學記言》改。
② 　八，原誤作"入"，今據黃丕烈本改。下文同。
③ 　復，原誤作"覆"，今徑改。

且死，爵且後歸。言身死後，爵歸於國，故《史》言"爵奪"。猶爲蛇足也。"昭陽以爲然，解軍而去。

齊人諫靖郭君城薛

[眉批]九我曰：靖郭君城薛之心堅矣，及齊人以"君長齊，奚以薛爲？無齊，雖城薛高於天，無益"，自足以動其聽而輟其事。

靖郭君①田嬰謚。將城薛。客多以諫。靖郭君謂謁者無爲客通。無通諫客得入見。齊人有請者曰②："臣請三言而已矣。益一言，臣請烹。"就鼎而烹。靖郭君因見之。客趨而進曰："海大魚。"因反走。君曰："客有於此。"言此言外應復有。客曰："鄙臣不敢以死爲戲。"君曰："亡。言無此也。更言之。"對曰："君不聞大魚乎？網不能止，鈎不能牽，蕩放也。而失水，則螻蟻得意焉。[旁訓]飫飽。今夫齊，亦君之水也。君長齊，奚以薛爲？言若③能雄長於齊，安所事城薛。無齊，雖隆薛之城到於天，猶之無益也。"君曰："善。"乃輟城薛。

靖郭君善齊貌辨

[眉批]"剗而"數語，言有可滿足貌辨之意，雖家族破滅，尤爲之不辭。

靖郭君善齊貌辨，齊人。齊貌辨之爲人也多疵，謂過失。門人弗說。士尉齊人。以證諫也。靖郭君，靖郭君不聽，士尉辭而去。孟嘗君嬰子文。又竊猶私。以諫，靖郭君大怒曰："剗[旁訓]剪也。而[旁訓]汝也。類，族類。破吾家。苟可慊齊貌辨者，吾無辭爲之。"於是舍之上舍，示寵異也。令長子御之，示尊榮也。旦暮進食。數年，宣王薨，閔王立。④靖郭君之交所交遊之人。大不善於閔王，大不爲閔王所喜。辭而之薛，與齊貌辨俱留。無幾何，齊貌辨辭而行，請見閔王。靖郭君曰："王之不說嬰甚。公往，必得死焉。"齊貌辨曰："固不求生也。請必行。"靖郭君不能止。

---

① 郭君，原倒作"君郭"，今據黃丕烈本、《戰國策評苑》等改。
② 原無"曰"字，今據黃丕烈本補。
③ 言若，原誤作"若若"，今徑改。
④ 鮑彪本"宣王"作"威王"，"閔王"作"宣王"，下文皆同。

齊貌辨行至齊，閔王聞之，藏怒以待之。齊貌辨見，閔王曰：“子，靖郭君之所聽愛夫。”聽信而愛幸。齊貌辨曰：“愛則有之，聽則無有。王之方爲太子之時，辨謂靖郭君曰：‘太子相不仁，過頤言頤過豐。豕視，豕多反視。若是者信反，始信反逆。不若廢太子，更立衛姬嬰兒郊師。’衛姬之子名郊師者，宣王庶弟。靖郭君泣而曰：‘不可。吾不忍也。’若聽辨而爲之，必無今日之患[旁訓]見惡。也。此爲一。至於薛，昭陽請以數倍之地易薛，辨又曰：‘必聽之。’靖郭君曰：‘受薛於先王，[旁訓]先宣王。雖惡於後王，[旁訓]閔王。吾獨謂先王何？吾何以告於先王。且先王之廟在薛，吾豈可以先王之廟與楚乎？’又不肯聽辨。此爲二。”[眉批]閔王方惡靖郭君，齊貌辨獨以其不忍倍閔王動之，閔①王安得不動心？閔王太息，[旁訓]長出氣。動於②顏色，曰：“靖郭君之於寡人，一至此乎？寡人少，年幼。殊不知此。客肯爲寡人來靖郭君乎？”齊貌辨對曰：“敬諾。”靖郭君衣宣王之衣冠，舞其劍，衣、劍，先王所賜，故衣之、佩之。閔王自迎靖郭君於郊，望之而泣。靖郭君至，因請相之。靖郭君辭，不得已而受之。[旁訓]受相印。七日，謝病强[旁訓]固。辭，不得，三日而聽。[旁訓]王乃聽其辭。當是時，靖郭君可謂能自知人矣。能自知人，故人非[旁訓]毀。之不爲沮。[旁訓]止。此齊貌辨之所以外生樂[旁訓]不愛其生樂。患趣難者[旁訓]趣患難。也。

陳軫説齊合三晉

[眉批]九我曰：軫善楚者，約從，獨遺楚，又勸三晉之移禍於楚，豈略不爲楚計哉？蓋知諸國之擯秦，非特爲魏，所以爲楚，所謂“陽據而陰助之”者與？

秦伐魏，陳軫合三晉而東謂齊王曰：“古之王者之伐也，欲以正天下而立功名，以爲後世也。今齊、楚、燕、趙、韓、梁六國之遞[旁訓]音地。甚也，言更相伐，更甚也。不足以立功名，適足以强秦而自弱也，非山東之上計也。能危山東者，强秦也。不憂强秦，而遞相罷弱，迭相伐以自取疲

---

①　閔，原誤作“悶”，今徑改。
②　於，原作“以”，據黄丕烈本等改。

弱。而兩①歸其國於秦，彼、我兩者，皆歸其國於秦。此臣之所以爲山東之患。天下爲秦相割，爲秦之故，而相自割。秦曾不出力。力，一作“刀”②。天下爲秦相烹，爲秦故而自相烹。秦曾不出薪。喻秦無所事。何秦之智而山東之愚耶？願大王之察也。古之五帝、三王、五霸之伐也，伐不道者。今秦之伐天下不然，必欲反之，[旁訓]反乎古。主必死辱，[旁訓]死於辱。民必死虜。[旁訓]死於虜。今韓、梁之目未嘗乾，哭戰死者。而齊民獨不也，非齊親而韓、梁疏也，齊遠秦而韓、梁近。今齊將近矣。韓、梁既入秦，則齊將近而被攻矣。今秦欲攻梁絳、安邑，秦得絳、安邑以東下河，必表裏河山而東攻齊，舉[旁訓]舉，言得地。齊屬之海，得齊之地，而連屬海濱。南面而孤楚、韓、梁，三國在秦南。孤，謂稱孤以臣之。一説：諸國勢不得合，故曰孤。亦通。北向而孤燕、趙，齊無所出其計矣。願王熟慮之！今三晉已合矣，復爲兄弟約，齊復與三晉約爲兄弟。而出鋭師以戍[旁訓]戍守。梁絳、安邑，此萬世之計也。齊非急以鋭師合三晉，必有後憂。言且移攦秦之師，先伐齊也。三晉合，秦必不敢攻梁，必南攻楚。楚、秦構難，三晉怒齊不與己也，必東攻齊。此臣之所謂齊必有大憂，不如急以兵合於三晉。”齊王敬諾，果以兵合於三晉。

張儀以連衡説齊

[眉批]九我云：蘇秦説齊云：不知秦之不奈齊何而輕事秦。故破其説者特以强弱相形耳。至秦與楚和親，而韓、魏、趙亦以割地，齊不事秦，則禍立至。是直以威恐喝之耳。

張儀爲秦連衡，説齊王曰：“天下强國無過齊者，大臣父兄殷[旁訓]殷，盛也。衆富樂無過齊者，然而爲大王計者，皆爲一時説，而不顧萬世之利。從人説大王者，必謂齊西有强趙，南有韓、魏，負海之國也，地廣人衆，兵强士勇，雖有百秦，將無奈我何。大王覽其説而不察其至實。夫從人朋黨比[旁訓]比，偏黨也。周，莫不以從爲可。臣聞之，齊

---

① 原無“兩”字，今據黄丕烈本、《戰國策評苑》《戰國策旁訓便讀》補。
② 刀，原誤作“力”，今據黄丕烈本改。

與魯三戰而魯三勝，[旁訓]此取譬之説。國以危，亡隨其後，魯戰勝齊時，魯未亡，有亡形耳。雖有勝名而有亡之實，是何故也？齊大而魯小。今趙之與秦也，猶齊之於魯也。獨言趙者，秦以趙爲之障蔽，故舉而言之。①秦、趙戰於河漳之上，再戰而再勝秦。戰於番吾之下，再戰而再勝秦。四戰之後，[旁訓]句法。趙亡卒數十萬，邯鄲僅存。雖有勝秦之名而國破矣，是何故也？秦强而趙弱也。强、弱二字，一篇主意。今秦、楚嫁子取婦，爲昆弟之國。韓獻宜陽，魏效[旁訓]獻也。河外，趙入朝黽池，割河間以事秦。大王不事秦，秦驅韓、魏攻齊之南地。悉趙[旁訓]悉起趙兵。涉河關，[旁訓]即清河。指博關，[旁訓]近齊地。臨菑、即墨[旁訓]俱齊地。非王之有也。國一日被攻，雖欲事秦，不可得也。是故願大王熟計之。"齊王曰："齊僻陋隱居，託於東海之上，未嘗聞社稷之長利，今大客《禮》：大行人掌大客之儀。幸而教之，請奉社稷以事秦。"獻魚鹽之地三百於秦。

蘇秦論留楚太子

楚王[旁訓]懷王。死，太子在齊質，太子橫，是爲頃襄王，時爲質于齊。蘇子謂薛公田文。曰："君何不留楚太子，以市其下東國。"而徽之以求下東國之地。楚東地近齊，楚地高而此下。薛公曰："不可。我留太子，郢中立王，然則是我抱空質[旁訓]去聲。而行不義於天下也。"蘇子曰："不然。郢中立王，君因謂其新王曰：'與我下東國，吾爲王殺太子。[眉批]九我云：此下十句，乃著書者叙説一事而及覆作十段，即上呼唤亦叙事之一法，此著書者有意爲文。不然，吾將與三國共立之。'齊嘗與秦、韓、魏敗楚，故此欲與三國共立君。然則下東國必可得也。"蘇子之事，此著書者叙説。可以請行，可以令楚王新王。[旁訓]縱橫傀儡、線②索，盡露在此。亟入下東國，可以益割於楚，可以忠太子而使楚益入地，可以爲楚王走太子，可以忠太子使之亟去，可以惡蘇子於薛公，可以爲蘇子請封於楚，可以使人説薛公以善蘇子，可以使

---

① 底本文多漫漶不清，今據《戰國策旁訓便讀》補。

② 線，原誤作"録"，今據《戰國策評苑》《國策全本》改。

蘇子自解於薛公。十個"可以"，文法長短不齊。昌黎作文嘗用此。蘇子謂薛公曰："臣聞謀泄者事無功，計不決者名不成。今君留楚太子者，以市下東國也。非亟得下東國者，則楚之計變，變則是君抱空質而負名於天下也。"負荷不義之名。薛公曰："善。爲之奈何？"對曰："臣請爲君之楚，使亟入下東國之地。楚得成，齊求地而楚與之，爲得成。則君無敗矣。"薛公曰："善。"因遣之。故曰"可以請行"也。此類亦著書者叙説。謂楚王曰："齊欲奉太子而立之。臣觀薛公之留太子者，以市下東國也。今王不亟入下東國，則太子且倍王之割，割地，倍於下東國。而使齊奉己。"楚王曰："謹受命。"因獻下東國。故曰"可以使楚亟入地"也。謂薛公曰："楚之勢可多割也。"薛公曰："奈何？""請告太子其故，蘇子辭也。告太子以楚獻地之故。使太子謁之君，君，薛公也。使太子白，以示欲割地。以忠太子，使楚王聞之，可以益入地。"故曰"可以益割於楚"。謂太子曰："齊奉太子而立之，楚王請割地以留太子，齊少其地。太子何不倍楚之割地而資齊，[旁訓]齎與齊。齊必奉太子。"太子曰："善。"倍楚之割而延齊。多割楚地，以延長齊王。楚王聞之恐，益割地而獻之，尚恐事不成。故曰"可以使楚益入地"也。謂楚王曰："齊之所以敢多割地者，挾太子也。今已得地而求不止者，以太子權王也。齊以太子故，能輕重楚王。臣能去太子。使之去齊。太子去，齊無辭，必不倍於王也。多割。王因馳强齊而爲交，齊辭，齊之説。必聽王。然則是王去讎而得齊交也。"楚王大説，曰："請以國因。"請以國而因蘇子交齊。故曰"可以爲楚王使太子亟去"也。謂太子曰："夫剬猶制。[眉批]剬音喘。楚者王也，以空名市者太子也，齊未必信太子之言也，而楚功見矣。功謂入地。楚交成，太子必危矣。太子其圖之。"太子曰："謹受命。"乃約車而暮去。故曰"可以使太子急去"也。始因太子以求割地，既得地而逐之，甚①險。蘇子使人請薛公曰："夫勸留太子者蘇子也。蘇子非誠以爲君也，且以便楚也。太子去，是楚便之。蘇子恐君之知之，故多割楚以滅迹也。没其便楚之迹。今勸太

_____

① 甚，原作"其"，今據《戰國策評苑》《戰國策旁訓便讀》改。

子去者又蘇子也，而君弗知也，臣竊爲君疑之。"薛公大怒於蘇子。故曰"可以使人惡蘇子於薛公"也。又使人謂楚王曰："夫使薛公留太子者蘇子也，奉王而代立楚太子者代太子立爲王。又蘇子也，割地因約者因爲之約齊。又蘇子也，忠王而走[旁訓]或衍"之"字。太子者又蘇子也。今人惡蘇子於薛公之，"之"下當有缺文。或衍。或作"者"字。以其爲齊薄而爲楚厚也。願王之知之。"楚王曰："謹受命。"因封蘇子爲武貞君。[眉批]九我云：前後十策，命意在使楚封已。故曰"可以爲蘇子請封於楚"也。又使景鯉請薛公曰："君之所以重於天下者，以能得天下之士而有齊權也。今蘇子天下之辯士也，世與少有。世有如之者少。君因不善蘇子，則是圍塞天下士而不利説途也。則是塞天下士之口，而不利於游説之路。夫不善君者且奉蘇子，而於君之事殆矣。今蘇子善於楚王，而君不蚤親，則是與楚爲讎也。故①君不如因而親之，貴而重之，是君有楚也。"薛公因善蘇子。故曰"可以爲蘇子説薛公以善蘇子"。[眉批]末欠②一節。

蘇代諫止孟嘗君入秦

孟嘗君將入秦，秦昭王聞其賢，求見之，故將入。止者千數而弗聽。止，諫止也。蘇代欲止之，孟嘗君曰："人事者，吾已盡知之矣。吾所未聞者，獨鬼事耳。"蘇代曰："臣之來也，固不敢言人事也，固且以鬼事見君。"孟嘗君見之。謂孟嘗君曰："今者臣來，過於淄上，[旁訓]淄水之上。有土偶人以土塑之，類於人。與桃梗相與語。[旁訓]刻桃畫③其首，正歲置門上辟鬼者。桃梗謂土偶人曰：'子，西岸之土也，挺一作"埏"。[眉批]挺，猶範也。子以爲人，至歲八月，降雨下，降大雨，自上下也。淄水至，則汝殘矣。'[旁訓]敗壞。土偶曰：'不然。吾西岸之土也，土則復西岸耳。今子東國之桃梗也，刻削子以爲人，降雨下，淄水至，流子而去，則子漂漂者[旁訓]句法、字法。將如何耳。則子漂漂水中者，將不知所止，且如之何。[眉批]九我云：桃梗之語

---

① 原脱"故"字，今據黃丕烈本、《戰國策評苑》補。
② 欠，原作"火"，今據《戰國策評苑》改。
③ 畫，原誤作"盡"，今據《戰國策旁訓便讀》改。

平而正，土偶之語奇而新。今秦四塞之國，譬如虎口，而君入之，則臣不知君所出矣。"孟嘗君乃止。此時不行，其入秦蓋在後。[眉批]九我曰：秦譬如虎口，蘇代以不知所出恐喝之，孟嘗君安入？

魯連諫孟嘗君逐客

[眉批]九我曰：仲連立言士也，言又有中。

孟嘗君有舍人而弗説，欲逐之。魯仲連謂孟嘗君曰："猿獼猴錯音措。木據水，舍置樹木，而因水求食。則不若魚鱉；歷險乘危，則騏驥不如狐狸；曹沫奮三尺之劍，一軍不能當。魯莊公與齊桓公會柯，沫執匕首劫齊桓公，歸魯侵地。使曹沫釋其三尺之劍，而操銚鎒[旁訓]皆田器。與農人居壠畝之中，則不若農夫。故物捨其所長，之其所短，之，猶於。堯亦有所不及矣。今使人而不能，則謂之不肖；教人而不能，則謂之拙。拙則罷之，不肖則棄之，使人有棄逐，不相與處，言黨友以此士見棄逐，不屑①與處。而來害相報者，棄逐者必之他國，自彼來而害我，報其棄逐之怨。豈非世之立教首[旁訓]句新。也哉？"言後人視此爲戒。孟嘗君曰："善。"乃弗逐。

【九我評】不數言，而字字句曲極其工。

馮煖客孟嘗君

[眉批]九我曰：按孟嘗君好客，僅得一馮煖。平原君好士，僅得一毛遂。而二君者其始皆不能知之，尚何以好士爲哉？

齊人有馮煖者煖即"諼"，或作"諼"。《史》作"驩"。貧乏不能自存，使人屬嘱。孟嘗君，願寄食門下。孟嘗君曰："客何好？"曰："客無好也。"曰："客何能？"曰："客無能也。"孟嘗君笑而受之，曰："諾。"左右以君賤之也，食以草[旁訓]不精。具。[旁訓]饌具。居有頃，倚柱彈其劍，以下文例之，當有"鋏"字。歌曰："長鋏歸來乎！鋏，劍把也。欲與俱去。食無魚！"左右以告，孟嘗君曰："食之，比門下之魚客。"原無"魚"字，從吳注補。孟嘗君客

---

① 屑，原誤作"屠"，今徑改。

有三列，上客食肉，中客食魚，下客食菜。居有頃，復彈其鋏，歌曰："長鋏歸來乎！出無車。"左右皆笑之，以告。孟嘗君曰："爲之駕，[旁訓]與之車駕。比門下之車客。"乘車之客。於是乘其車，揭其劍，過其友曰："孟嘗君客我。"[旁訓]待我以客。後有頃，復彈其劍鋏，歌曰："長鋏歸來乎！無以爲家。"左右皆惡之，以爲貪而不知足。孟嘗君問："馮公有親乎？"對曰："有老母。"孟嘗君使人給其食用，無使乏。供其母之食飲用度，無使貧乏。於是馮煖不復歌。後孟嘗君出記，記，疏也，猶今告示。問門下諸客："誰習計會，[旁訓]簿①書。能能字爲句。爲文收責於薛者乎？"文，孟嘗君名。責、債②同。馮煖署曰："能。"孟嘗君怪之，曰："此誰也？"左右曰："乃歌夫長鋏歸來者也。"孟嘗君笑曰："客果有能也。言果，則孟嘗君固意其能也。吾負之，未嘗見也。"[眉批]如岡曰：馮公自言無能，非真無能也，孟嘗君已知之，故問其署，則曰"客果有能也"。魏子予粟、馮公焚券，孟嘗卒蒙其力。百乘之家不畜聚斂之臣，豈迂也哉？請而見之，謝曰："文倦於事，事，原作"是"，從吳注改。[旁訓]事，國事也。憒於憂，憒，亂也。以憂思昏亂。而性懧愚，懧，弱也。沉於國家之事，沉，沒③溺也。開罪於先生，得罪於煖。自我啓之。先生不羞，乃有意欲爲收責於薛乎？"馮煖曰："願之。"於是約車治裝，載券契而行。券，亦契也。契別書之，以刀刊其旁。辭曰："責畢收，以何市而反？"孟嘗君曰："視吾家所寡有④者。"驅而之[旁訓]往。薛，使吏召諸民當償者，悉來合券。契徧合，起，矯命以責賜諸民，起，原作"赴"，從吳注改。因燒其券，民稱萬歲。凡券，取者、與者各收一，責則合驗之。徧合矣，乃來聽命。煖因矯稱孟嘗君之命，以責賜貧民不能償者，因燒⑤券以滅其迹，民皆稱萬歲，以祝⑥孟嘗君。長驅到齊，晨而求見。孟嘗君怪其疾[旁訓]速。也，衣冠而見之，曰："責畢收乎？來何疾也？"⑦

---

① 簿，原作"薄"，今改正。
② 債，原誤作"償"，今徑改。
③ 沒，原作"浚"，今據黃丕烈本、《戰國策評苑》改。
④ 原無"有"字，今據黃丕烈本補。
⑤ 原脱"燒"字，今據《戰國策旁訓便讀》補。
⑥ 祝，原誤作"責"，今據《戰國策評苑》《戰國策旁訓便讀》改。
⑦ 原脱"衣冠而見之，曰：'責畢收乎？來何疾也？'"，今補。

曰：“收畢矣。”“以何市而反？”[旁訓]孟嘗問也。馮煖曰：“君云‘視吾家所寡有者’。臣竊計，君宮中積珍寶，狗馬實外廄，美人充下陳。[旁訓]列。君家所寡有者，以義耳。竊以爲君市義。”孟嘗君曰：“市義奈何？”曰：“今君有區區之薛，不拊愛子其民，不以拊循之道，子視其民。因而賈利之，乃因而市買以取利。臣竊矯君命，以責賜諸民，因燒其券，民稱萬歲。乃臣所以爲君市義也。”乃，原作“不”①，從吳注改。孟嘗君不説，曰：“諾。先生休矣。”休，息也。後期年，齊王謂孟嘗君曰：“寡人不敢以先王之臣爲臣。”此遣其就國而爲辭。孟嘗君就國於薛，未至百里，民扶老攜幼，迎君道中。“中”下原有“終日”二字，從吳注省。孟嘗君顧謂馮煖：“先生所爲文市義者，乃今日見之。”馮煖曰：“狡兔有三窟，僅得免其死耳。今有一窟，未得高枕而卧也。請爲君復鑿二窟。”[眉批]石簣曰：煖之市義美矣，而爲之營窟，則亦聲利之客耳。孟嘗君予車五十乘，金五百斤，西遊於梁。謂梁王[旁訓]昭王。曰：“齊放其大臣孟嘗君於諸侯，[旁訓]此非當時所稱，追書云耳。諸侯先迎之者富而兵强。”於是梁王虛上位，以故相爲上將軍。徙故相爲上將軍，而虛相位以待孟嘗也。遣使者黃金千斤，車百乘，往聘孟嘗君。馮煖先驅，誡孟嘗君曰：“千金，重幣也。百乘，顯使也。齊其聞之矣。”梁使三反，孟嘗君固[旁訓]堅。辭不往也。齊王聞之，君臣恐懼，遣太傅[旁訓]齊之大臣。賷[旁訓]送也。黃金千斤，[眉批]青陽曰：馮煖一説梁、齊，而孟嘗君之黃金、封邑踰于平時，正與蘇代振甘茂之事同。文[旁訓]文彩繪②也。車二駟，服劍一，王所自佩者。封書謝孟嘗君曰：“寡人不祥，被於宗廟之祟，爲小人所惑，如迷于鬼祟然。沉於諂諛之臣，開罪於君，得罪于君，自我啓之。寡人不足爲也。不足與有爲。願君顧先王之宗廟，姑反國歸齊國。統萬人乎？”理萬民。馮煖誡孟嘗君曰：“願請先王之祭器，立宗廟於薛。”廟成，還報孟嘗君曰：“三窟已就，君姑高枕謂樂矣。”孟嘗君爲相③數[旁訓]十。年，無纖介[旁訓]芥通。之禍者，馮煖之計也。[眉批]九我曰：田文食客三

---

① 原作不，原誤作“原作乃”，今據黃丕烈本改。本注原在“不説，曰”下，未當，今徑移。

② 繪，原誤作“給”，今據黃丕烈本、《戰國策評苑》改。

③ 原脱“孟嘗君曰：‘三窟已就，君姑高枕謂樂矣。’孟嘗君爲相”，今據黃丕烈本補。

千，而辛①以馮煖一人復其位，賢士誠不易哉！

譚拾子諫孟嘗君

［眉批］九我云：“市朝則滿、夕則虛”一段，此理之固然者。

孟嘗君逐於齊而復反，譚拾子齊人。迎之於境，謂孟嘗君曰：“君得無有所怨於齊士大夫？”孟嘗君曰：“有。”“君滿意殺之乎？”問殺之，乃滿足其意。孟嘗君曰：“然。”譚拾子曰：“事有必②至，理有固然，君知之乎？”孟嘗君曰：“不知。”譚拾子曰：“事之必至者，死也；理之固然者，富貴則就之，貧賤則去之。此事之必至、理之固然者。請以市諭。市，是“日中爲市”之“市”。市朝則滿，夕則虛，非朝愛市而夕憎之也，求存故往，所求者存，③故往趨之。亡故去。無所求于市，故去之不顧。願君勿怨。”孟嘗君乃取所怨五百牒削去之。書所怨之人于牒者。不敢以爲言。

蘇子說齊閔王

［眉批］九我曰：雄詞奇句出之不盡，真辨士之文，秦漢古作也。如岡曰：首以用兵後起、約結遠怨二端爲言，而以權藉時勢明之。

蘇子說齊閔王曰：“臣聞，用兵而喜先天下者憂，喜于先事，則近禍首，故有憂。［旁訓］二句，乃全篇主意。約結而喜主怨者孤。爲約以結與國而伐人，人必怨之。又爲之主，衆所不與也，故孤。夫後起者藉也，惟後起而不先，事則有所藉資權勢。而遠怨者時也。［旁訓］遠怨而衆不怨，則足以乘④時。是以聖人從事，必藉於權權者，事之宜，重之所在也。上言後起者藉，藉此而已。而務興於時。夫權藉者，萬物之率也。萬物無權藉不起，故爲之率。率、帥同，猶長也。而時勢者，百事之長也。凡事，無時勢不行，故爲之長。故無權藉，倍時勢，而能成事者寡矣。今雖干將、莫邪，干將，越人。莫邪，其妻。亦善作劍。［眉批］九我曰：

---

① “辛”字疑誤，或當作“竟”。
② 有必，原倒作“必有”，今據黃丕烈本、《戰國策評苑》改。
③ 注文原脫“存”字，今據黃丕烈本、《戰國策評苑》補。
④ 乘，原誤作“衰”，今據《戰國策旁訓便讀》改。

“今雖干將”以下至“求伯則遠矣”，言先天下之禍、後藉之得也。非得人力，則不能割劌矣。[旁訓]音貴。劌，利傷也。堅箭利金，[旁訓]箭簇。不得弦機之利，則不能遠殺[旁訓]殺敵其遠。矣。矢非不銛，銛，利也。[旁訓]音先。而劍非不利也，何則？權藉不在焉。何以知其然也？[眉批]石簣曰：此策談兵，主於後起藉，然不爲人主怨。其云案兵而後起，寄怨而誅不直，微用兵而寄於義，最其術之深者。昔者趙氏襲衛，車舍人主①車者。不休傳，傳，驛遞②也。言其警急，故驛傳不得休息。衛國城割平，言城中割地求成。平，成也。衛人門土以土塞門而守。而二門墮矣，此亡國之形也。衛君跣行，[旁訓]跣足而行。告遡於魏，遡、愬同。魏王[旁訓]武侯。身被甲底劍，底、砥同，礪也。挑趙③索戰，邯鄲之中鷔，[旁訓]亂馳。河山之間亂。衛得是藉也，亦收餘甲而北面，殘剛平，墮中牟之郭。衛非強於趙也，譬之衛矢而魏弦機也，藉[旁訓]藉兵力于魏，而得趙河中之地，即剛平中牟。力魏而有河東之地。趙敬候四年，築剛平以侵衛。五年，齊、魏爲衛敗我剛平。趙氏懼，楚人救趙而伐魏，戰於州西，州屬河內。出梁門，軍舍林中，馬飲於大河。趙得是藉也，亦襲魏之河北，燒棘蒲，墜黃城。故剛平之殘也，中牟之墮也，黃城之墜也，棘蒲之燒也，此皆非趙、魏之欲也。然二國勸行之者，何也？衛明於時權之藉也。今世之爲國者不然矣。兵弱而好敵強，國罷而好衆怨，樂與衆爲怨。事敗而好鞠之，鞠，窮也。言遂事。兵弱而憎下人，地狹而好敵大，事敗而好長詐。長，益也。行此六者而求伯，則遠矣。臣聞善爲國者，[眉批]九我曰：“臣聞善爲國”以下至“好挫強也”，言怨之得，主怨之禍。順民之意，而料兵之能，然後從於天下。從，謂後之。故約不爲人主怨，伐不爲人挫強。不以兵爲人挫窮敵。如此，則兵不費，權不輕，地可廣，欲可成也。昔者，齊之與韓、魏伐秦、④楚也，戰非其疾也，分地又非多韓、魏也，然而天下獨歸咎於齊者，何也？以其爲韓、魏主怨也。且天下徧用兵矣，齊、燕戰而趙氏兼

---

① 主，原誤作“王”，今據黃丕烈本、《戰國策評苑》改。
② 遞，原作“處”，今據黃丕烈本、《戰國策評苑》改。
③ 挑趙，原誤作“桃道”，今據黃丕烈本、《戰國策評苑》改。
④ 原脫“秦”字，今據黃丕烈本、《戰國策評苑》補。

中山，秦、楚戰韓、魏不休，而宋、越專用其兵。此十國者，皆以相敵爲意，而獨舉心於齊者，何也？約而好主怨，伐而好挫强也。且夫强大〔旁訓〕主。之禍，常以王人〔旁訓〕欲爲人王。爲意也。〔眉批〕九我曰："且夫"以下至"强弱大小之禍，可見於前事矣"爲①一節，"語曰"以下至②"戰攻之敗可見前事"爲一節，"今世所謂善用兵"以下至篇終爲一節，皆推言用兵不爲天下先之意，而不主③怨之意在其中。夫弱〔旁訓〕客。小之殃，常以謀人爲利也。恃謀人以爲利而致殃。是以大國危，小國滅也。大國之計，莫若後起而重伐不義。主於後起藉權，不以伐不義爲急。夫後起之藉，與多而兵勁，人與之多。〔旁訓〕强。則是以衆〔旁訓〕句法。强敵罷〔旁訓〕疲同。寡也，兵必立也。疑有缺字。事不塞〔旁訓〕不塞，猶言通也。天下之心，則利必附矣。凡事通天下人之心志，則得衆者多助，利必附矣。大國行此，則名號不攘〔旁訓〕取。而至，伯、王不爲〔旁訓〕勞。而立矣。小國之情，莫如謹靜而寡信諸侯。無輕信諸侯之要約。謹靜④，則四鄰不反；不反背我。寡信諸侯，則天下不賣。不爲人所欺。外不賣，内不反，則稸積〔旁訓〕倉廩實。朽腐而不用，幣帛〔旁訓〕財用足。矯蠹而不服〔旁訓〕亦用。矣。小國道〔旁訓〕行。此，則不祠⑤而福矣，不祭祀鬼神而自獲福。不貸而見足矣。不從人求物而用自足。故曰：祖仁者王，立義者伯，用兵窮者亡。何以知其然也？〔眉批〕九我曰："何以知其然也"一語六用而不覺其複⑥。昔吳王夫差以强大〔旁訓〕强大之禍。爲天下先，襲郢而栖越，身從諸侯之君，諸侯從之。而卒身死國亡，爲天下戮者，何也？此夫差平居而謀王，强大而喜先天下之禍也。昔者萊、莒⑦〔旁訓〕弱小之殃。好謀，《春秋》：齊侯滅萊。《傳》：萊恃謀也。陳、蔡好詐，莒恃越而滅，蔡恃晉而亡，此皆内長詐、外信諸侯之殃也。由此觀之，則强弱大小之禍，可見於前事矣。

---

① 爲，原誤作"而"，今據黄丕烈本、《戰國策評苑》改。
② 至，原作"致"，今據《國策全本》改。
③ 主，原誤作"生"，今據《國策全本》改。
④ 原脱"謹"字，今據黄丕烈本、《戰國策評苑》補。
⑤ 祠，原誤作"伺"，今據黄丕烈本、《戰國策評苑》改。
⑥ 複，原作"復"，今徑改。
⑦ 莒，原誤作"吕"，今徑改。

語曰：'騏驥之衰也，駑馬先之；孟賁之倦也，女子勝之。'夫駑馬、女子，筋力骨勁非賢於騏驥、孟賁也，何則？後起之藉也。今天下之相與也不並滅，與，猶恃也。言與國之相恃，亦不皆亡，在所處耳。有能案兵而後起①，寄怨而誅不直，徵用兵而寄於義，寄怨而誅不直者，使人誅之而己不主怨，即所謂重伐不義也。徵用兵而寄於義者，隱其用兵之真情，而寄寓於義以爲名也。則亡天下可蹻足而須也。明於諸侯之故，察於地形之理者，不約親，不相質而固，不趨而疾，衆事而不反，交割而不相憎，俱强而加以親，何則？則形同憂而兵趨利也。衆事宜多反覆，交割地者宜相憎，俱强者宜不相下，今皆不然，以其同憂趨利故也。何以知其然也？昔者，燕、齊戰於桓之曲，《家語》所謂桓山，蓋在齊、魯之間。燕不勝，十萬之衆盡。胡人襲燕樓煩［旁訓］樓煩，屬雁門。數縣，取其牛馬。夫胡之與齊非素親也，而用兵又非約質而謀燕也，然而甚於相趨者，何也？形同憂而兵趨利也。由此觀之，約於同形則利長，後起則諸侯可趨［旁訓］足上起下。役也。可使趨我而爲我役。故②明主察相，相之明察者。誠欲以伯王爲志，則戰攻非所先。戰者，國之殘也，有害於國。而都縣之費也。《周禮》：四甸爲縣，四縣爲都。又《禮》：小曰邑，大曰都。殘費已先，而後從諸侯者寡矣。彼戰者［旁訓］目。之爲殘也，士聞戰則輸私財而富軍市，士衆所聚，有市井焉。輸飲食而待死士，令折轅而炊之，殺牛而觴士③，則是路君之道也。言財用窘於道路。中人禱祝④，國中之人爲行者祈。君翳釀，翳，有隱義。言釀於中，以待飲至。通都小縣置社，亦禱祀之事。有市之邑，莫不正事而奉王，事，謂財賦警備之事。則此虛中之計也。夫戰之明日，尸死扶傷，雖若有功也，軍出費，中哭泣，則傷主心矣。死者破家而葬，夷傷者空財而共藥，夷亦傷。共、供同。完者內酺而華樂，華，奢也。故其費與死傷者鈞。故民之所費也，十年之田而不償也。軍之所出，矛戟折，鐶鉉絶，傷弩，破車，罷馬，［旁訓］音皮。

① 起，原作"立"，今據黄丕烈本、《戰國策評苑》改。
② 故，原誤作"胡"，今據黄丕烈本、《戰國策評苑》改。
③ 士，原誤作"之"，今據黄丕烈本、《戰國策評苑》改。
④ 祝，原作"祀"，今據黄丕烈本、《戰國策評苑》改。

亡矢之太半。甲兵之具，宮之所私出也。宮，如“父子異宮”之“宮”。古者，寓兵於農，故私家出之。士大夫之所匱，厮養士之所竊，十年之田而不償也。天下有此再費者，而能從諸侯者寡矣。攻城之費，百姓理襜蔽，襜，衣蔽前者。襜蔽，豐言也。言士作苦衣易敝，故亟治之。舉衝櫓，城上露屋爲櫓。戰陣高巢車亦爲櫓，此與“衝”並言，亦車也。家雜總，全家并作。身窟穴中，謂地道。罷於刀金。兵器也。而士困於土功，將不釋甲，期數而能拔城者爲亟耳。數，數月。上倦於教，士斷於兵，斷，截也。故三下城而能勝敵者寡矣。故曰：彼戰攻者，非所先也。何以知其然也？昔智伯瑤攻范、中行氏，殺其君，滅其國，又西圍晉陽，吞并二國，而憂一主，趙襄子。此用兵之盛也。然而智伯卒身死國亡，爲天下笑者，何謂也？兵先戰攻，而滅二子之患也。患在滅范、中行氏。昔者中山悉起而迎燕、趙。南戰於長子，敗趙氏；北戰於中山，克燕軍，殺其將。夫中山千乘之國也，而攻萬乘之國二，再戰比勝，此用兵之上節也。節，猶等。然而國遂亡，君臣於齊者，何也？不啬於戰攻之患也。由此觀之，則戰攻之敗，可見於前事矣。今世之所謂善用兵者，終戰比勝，終，謂窮身。而守不可拔，守城期于不拔。天下稱爲善，一國得而保之，得所稱爲善者。保，恃也。則非國之利也。臣聞戰大勝者，其士多死而兵益弱；守而不可拔者，其百姓罷而城郭露。外無居人，故暴露。夫士死於外，民殘於内，而城郭露於境，則非王之樂也。今夫鵠的[旁訓]栖皮曰鵠，即的也。非咎罪[旁訓]咎罪，謂得罪。於人也，便弓引弩而射之，便，謂巧。審弓得便巧乃發。中者則喜，喜，原作“善”。從吳注改。不中則愧，少長貴賤，則同心於貫之者，何也？惡其示人以難也。的以難中，人爭欲貫之。今窮戰比勝，而守必不拔，則是非徒示人以難也，又且害人者也，然則天下仇之必矣。夫罷士露國，而多與天下爲仇，則明君不居也；素用强兵而弱之，素，猶常也。言兵常用，雖强必弱。則察相不事也。不從事於此。原無“也”字，從吳注補。彼明君察相者，則五兵不動五兵，刀、劍、矛、戟、矢。而諸侯從，辭讓而重賂至矣。故明君之攻戰也，甲兵不出於軍而敵國勝，衝櫓不施而邊城降，士民不知而王業至矣。彼明君之從事也，用財少，曠日遠而利長者。日雖曠遠，其利不窮。故曰：

兵後起則諸侯可趨役也。臣之所聞，攻戰之道非師者，師，旅也。言不用師。雖有百萬之軍，北之堂上；言謀之于堂，彼自敗也。雖有闔閭、吳起之將，禽之戶内；千丈之城，拔之尊俎之間；百尺之衝，折之衽席之上。故鐘鼓竽瑟之音不絶，地可廣而欲可成；和樂倡優侏儒之笑不乏，諸侯可同日而致也。〔眉批〕青陽曰：鐘竽倡樂，雖非所以啓人主，然亦孟子色貨之比。故名配天地不爲尊，利制海内不爲厚。言其功德之崇，雖名利若此，猶不足稱也。故夫善爲王業者，在勞天下而自逸，亂天下而自安，諸侯無成謀，圖我之謀不成。則其國無宿憂也。何以知其然也？佚治在我，勞亂在天下，則王之道也。鋭兵來則拒之，患至則趨之，趨，言往應之也。使諸侯無成謀，則其國無宿憂矣。何以知其然也？昔者魏王惠。雍土千里，帶甲三十六萬，恃其强而拔邯鄲，西圍定陽，又從十二諸侯朝天子，以西謀秦。秦王恐之，此孝公也。寢不安席，食不甘味，令①於境内，盡堞中爲戰具，堞，城上女牆。競爲守備，爲死士置將，以待魏氏。衛鞅謀於秦王曰：‘夫魏氏其功大，而令行於天下，有十二諸侯而朝天子，其與必衆。故以一秦而敵大魏，恐不如。王何不使臣②見魏王，則臣請必北魏矣。’秦王許諾。衛鞅見魏王曰：‘大王之功大矣，令行於天下矣。今大王之所從十二諸侯，非宋、衛也，則鄒、魯、陳、蔡，此固大王之所以〔旁訓〕字法。鞭箠〔旁訓〕句法。使也，不足以王天下。大王不若北取燕，東伐齊，則趙必從矣。西取秦，南伐楚，則韓必從矣。大王有伐齊、楚心，而從天下之志，使天下從。則王業見③矣。大王不如先行王服，王者服飾。然後圖齊、楚。’魏王悦於商鞅之言也，故身廣公宫，制丹衣柱，丹柱，猶衣之也。建九斿，從七星之旗。鳥隼爲旟④，又繪⑤星焉。此天子之位也，而魏王處之。於是齊、楚怒，諸侯奔齊，齊人伐魏，殺其太

① 令，原誤作“今”，今據黄丕烈本、《戰國策評苑》改。
② 臣，原誤作“人”，今據黄丕烈本、《戰國策評苑》改。
③ 見，原作“成”，今據黄丕烈本、《戰國策評苑》改。
④ 隼、旟，原誤作“準”“旅”，今據黄丕烈本、《戰國策評苑》改。
⑤ 繪，原誤作“給”，今據黄丕烈本、《戰國策評苑》改。

子，覆其十萬之軍。魏王大恐，跣行按兵於國，而東次於齊，_{過信爲次。}_{往服齊也。}然後天下乃舍之。當是時，秦王垂拱而受西河之外，而不以德魏王。衛鞅^①之始與秦王計也，謀約不下席，言於尊俎之間，謀成於堂上，而魏已禽於齊矣。衝櫓未施，而西河之外已入於秦矣。此臣之所謂比之堂上，禽將户内，拔幟於尊俎之間，折衝席上者也。"[眉批]九我曰：錯綜起名，變化不窮。

襄　王

魯仲連遺燕將書

[眉批]九我曰：射書聊城，欲强齊以擯秦耳，即不肯帝秦之意。

燕攻齊，取七十餘城，唯莒、即墨未下。[旁訓]降伏。齊田單[旁訓]齊公族。以即墨破燕，殺騎劫。初，燕將[旁訓]史失其名。攻下聊城，_{屬東郡。}人或讒之。燕將懼誅，遂保守聊城，不敢歸。田單攻之歲餘，士卒多死，而聊城不下。魯連乃爲書約之矢，[旁訓]縛束書於矢上。以射城中，遺燕將曰："吾聞之，智者不倍時而棄利，_{倍、背同。}勇士不怯死而滅名，忠臣不先身而後君。[眉批]如岡曰：此書雖以智、勇、忠三平起，實重"智者不倍時"一句，蓋欲其棄燕、歸齊，故即以死生、榮辱三句申之，下文反覆詳論，皆不越此。今公行一朝之忿，不顧燕王[旁訓]惠王。之無臣，非忠也；殺身亡聊城，而威不信[旁訓]伸同。於齊，非勇也；功廢名滅，後世無稱，非智也^②。故智者不再計，_{遲疑不決。}勇士不怯死。今死生、榮辱、尊卑、貴賤，此其一時也。[眉批]石簣曰：此下云云，皆誘惑燕將之詞，非實事也。願公之詳計，而無與俗同也。且楚攻南陽，_{南陽，即齊淮北、泗上之地。}魏攻平陸，齊無南面之心，以爲亡南陽之害，不若得濟北[旁訓]即聊城。之利，_{齊無南面攻楚、魏之心，以爲南}_{陽、平陸之害小，不如聊城之利大。}故定計而堅守之。今秦人下兵，_{此時齊善秦，}_{故下兵以救。}魏不敢東面，_{不敢攻齊。}横秦之勢合，_{齊善秦，爲横。}則楚國之

---

①　多本"衛鞅"上有"故"字，《戰國策評苑》注云："衍'故'字。補曰：姚云：一本無。"故此本無"故"字。

②　也，原作"已"，今據黄丕烈本、《戰國策評苑》改。

形危。且棄南陽，斷右壤，謂平陸。斷，亦棄也。存濟北，計必爲之。今楚、魏交退，燕救不至，不救聊城。齊無天下之規，規，猶謀也。秦救之，而楚、魏退，無謀齊。與聊城共據期年之敝，即臣見公之不能得也。不能勝齊。齊必決之於聊城，公無再計。[眉批]九我曰：本言齊雖并南陽，尚必攻聊城。今楚、魏既退，則齊無事可益，專意而攻聊城，必不能支矣。其文參錯意深，人不易解。彼燕國大亂，君臣過計，過，猶失也。上下迷惑，栗腹以十萬之衆，五折於外，萬乘之國，被圍於趙，壤削主困，爲天下戮，公聞之乎？今燕王方寒心獨立，大臣不足恃，國敝禍多，民心無所歸。今公又以敝聊之民，敝聊，原作“聊城”。從吳注改。距全齊之兵，距，拒同。期年不解，是墨翟之守也。[眉批]青陽曰：以全燕見敗①，以一城獨守，所以見其能。食人炊骨，士無反北之心，是孫臏、吳起之兵也。能已見於天下矣。故爲公計，不如罷兵休士，全車甲，歸報燕王，燕王必喜。[眉批]霍林曰：歸燕之説，特喚起東遊于齊意耳。恐其未知所處，再犯篡、辱、怯三字，反前忠、勇、智三字，而引管仲、曹沫因敗爲功之事以諷之。士民見公，如見父母，交遊攘臂而議於世，功業可明矣。上輔孤主，以制群臣。下養百姓，以資説士。矯國革俗於天下，功名可立也。意者，亦損燕棄世，東遊於齊乎？請裂地定封，富比陶、衞，魏冉封陶，商君姓衞。世世稱寡，與齊久存，此亦一計也。二者顯名厚實也，願公孰計而審處一也。下無歷數之辭，疑“一”字訛或衍。且吾聞，效小節者不能行大威，惡小恥者不能立榮名。[眉批]如岡曰：魯連遺書燕②，將使齊不戰而復聊城，所以爲齊者善矣。其處人己則非也，燕將已功被讒，而猶堅守，無二志，其忠盡可稱。連誘之棄城而東遊，是曠懷人臣之義而教事君者叛也。田單受命之燕城，其下否責在單耳。連爲之約矢射書，是尸祝越俎豆以代庖人，而出位之誚難免也。一舉而兼二失，人謂連天下士，吾弗信矣。昔管仲射桓公中鉤，篡也；遺公子糾而不能死，遺，忘也。怯也；束縛桎梏，[旁訓]足械，手械。辱身也。此三行者，鄉里不通也，世主不臣也。使管仲終窮抑，幽囚而不出，慚恥而不見，窮年没壽，不免爲辱人賤行矣。然管子並三行之過，[旁訓]怯辱。據齊國之政，一匡

①　敗，原誤作“販”，今據《戰國策評苑》改。
②　燕，原作“之”，不辭，今據《戰國策評苑》改。

天下，九合諸侯，爲五伯首，名高天下，光照鄰國。曹沫爲魯君將，三
戰三北，而喪地千里，使曹子之足不離陳，計不顧後出，必死而不生，
_{出，計所出也。}〔旁訓〕作"出萬死而不顧生"更明白。則不免爲敗軍禽將。曹子以
敗軍禽將，非勇也；功廢名滅，後世無稱，非智也。故去三北之恥，退
而與魯君計也，曹子以爲遭。曹子以爲遭遇知己，故思恥而爲魯君計。齊桓公
有天下，朝諸侯。《史》作"朝天下會諸侯"。朝天下，謂率天下朝王也。曹子以一
劍之任，劫桓公於壇位之上，顏色不變，而辭氣不悖。三戰之所喪，一
朝而反之，天下震動驚駭，威信吳、楚，傳名後世。若此二公者，非不
能行小節，死小恥也，以爲殺身絶世，功名不立，非智也。〔旁訓〕主意。歸
重"智"字。〔眉批〕九我曰：此結二子不規規于小廉小節，欲爲將乘時而立功名耳。故獨揭
一"智"字以應前。故去忿恚之心，而成終身之名。除感忿之恥，而立累世
之功。故業與三王爭流，名與天壤相敝^①也。公其圖之！"燕將曰："敬
聞命矣。"因罷兵倒韜〔旁訓〕音獨。而去。韜，弓衣。倒，示無弓也。故解齊^②
國之圍，救百姓之死，仲連之説也。

【九我評】戰國時文辭，如遺燕將書，當在第一等。爲人排難解
紛，此仲連一生學術。

貂勃欲附田單

〔眉批〕九我曰：以狗立喻，戰國之常談。欲謀其身而忘其類，亦其無恥矣。

貂勃齊人。常惡田單，曰："安平君小人也。"單初起安平，故以爲號。安
平君聞之，故爲酒而召貂勃，曰："單何以得罪於先生？故常見譽於
朝。"不欲正言其毀。貂勃曰："跖之狗吠堯，非貴跖而賤堯也，跖，柳下惠之
弟盜跖。堯、跖時不相及，特寓言耳。狗固吠非其主也。且今使公孫子賢而徐
子不肖，然而使公孫子與徐子鬥，徐子之狗猶將攫〔旁訓〕持。公孫子之
腓〔旁訓〕脛。而噬〔旁訓〕囓。之也。若乃得去不肖者而爲賢者狗，豈特
攫其腓而噬之耳哉？"安平君曰："敬聞命。"明日，任之於王。白王，使任

---

①　敝，原作"敵"，今據黃丕烈本、《戰國策評苑》改。
②　解齊，原倒作"齊解"，今據黃丕烈本、《戰國策評苑》改。

用之。王有所幸臣九人之屬，欲傷安平君，相與語於王曰："燕之伐齊之時，楚王［旁訓］頃襄①王。使將軍淖齒。將萬人而佐齊，今國已定而社稷已安矣，何不使使者謝於楚王？"王曰："左右孰可？"九人之屬曰："貂勃可。"欲去單之助。貂勃使楚，楚王受而觴之，［旁訓］飲之酒。數日不反。［旁訓］歸。九人之屬相與語於王曰："夫一人身而牽留萬乘者，豈不以據勢也哉？謂單據有權勢。且安平君之與王也，君臣無禮，而上下無別。且其志欲爲不善。謂反。內收百姓，循撫其心，振窮，［旁訓］振貧窮。補不足，布德於民；外懷戎翟、天下之賢士，懷翟與士。陰結諸侯之雄俊蒙（豪）英。其志欲有爲也。［旁訓］爲不善。願王之察之！"異日，而王曰："召相單來。"田單免冠徒跣，肉袒而進，露肢體，示欲受刑。退而請死罪。五日，而王曰："子無罪於寡人，子爲子之臣禮，吾爲吾之王禮而已矣。"貂勃從楚來，王觴諸前，酒酣，酒醉而樂。王曰："召相田單而來。"貂勃避席稽首曰："王惡得此亡國之言乎？王上者，孰與周文王？"［眉批］九我云：貂勃之言，君子之言也。與策士游談者遠甚。王曰："吾不若也。"貂勃曰："然臣固知王不若也。下者，孰與齊桓公？"王曰："吾不若也。"貂勃曰："然臣固知王不若也。然則周文王得呂望，以爲太公；桓公得管夷吾，以爲仲父。今王得安平君而獨曰單！且自天地之闢、［旁訓］開闢。民人之治、［旁訓］一本作"始"。爲人臣之功者，誰有厚於安平君者哉？而王曰'單，單'！惡得此亡國之言乎？［眉批］雖爲依附，實則正論。且王不能守乎王之社稷，燕人興師而襲齊墟，王走而之城陽之山中。安平君以惴惴之即墨，惴惴，憂懼也。二里②之城，五里之郭，敝卒七千，禽其司馬，［旁訓］主兵之官，謂騎劫。而反千里之齊，安平君之功也。當是時也，闔城陽而王，天下莫之能止。就使安平君不適王而自王，亦莫之能禁止。然而計之於道，歸之於義，以爲不可，故爲棧道木閣，皆以通險者。而迎王與后於城陽山中，王乃得反，［旁訓］歸國。子臨百姓。今國已定，

---

① 襄，原誤作"分"，今據黃丕烈本、《戰國策評苑》改。
② 二，他本作"三"。

民已安矣，王乃曰單、單，且嬰兒之計不爲此。且雖嬰兒之計，亦不以此時反，況單乎。王不亟殺此九子者以謝安平君，不然，國危矣！"王乃殺九子而逐其家。益封安平君以夜邑萬户。

公孫弘爲孟嘗君使秦

孟嘗君爲從。公孫弘齊人。謂孟嘗君曰："君不如使人先觀秦王？昭。意者，［旁訓］或者。秦王帝王之主也，君恐不得爲臣，爲秦臣。奚暇從以難［旁訓］留。之？意者，［旁訓］或者。秦王不肖之主也，君從以難之，未晚。"孟嘗君曰："善，願因請公往矣。"公孫弘敬諾，以車十乘之秦。昭王聞之，而欲愧之以辭。公孫弘辨，故欲以辭屈之。公孫弘見，昭王曰："薛公之地，大小幾何？"公孫弘對曰："百里。"昭王笑而曰："寡人地數千里，猶未敢以有難也。爲人之難。今孟嘗君之地方百里，而因欲①以難寡人，猶可乎？"公孫弘對曰："孟嘗君好人，［旁訓］人②，賢人。大王不好人。"昭王曰："孟嘗君之好人也，奚如？"公孫弘曰："義不臣乎天子，不友乎諸侯，得志不慚［旁訓］不愧君位。爲人主，不得志不肯爲人臣，如此者三人；治可爲管、商［旁訓］仲、鞅。之師，説義聽行，所説有義，或能聽而行之。能致其主霸王，如此者五人；萬乘之嚴主③也，辱其使者，雖遇萬乘威嚴之主，亦不畏之，而辱其使者。退而自刎，必以其血洿［旁訓］污。其衣，如臣者十人。"昭王笑而謝之曰："客胡爲若此，［旁訓］出此言。寡人直與客論耳！［眉批］三國趙咨對曹丕云："聰明特達者八九十人，如臣之比，車載斗量，不可勝數。"無"退而自刎"數語，更佳。④寡人善孟嘗君，欲客之必諭⑤寡人之志也！以己之志曉告孟嘗。公孫弘曰："敬諾。"公孫弘可謂不侵矣。昭王，

---

① 因欲，原倒作"欲因"，今據黃丕烈本、《戰國策評苑》改。

② 注文"人"，原誤作"子"，今據黃丕烈本、《戰國策評苑》改。

③ 主，原誤作"王"，今據黃丕烈本改。

④ 此句有旁訓，文字漫漶難辨。上欄有眉批兩行，文字漫漶，唯餘"不可"二字。今據《戰國策旁訓便讀》補旁訓，據《戰國策評苑》《國策全本》補眉批。

⑤ 諭，原誤作"論"，今據黃丕烈本改。

大國也。孟嘗，千乘也。立千乘之義而不可陵，可謂足使［旁訓］能爲。矣。足猶能。

趙威后問齊使

齊王使使者問趙威后，［旁訓］文后，孝武太后。書未發，威后問使者曰：“歲亦無恙耶？三下疊。民亦無恙耶？王亦無恙耶？”［眉批］九我云：威后此語，可謂知本末矣。使者不說，曰：“臣奉使使威后，今不問王①而先問歲與民，豈先賤而後尊貴者乎？”威后曰：“不然。苟無歲，何有民？歲不熟則民飢，安得有民。苟無民，何有君？民飢則離散，安得有君。故有問舍本而問末者耶？”凡有所問，安有舍其本而問其末者耶。乃進而問之曰：“齊有處士曰鍾離子，無恙耶？是其爲人也，有糧者亦食，無糧者亦食；有衣者亦衣，無衣者亦衣。是助王養其民者也，何以至今不業也？不得在位，成其職業。葉②陽子無恙乎？是其爲人，哀鰥寡，卹孤獨，振困窮，補不足。是助王息［旁訓］生。其民者也，何以至今不業也？北宮之女嬰兒子無恙耶？徹［旁訓］去。其環瑱③，玉瑱之屬。④至老不嫁，以養父母。是皆率民而出於孝情［旁訓］孝親之實。者也，胡爲至今不朝也？命婦則朝。此二士弗業，一女不朝，何以王齊國、子萬民乎？於陵子仲［旁訓］即孟子所稱陳仲。尚存乎？是其爲人也，上不臣於王，下不治其家，中不索交諸侯。此率民而出於無用者，何爲至今不殺乎？”

【九我評】於二士，則問其不業；於一女，則問其不朝；於仲子，則問其不殺。是知重倫理、愛人物者也。威后，其賢后哉！

---

① 問王，原誤作“閏玉”，今徑改。
② 葉，原誤作“業”，今據黃丕烈本改。
③ 瑱，原誤作“項”，今據黃丕烈本改。
④ 瑱，原本文字漫漶，今據《戰國策旁訓便讀》補。

楚　策

宣　王

江乙論昭奚恤

［眉批］江乙之言如此，則昭①奚恤爲敵國所畏可知。

荊宣王問群臣曰：“吾聞北方之畏昭奚恤［旁訓］楚將。也，果誠何如？”群臣莫對。江乙對曰：“虎求百獸而食之，得狐，狐曰：‘子無敢食我也。［旁訓］一作“噉我”。天帝使我長百獸，［旁訓］爲百獸之長。今子食我，是逆天帝命也。子以我爲不信，子若以我之言爲不信。吾爲子先行，子隨我後，觀百獸之見我而敢不走乎？’虎以爲然，故遂與之行，獸見之皆走。虎不知獸畏己而走也，以爲畏狐也。今王之地方五千里，帶甲百萬，而專屬之昭奚恤，［旁訓］使握楚兵。②故北方之畏奚恤也，其實畏王之甲兵也。猶百獸之畏虎也。”

【九我評】借畏虎以譬畏甲兵，語切而當。

江乙説安陵君

江乙説於安陵君楚之幸臣。曰：“君無咫尺之功，骨肉之親，處尊位，受厚禄，一國之衆，見君莫不斂袵［旁訓］衣衿。而拜，撫委而服。撫，猶偃也。委，曲也。撫物、委物必下其手，皆卑下意。何以也？”曰：“王過舉以色。謬以色見舉。不然，無以至此。”江乙曰：“以財交者，財盡而交絶；以色交者，華落而愛渝。色衰如花之落。渝，變也。是以嬖色不敝席，嬖，賤而幸者。席不及敝而愛弛。寵臣不避［旁訓］退也。軒。貴臣而寵者。車不及敝而退避。今君擅楚國之勢，而無以自結於王，竊爲君危之。”［眉批］九我曰：真是名言。

---

① 昭，原誤作“報”，今據《戰國策評苑》改。
② 握，原漫漶不可識，今據《戰國策旁訓便讀》補。

安陵君曰：“然則奈何？”江乙曰：“願君必請從死，以身爲殉，[旁訓]殉葬。如是必長得重於楚國。”曰：“謹受令。”三年而弗言。江乙復見曰：“臣所爲君道，[旁訓]言。至今未效。[旁訓]未見施行。君不用臣之計，臣請不敢復見矣。”安陵君曰：“不敢忘先生之言，未得間[旁訓]間隙。也。”於是，楚王遊於雲夢，[旁訓]楚澤名。結駟千乘，連馬①曰駟。旌旗蔽天，野火之起也若雲蜺，[旁訓]虹。兕虎嗥之聲若雷霆，有狂兕䍐音詳。趨行車前。車依輪而至，王親引弓而射，一發而殪。[旁訓]音意，死也。王抽旃旄而抑兕首，[旁訓]旃，曲柄②旗。旄，幢也。仰天而笑曰：“樂矣，今日之遊也。寡人萬歲千秋之後，誰與[旁訓]共。樂此矣？”安陵君泣數行下，而進曰：“臣入則編[旁訓]相次也。席，謂席相次，言與王相次如之。出則陪乘。驂乘。大王萬歲千秋之後，願得以身試黃泉，蓐螻蟻，言願得爲王先用填黃泉，爲王作蓐③以禦④螻蟻。又何如得此樂而樂之。”[眉批]前叙事，此是贊詞。左氏法也。王大説，乃封壇爲安陵君。君子聞之曰：“江乙可謂善謀，安陵君可謂知時矣。”

威　王

蘇秦以合從説楚

蘇秦爲趙合從，説楚威王曰：“楚，天下之强國也。大王，天下之賢王也。楚地西有黔中、巫郡，東有夏州、海陽，南有洞庭、蒼梧，北有汾陘之塞、郇陽。地方五千里，帶甲百萬，車千乘，騎萬匹，粟支十年，[旁訓]粟可以支十年之糧食。此霸王之資[旁訓]藉。也。[眉批]自“楚地”至“之資也”，言楚國之强。夫以楚之强、大王之賢，天下莫能當[旁訓]敵。也。今乃

---

① 馬，原誤作“駡”，今徑改。
② 柄，原漫漶不清，今據黃丕烈本補。
③ 蓐，原作“辱”，今據黃丕烈本改。
④ 禦，原作“御”，今徑改。

欲西面而事秦，則諸侯莫不西面而朝於章臺［旁訓］秦臺，在^①咸陽。之下矣。秦之所害於天下莫如楚，楚強則秦弱，楚弱則秦強，此其勢不兩立。故爲大王計，莫如從親以孤秦。六國合從相親，則秦勢孤。大王不從親，秦必起兩軍，一軍出武關，一軍下黔中。［眉批］"大王不從"以下，言不從之害。若此，則鄢、郢動矣。楚都震動。臣聞之，治之其未亂，治之，當於未亂之先。爲之其未有也。爲之，當於未有之始。患至而後憂之，則無及已。故願^②大王之早計之。大王誠能聽臣，臣請令山東之國奉四時之獻，［旁訓］四時各貢獻之物。以承大王之明制，委社稷宗廟，委置其宗廟社稷以託於楚。練士厲兵，操練士卒，磨礪兵器。在大王之所用之。大王誠能聽臣之愚計，則韓、魏、齊、燕、趙、衛之妙音、美人必充後宮矣。趙、代良馬橐它［旁訓］匈奴奇畜。必實於外廄。［眉批］自"大王誠能聽臣"至"實外廄"，言從合則楚王之意。故從合則楚王，橫成則秦帝。合從、橫成，兩語利害甚明。今釋霸王之業，而有事人之名，竊爲大王不取也。［眉批］從橫之王所以熒惑。世王者率以聲色玩好爲言。夫秦，虎狼［旁訓］貪暴似之。之國也，有吞天下之心。秦，天下之仇讎也。橫人［旁訓］與秦連橫之人。皆欲割諸侯之地以事秦，此所謂養仇而奉讎者也。［眉批］一意兩轉，古有奇峰。夫爲人臣而割其主之地，以外交強虎狼之秦，以侵天下，卒有秦患，不顧其禍。卒使國被秦患而略，不爲之顧恤。夫外挾強秦之威，以內劫［旁訓］劫制。其主，以求割地，大逆不忠，無過此者。故從親則諸侯割地以事楚，橫合則楚割地以事秦，此兩策者相去遠矣，有億兆之數。兩者，大王何居焉？十萬曰億，十億曰兆。言相去之遠，有十萬、十億之懸絕也。故敝邑趙王使臣效愚計，奉明約，在大王命之。"楚王曰："寡人之國，西與秦接境，秦有舉巴蜀，并漢中之心。秦，虎狼之國，不可親也。而韓、魏迫於秦患，不可與深謀。［旁訓］與深計利害。與深謀，恐反人［旁訓］反背我。以入於秦，

---

① 在，原誤作"任"，今徑改。
② 故願，底本文字漫漶，今據黃丕烈本補。

故謀未發而國已危矣。寡人自料，以楚當秦，未見勝焉。內與群臣謀，不足恃也。寡人臥不安席，食不甘味，心搖搖如懸旌，心搖搖不定似之。而無所終薄。泊同。今君欲一天下，安諸侯，存危國，寡人謹奉社稷以從。"

<h2 align="center">子華歷論憂社稷之臣</h2>

　　威王問於莫敖［旁訓］楚官名。子華曰："自從先君文王以至不穀之身，亦有不爲爵勸，不爲禄勉，以憂社稷者乎？"莫敖子華對曰："如華，不足以知之矣。"王曰："不於大夫，無所聞之。"言大夫不知，則將何所得聞之。莫敖子華對曰："君王將何問者也？彼有廉其爵，貪其身，以憂社稷者；有崇其爵，豐其禄，以憂社稷者；有斷脰決腹，［旁訓］刎頸割心。一瞑而萬世不視，不知所益，以憂社稷者；有勞其身，愁其思，以憂社稷者；亦有不爲爵勸，不爲禄勉，以憂社稷者。"王曰："大夫此言，將何謂也？"莫敖子華對曰："昔令尹子文，緇帛［旁訓］黑色。之衣以朝，鹿裘以處，未明而立於朝，日晦而歸食，朝不謀夕，無一日之積。故彼廉其爵，貪其身，以憂社稷者，令尹子文是也。昔者葉公子高，身獲於表薄，表，野外。薄，林也。言其初賤。而財於柱國；柱國以子高爲材。定白公之禍，寧楚國之事，恢大也。先君以撢覆取也。方城之外，四封不廉，［眉批］廉又當從"廉薄"之"廉"，猶曰買廉，言不弱小也。名不挫於諸侯。當此之時也，天下莫敢以兵南鄉。［旁訓］楚在南。葉公子高食田六百畛，［旁訓］封。故彼崇其爵，豐其禄，以憂社稷者，葉公子高是也。昔者，吳與楚戰於柏舉，［旁訓］楚地。兩軍之間夫卒交。千夫、百夫之"夫"。莫敖大心撫其御之手，顧而太息曰：'嗟乎！子乎！楚國亡之日至矣。吾將深入吳軍，若扑擊也。［旁訓］攻也。扑音朴。一人，若捽持髮。［旁訓］攻疾。一人，以與［旁訓］助。大心者也，社稷其庶幾乎！'以是爲可以厲衆也。［眉批］力助也。故斷脰決腹，一瞑而萬世不視，不知所益，以憂社稷者，莫敖大心是也。昔吳與楚戰於柏舉，三戰入郢，寡君［旁訓］昭王。身出，［旁訓］出奔。大夫悉

屬，屬，連。俱亡。百姓離散。棼冒勃蘇曰：‘吾被堅執銳，赴強敵而死，此猶一卒也，此與一卒之死何異。不若奔諸侯。’於是贏[旁訓]擔。糧潛行，上峥山，踰深谿，蹠穿膝暴，七日而薄[旁訓]至。秦王襄王。之朝，雀[旁訓]獨伸一足。立踦也。不轉，晝吟宵哭，七日不得告，水漿無入口，瘨而殫悶，瘨，狂。殫，氣絕也。旄不知人。秦王聞而走之，疾趨也。冠帶不相及，戴冠不及束帶。左奉①[旁訓]提也。其首，右濡其口，以口呵氣。勃蘇乃蘇。[旁訓]更生。秦王身問之：‘子孰誰也？’棼冒勃蘇對曰：‘臣非異，言非他人。楚使新造蠚作蠚，罪也。棼冒勃蘇。吳與楚人戰於柏舉，三戰入郢，寡君身出，大夫悉屬，[旁訓]連屬俱亡。百姓離散，使下臣來告亡，且求救。’秦王顧令之起：‘寡人聞之，秦王視勃蘇②而使之起，卒因謂之曰。萬乘之君得罪一士，社稷其危，今此之謂也。’遂出革車千乘，卒萬人，屬[旁訓]付。之子滿與子虎，[旁訓]二大夫。下塞以東，與吳人戰於濁水，齊、楚壤界。而大敗之，亦聞於遂浦，蓋聞一說在彼，一在此。故勞其身，愁其思，以憂社稷者，棼冒勃蘇是也。吳與楚戰於柏舉，三戰入郢，君王身出，大夫悉屬，百姓離散，蒙穀楚將。結猶交。鬥於宮唐[旁訓]即高唐。之上，舍鬥奔郢，曰：‘若有孤，時未知昭王存亡，故意其子。楚國社稷其庶幾乎？’遂入大宮，負離次之典，楚國法也。散失客次者有罰。以浮於江，逃於雲夢之中。[眉批]“負離次之典”三句，負其典以逃也。昭王反郢，五官失法，百姓昏亂，蒙穀③獻典，五官得法，而百姓大治。此蒙穀之功多，與存國相若，封之執珪，[旁訓]公侯執珪。田六百畛。蒙穀怒曰：‘穀非人臣，社稷之臣，苟社稷血食，[旁訓]享牲牢之食。餘[旁訓]餘，當作“余”。豈患無君乎？’遂自棄於磨山之中。磨城④，子胥所造，蓋以此山名城也。至今無位。故不為爵勸，不為祿勉，以憂社稷者，蒙穀是也。”王乃太息曰：“此古之人也。

---

①　奉，原誤作“秦”，今據黃丕烈本改。
②　蘇，原誤作“思”，今據《戰國策旁訓便讀》改。
③　穀，原誤作“殺”，今徑改。
④　“城”字處原為墨釘，今據黃丕烈本補。

今之人焉能有之耶?”莫敖子華對曰:“昔者,先君靈王好小腰,楚士約食,節其飲食。馮而能立,必有所依,乃能立。式而能起,必有所式乃能起。以約食,故無力也。食之可欲,忍而不入,死之可惡,然而不避。[眉批]九我曰:楚王好細腰,人至約食不避死以求中具,可謂急於得君者矣。假令移此不避死之心以忠君,其爲忠顧不大耶? 華聞之:‘其君好發者,發矢①。其臣決拾。決,以象骨爲之,著於右手大指,以鉤弦。拾②,以皮爲之,着於左③臂,以遂弦。遂,發也。君王直不好,若君王誠好賢,此五臣者皆可得而致之。”

懷　王

張儀以連衡説楚

[眉批]九我云:此在鄭袖出張儀之後。

張儀爲秦破從④連衡,説楚王曰:“秦地半天下,兵敵四國,四方之國。被山帶河[旁訓]喻其延亘。以爲固。虎賁[旁訓]喻其勇猛。之士百餘萬,車千乘,騎萬疋,粟如丘山。法令既明,士卒安難樂死。死難,謂兵革之事。[旁訓]安樂於死兵革之難。主嚴以明,將智以武。雖無出兵甲,席卷常山之險,收取之,如卷席之易。折天下之脊,天下從服者先亡。且夫爲從者,無以異於驅群羊而攻猛虎也。夫虎之與羊,不格明矣。格,猶敵。今大王不與猛虎而與群羊,竊以爲大王之計過也。凡天下彊國,非秦而楚,非楚而秦。兩國交争,其勢不兩立。大王不與秦,秦下甲,據宜陽,韓之上地不通;下河東,取成皋,韓必入臣,梁則從風而動。秦攻楚之西,韓、梁攻其北,社稷安得毋危? 且夫從者,聚群弱而攻⑤至彊。不料敵而輕戰,國貧而數舉兵,危亡之術也。臣聞之,兵不如者勿與

---

① 矢,原誤作“夫”,今據黄丕烈本改。
② 拾,原誤作“失”,今據黄丕烈本改。
③ 左,原誤作“右”,今據黄丕烈本改。
④ 從,原脱,今據黄丕烈本補。
⑤ 攻,原誤作“政”,今據黄丕烈本改。

挑戰，《正義》曰：挑，音田烏反。粟不如者勿與持久。夫從人，飾辯虛辭，高主之節，言其利不言其害，卒有秦禍，《正義》曰：卒，葱①勿反。無及爲已。是故願大王之孰計之。秦西有巴蜀，大船積粟起於汶山，《正義》曰：汶，音泯。浮江已下，至楚三千餘里，舫船載卒，《索隱》曰：舫音方，謂並兩船也。一舫載五十人，與三月之食，下水而浮，一日得三百餘里，里數雖多，然而不費牛馬之力，不至十日而拒扞關。徐廣曰：巴郡②魚復有扞水、扞關。《索隱》曰：扞關，在楚之西界。復，音伏，《地理志》：巴郡有魚復縣。《正義》曰：在硤州巴山縣界。扞關驚，則從境以東，盡城守矣。黔中、巫郡，非王之有。秦舉甲出武關，南面而伐，則北地絶。《正義》曰：楚之北境斷絶。秦兵之攻楚也，危難在三月之内。而楚恃諸侯之救，在半歲之外，此其勢不相及也。夫恃弱國之救，忘強秦之禍，此臣所以爲大王之患也。且大王嘗與吳人五戰，三勝而亡之，陣卒[旁訓]句法。盡矣。陣，原作“陳”，從姚本改。有偏守新城一偏之戍，繕築之城。而居民苦矣。[旁訓]句法。臣聞之，功大者易危，功，原作“攻”，從吳注改。而民敝者怨於上。夫守易危之功，而逆強秦之心，臣竊爲大王危之。且夫秦之所以不出甲於函谷關十五年以攻諸侯者，陰有吞天下之心也。陰下，原有“謀”字，從吳注省。有謀人之心者，必示人以弱，秦之不出兵山東者，明此術也。楚嘗與秦構難③，戰於漢中，楚人不勝，通侯執珪死者七十餘人，爲徹侯而爵。執珪者，言其貴也。遂亡漢中。楚王大怒，興師襲秦，與秦戰於藍田，又卻。此所謂兩虎相搏者也。夫秦、楚相敝，而韓、魏以全制其後，計無危於此者矣。危，原作“過”，從吳注改。是故願大王熟計之也。秦下兵攻衛、陽晉，必關扃天下之匈，以常山爲天下脊，則衛及晉陽當天下匈，其地是秦、晉、齊、楚之交道也。據之，是關天下匈，他國不得輕動。大王悉起兵以攻宋，不至數月，而宋可舉。舉宋④而東指，則泗

---

① 葱，原誤作“忽”，今據《史記正義》改。
② 郡，原誤作“群”，今徑改，下同。
③ 構難，原作“搆患”，今據黃丕烈本改。
④ 舉宋，原脫，今據黃丕烈本補。

上[旁訓]字法。句法。十二諸侯盡王之有已。凡天下所信約從親堅者[旁訓]約爲從親，而信之堅。蘇秦，封爲武安君而相燕，即陰與燕王謀破齊，共分其地。乃佯有罪，出走入齊，齊王閔。因受而相之。居二年而覺，齊王大怒，車裂蘇秦於市。[眉批]顯暴蘇秦之短，以明其言之不足信。夫以一詐僞反覆之蘇秦，而欲經營天下，混一諸侯，其不可成也亦明矣。[眉批]石贊曰：此語卻是名言。今秦之與楚也，接境壤界，固形親之國也。形勢當相親。大王誠能聽臣，臣請秦太子入質於楚，楚太子入質於秦，請以秦女爲大王箕帚之妾，帚，箒也。以灑掃之役自居。效萬家之都以爲湯沐之邑，長爲昆弟之國，終身無相攻擊。臣以爲計無便於此者。[眉批]霍林曰：其說諸侯皆曰事秦，獨楚曰云云，以楚最強故爾。故敝邑秦王[旁訓]惠王。使使臣獻書大王之從車下風，書，國書，非此書也。將迎之際，必有風焉，不敢當立，故言下風。須以[旁訓]待也。決事。”楚王曰：“楚國僻陋，託東海之上。寡人年幼，言爲從時。不習國家之長計。[旁訓]長久之計。今上客幸教以明制，秦王之制詔。寡人聞之，敬以國從。”乃遣使車百乘，獻雞駭之犀、《抱朴子》：通天犀中有一白理如線①，置米其上以飼雞，雞見之駭，故名雞駭犀。夜光之璧於秦王。

陳軫料宜陽

秦伐宜陽，楚王謂陳軫曰：“寡人聞韓朋巧士也，[旁訓]智巧之士。習諸侯事，殆能自免也。免於危亡也。仲時守宜陽。爲其必免，吾欲先據依也。之以加德焉。”陳軫對曰：“舍之，王勿據也。以韓朋之智，於此困矣。今山澤之獸無黠於麋。鹿之大者曰麋。麋知獵者張網，前而驅己也，因還走而冒人，蒙犯即人，不趨網。至數。言屢屢如此。獵者知其詐，僞舉網而進之，僞舉網，使其進而即人，乃以網網之。麋因得矣。今諸侯明知此多詐，僞舉綱而進者必衆矣。舍之，王勿據也。[眉批]重述上文，甚妙。韓朋之智，於此困矣。”楚王聽之，宜陽果拔。陳軫先知之也。

———————————

① 線，原作“綿”，今據《抱朴子》改。

頃襄王

慎子謀不與齊東地

[眉批]凡語皆用而不復。

楚襄王爲太子之時，質於齊。懷王薨，太子辭於齊王閔。而歸，齊
王隘之：隘，猶阻。未即許也。"予我東地五百里，淮陽之地。乃歸子。子不
予我，不得歸。"太子曰："臣有傅，請退而問傅。"傅慎子曰："獻之。
地，所以爲身也。愛地不送死父，不義。愛土地而不得歸以送父之葬，非義也。
臣故曰，獻之便。"太子入，致命齊王曰：致其命令於齊王。"敬獻地五百
里。"齊王歸楚太子。太子歸，即位爲王。齊使車五千乘來取東地於
楚。即所許獻齊者。楚王告慎子曰："齊使來求東地，爲之奈何？"慎子
曰："王明日朝群臣，皆令獻其計。"上柱國子良入見。王曰："寡人之
得求反，求反國而得。主墳墓、復群臣、復見之。歸社稷也，以東地五百里
許齊。齊令使來求地，爲之奈何？"子良曰："王不可不與也。王身出
玉聲，[旁訓]玉音也。許强萬乘之齊而不與，則不信，後不可以約結諸
侯。請與而復攻之。與之信，攻之武。臣故曰與之。"[眉批]此子良計，在
與齊地而復攻之。子良出，昭常入見。王曰："齊使來求東地五百里，爲之
奈何？"昭常曰："不可與也。萬乘者，以地大爲萬乘。今去東地五百
里，是去戰國之半也，是萬乘之地，去其半，只得其半。有萬乘之號而無千乘
之用也，不可。臣固曰勿與。常請守之。"[眉批]此昭常計，在不與齊地而請守
之。昭常出，景鯉入見。王曰："齊使來求東地五百里，爲之奈何？"景
鯉曰："不可與也。雖然，楚不能獨守。一本無①"王②身"至"獨守"二十七字。
王身出玉聲，許萬乘之强齊也而不與，負不義於天下。楚亦不能獨

---

① 無，原誤作"爲"字，今徑改。
② 王，原誤作"三"，今據下文改。

守。臣請西索救於秦。"[眉批]此景鯉計,在不與齊地①而索救於秦。景鯉出,慎子入,王以三大夫計告慎子曰:[旁訓]語益簡。"子良見寡人曰:'不可不與也,與而復攻之。'常見寡人曰:'不可與也,常請守之。'鯉見寡人曰:'不可與也,雖然,楚不能獨守也,臣請索救於秦。'寡人誰用於三子之計?"於三子之計,將何所用。慎子對曰:"王②皆用之。"王怫[旁訓]艴同。然作色曰:"何謂也?"慎子曰:"臣請效其說,而王且見其誠然也。且見以皆用言爲實然也。王③發上柱國子良車五十乘,而北獻地五百里於齊。發子良之明日,遣昭常爲大司馬,令往守東地。遣昭常之明日,遣鯉車五十乘,西索救於秦。"王曰:"善。"乃遣子良北獻地於齊。遣子良之明日,立昭常爲大司馬,使守東地。又遣景鯉西索救於秦。子良至齊,齊使人以甲受東地。昭常應齊使曰:"我典主職守。東地,且與生死。地有則生,失地死之。悉五尺至六十,五尺,言出幼。六十,言盡國中五尺之童,自年十五以上至六十之老,共得兵三十餘萬。[眉批]"悉五"至"六十",一本作"率吾之士卒"。三十餘萬敝甲鈍兵,願承下塵。"凡人相趨則有塵,戰亦有塵,不敢與齊對,故言"下"。齊王謂子良曰:"大夫來獻地,今常守之何如?"子良曰:"臣身受命敝邑之王,是常矯也。昭常詐矯王命。王攻之。"齊王大興兵,攻東地,伐昭常。未涉疆,未涉東地之境。秦以五十萬臨齊右壤。曰:"夫隘楚太子弗出,不仁;隘,猶阻也。又欲奪之東地五百里,不義。其縮甲[旁訓]束甲而歸。則可,不然,則願待戰。"齊王恐焉。乃請子良南道楚,西使秦,解齊患。以卒不用,東地復全。此四臣皆國士也。襄王無若人,豈能反國。慎子能兼用之,其最優乎?方之晉五臣,其舅犯與?

【九我評】終篇皆奇。

中射士對荆王

有獻不死之藥於荆王者,[眉批]九我云:世豈有不死之藥哉?明人之欺王,此

---

①　齊,原誤作"秦",今據文義改。
②　王,原誤作"主",今據黄丕烈本改。
③　王,原誤作"且",今據黄丕烈本改。

士之欲以悟王也。其志則善矣。謁者[旁訓]掌贊賓客者。操以入。中射射士有上、中、下。之士問曰："可食乎?"曰："可。"因奪而食之。王怒,使人殺中射之士。中射之士使人說王曰："臣問謁者,謁者曰可食,臣故食之。是臣無罪,而罪在謁者也。且客獻不死之藥,臣食之而王殺之,是死藥也。王殺無罪之臣,而明人之欺王。"乃不殺。此射士乃不可不殺,荆王赦之,以不能答之也。夫謁者曰可食,非謂汝可食也。藥之能不死者,平人耳,非能使刑者不死,且人以獻王,何與於汝? 而問之,是安得無罪也。

莊辛論幸臣亡國

莊辛[旁訓]楚人。謂楚襄王曰："君王左州侯,右夏侯,輦從[旁訓]輦出則二人從。鄢陵君與壽陵君,皆楚之寵幸臣。專淫逸侈靡,不顧[旁訓]視。國政,郢都必危矣。"襄王曰："先生老悖乎![旁訓]老而悖亂。將以爲楚國妖祥[旁訓]吉凶之兆。乎?"莊辛曰："臣誠見其必然者也,非敢以爲國妖祥也。君王卒幸[旁訓]若終寵幸。四子者不衰,[旁訓]止。楚國必亡矣。臣請避於趙,淹留以觀之。"以觀楚之亡①。莊辛去之趙,留五月,秦果舉鄢、郢、巫、上蔡、陳之地。襄王流揜於城陽,奔走而自揜匿於城陽之地。於是使人發騶徵[旁訓]廐御召。莊辛於趙,莊辛曰:"諾。"莊辛至,襄王曰:"寡人不能用先生之言,今事至於此,爲之奈何?"莊辛對曰:"臣聞鄙語曰:'見兔而顧犬,未爲晚也;亡牛而補牢,未爲遲也。'臣聞昔湯、武以百里昌,桀、紂以天下亡。今楚國雖小,絕長續短,絕,一作"斷"。猶以數千里,豈特百里哉? 王獨不見夫蜻蛉[旁訓]蟲名,一名桑根。乎? 六足四翼,飛翔乎天地之間,俛[旁訓]古"俯"字。啄蚤蝨而食之,仰承甘露而飲之,自以爲無患②,與人無爭也,不知夫五尺童子,方將調飴膠絲,飴,米蘗所③煎,調以餌之。又施膠於絲以係之。加己乎四仞之上,八尺曰仞。而

---

① 亡,原誤作"士",今據《戰國策旁訓便讀》改。

② 原脫"無"字,日本內閣文庫藏本已校出。

③ "所"下原衍"謂"字,今據黃丕烈本删。

下爲螻蟻食也。[眉批]霍林曰：禍機所伏徵矣哉。童子之爲蜻蛉，公子之爲黃雀，射者之爲黃鵠。物且不免，況人乎？蔡靈侯之亡，襄王可以鑑矣。甚矣哉，倖臣之不可近也！夫蜻蛉其小者也，原無此句，從吳注補。黃雀因是以。俯噣[旁訓]噣，呪。①白粒，噣，啄也。仰栖茂樹，鼓翅奮翼，自以爲無患，與人無爭也。不知夫公子王孫左挾彈，右攝[旁訓]持。丸，將加己乎十仞之上，以其類爲招。以其類而招誘之。吳注“類”作“頸”。晝游乎茂樹，夕調乎酸醎，[旁訓]以爲饌。倏忽之間，墜於公子之手。夫雀其小者也，黃鵠因是以。游乎江海，淹乎大沼，俯噣鱔鯉，仰嚙薐衡，[旁訓]水草。奮其六翮[旁訓]羽本。而凌清風，飄搖乎高翔，自以爲無患，與人無爭也。[眉批]青陽曰：譬喻一節深一節。不知乎射者，方將齊其礛盧，下文“磻”即礛。盧、旅同，黑弓也。[旁訓]礛音磻，可爲鏃。治其矰繳，矰音曾，係繳於矢。繳音灼，以生絲係矢而射之也。將加己乎百仞之上，被礛磻，礛，力甘反，治玉之石。引微繳，折清風而抎矣。抎，羽粉反，與“隕”同。故晝游乎江河，夕調乎鼎鼐。[旁訓]鼎之絕大者。夫黃鵠其小者也，蔡靈侯之事因是以。南游乎高陂，陂，坂也。北陵乎巫山，飲茹溪流，《後語》云：“飯茹溪之蔬。”注云：“茹溪，巫山之溪。”按此，則“溪”下當脫“之”字。食湘波之魚，左抱幼妾，右擁嬖女，與之馳騁乎高蔡之中，即上蔡。而不以國家爲事。不知夫子發方受命乎靈王，繫己以朱絲而見之也。昭十一年，楚子誘②蔡侯，殺之於申。蔡靈侯之事其小者也，君王之事因是以。[眉批]如岡曰：漸說到襄王身上，文極委曲。左州侯，右夏侯，輦從鄢陵君與壽陵君，飯封祿之粟，所封之祿。而載方府之金，方，四方。金，其所貢也。與之馳騁乎雲夢之中，而不以天下國家爲事。而不知夫襄侯方受命乎秦王，[旁訓]昭王。填黽塞之內，填，兵滿也。而投己于③黽塞之外。”襄王聞之，顏色變作，身體戰慄，於是乃以執珪而授之爲陽陵君，與[旁訓]復取。淮北之地。

---

① “呪”前文字漫漶不可識，今據《戰國策旁訓便讀》補“噣”字。
② 誘，原誤作“注”，今據黃丕烈本改。
③ 于，黃丕烈本等作“乎”。

【九我評】柳子厚漁者對智伯，仿此體。

考烈王

唐睢説春申君

　　唐睢見春申君［旁訓］黃歇，楚相。曰："齊人飾身脩行得爲益，謂有禄位。然臣羞而不學也。不避絶①江河，雖涉江河之險，不避。行千餘里來，竊慕大君之義，大，言高其義。而善君之業。臣聞之，賁、諸懷錐刃而天下爲勇，孟賁、專諸，不待盛兵而天下稱勇。西施衣褐而天下稱美。西施雖衣粗衣，不待盛餙而天下亦稱美。今君相萬乘之楚，禦中國之難，所欲者不成，所求者不得，臣等少也。以其仕於朝，如臣等者少。夫梟棋之所以爲能②者，梟，勝也。以散棋佐之也。散，爲衆棋。夫一梟之不勝不如五散，獨善不如衆智。亦明矣。今君何不爲天下梟，［旁訓］句法。而令臣等爲散乎？"

或以合從説楚

　　或謂楚王曰："臣聞從者欲合天下以朝大王，臣願大王聽之也。夫因詘爲信，即屈申意。奮患有成，奮於患難，以能有成。勇者義之。攝收禍爲福，裁少爲多，智者官之。義之，制其宜；官之，主其事。夫報報之反，言反覆相尋。墨墨［旁訓］默同。之化，言變化無形。唯大君能之。言其轉旋變化之妙，又非智勇者所可及也。禍與福相貫，通。生與亡爲鄰，不偏於死，偏，猶專也。死謂③患難。不偏於生，專於衛生，如兩臂重於天下者。不足以載大名。不專一於衛生者，不足以承載大名。無所寇艾，［旁訓］寇，賊害。艾，懲創。④不足以橫世。不寇虐斬艾，不足以橫行於世。夫秦捐德絶命之日久矣，言秦棄君人之德，絶上天之命，非一日矣。而天下不知。今夫橫人嗌口嗌，聲也。利機，橫人所言，

---

①　原無"絶"字，今據黃丕烈本等補。
②　爲能，黃丕烈本作"能爲"。
③　謂，原作"爲"，今據黃丕烈本改。
④　寇賊、艾，原漫漶不可識，今據《戰國策旁訓便讀》補。

利害之機。上干主心，[眉批]干字，一作“□”。下牟取。百姓，公舉而私取利，舉，謂舉措。是以國權輕於鴻毛，而積禍重於丘山。”

【九我評】“國權輕於鴻毛，積禍重於丘山”二語，可爲橫人假權斷案。

魏加論臨武君不可將

天下合從，趙使魏加[旁訓]趙人。見楚春申君曰：“君有將乎？”曰：“有矣。僕欲將臨武君。”魏加曰：“臣少之時好射，臣願以射譬之，可乎？”春申君曰：“可。”加曰：“異日者，更嬴人姓名。與魏王處京臺之下，仰見飛鳥。更嬴謂魏王曰：‘臣爲君引弓虛發而下鳥。’魏王曰：‘然則①射可至此乎？’更嬴曰：‘可。’有間，雁從東方來，更嬴以虛發而下之。王曰：‘然則射可至此乎？’更嬴曰：‘此孽也。’孽取廢而復生之義，以譬傷弓之鳥。王曰：‘先生何以知之？’對曰：‘其飛徐而鳴悲。飛徐者，故瘡痛也。鳴悲者，久失群也。故瘡未息，而驚心未去[旁訓]未忘。也。聞弦者音烈[旁訓]猛也。而高飛，[旁訓]欲避箭。故瘡隕也。’以瘡痛而墮。今臨武君嘗爲秦孽，嘗敗於秦。不可爲拒秦之將也。”[眉批]霍林曰：語謂傷弓之鳥高飛，驚餌之魚遠逝。然孟明三敗，卒伯西戎。曹沫登壇，反魯侵地。士安可以過棄也？加其以成敗論人者哉？

【九我評】因敗以爲功，自古然矣。以過棄人，可乎哉？

汗明自售於春申君

汗明見春申君，候問[旁訓]問，一作“間”。三月，而後得見。談卒，[旁訓]談説已畢。春申君大説之。汗明欲復談，春申君曰：“僕已知先生，先生大息休也。矣。”汗明憨[旁訓]不安皃②。焉曰：“明願有問君而恐固。[旁訓]陋也。不審君之聖，孰與堯也？”春申君曰：“先生過矣，臣何足以

---

① 原無“然則”，今據黃丕烈本補，下同。
② 皃，原誤作“見”，今據黃丕烈本改。

當堯?"汪明曰:"然則君料臣孰與舜?"春申君曰:"先生即舜也。"汪明
曰:"不然,臣請爲君終言之。君之賢實不如堯,臣之能不及舜。夫以
賢舜事聖堯,三年而後乃相知也。今君一旦而知臣,是君聖於堯而臣
賢於舜也。"春申君曰:"善。"召門吏爲汪先生著客籍,〔旁訓〕著其名字於
賓客之籍。五日一見。汪明曰:"君亦聞驥乎?〔眉批〕霍林曰:世之懷材抱德之
士陸沉於時若此驥者不少。而伯樂之不世有,長鳴①之②無其時③,可不爲之大哀耶? 故
招延不可不博,試用不可不詳也④。夫驥之齒至矣,至,言可服乘之時。服鹽車服
在車前。而上太行。平聲。蹄申膝折,〔旁訓〕申,猶展。皆用力,故然。尾湛胕
潰,漉汁⑤灑⑥地,白汗交流,白,言其色。外阪遷延,阪,坡也。外阪,一作"中
阪"。遷延,不進貌。負轅而不能上。轅⑦,原作"棘"。從吳注改。伯⑧樂遭之,
下車攀而哭之,解紵衣以羃之。羃,覆也。驥於是俛而噴,仰而鳴,聲達
於天,若出金石者,何也? 彼見伯樂之知己也。今僕之不肖,阨於州
部,堀穴窮巷,沉洿鄙俗之日久矣,君獨無意渝被僕,使得爲君高鳴屈
於梁乎?"疑明嘗⑨困於梁者。

---

① 鳴,原闕,今據《戰國策評苑》補。
② 之,《戰國策旁訓便讀》作"非"。
③ 時,原誤作"世",今據《戰國策評苑》改。
④ 試用不可不詳也,原"試用不可"單列一行,"不詳也"單列一行,今據《戰國策評苑》改。
⑤ 汁,原誤作"汗",今據黃丕烈本改。
⑥ 灑,原誤作"漉",今據黃丕烈本改。
⑦ 轅,原作"袁",今據正文改。
⑧ 伯,原誤入上文注中,今徑改。
⑨ 嘗,原作"賞",今據《戰國策評苑》改。

卷　三

趙　策

肅　侯

蘇秦以合從說趙

［眉批］九我曰：合從起于趙。故秦說趙，獨異他國。

蘇秦從燕之趙，始合從，說趙王［旁訓］肅侯。曰："天下之卿相人臣乃至布衣之士，莫不高賢［旁訓］稱其高而賢之。大王之行義，皆願奉教陳忠於前之日久矣。雖然，奉陽君［旁訓］肅侯弟。妒，［旁訓］嫉賢。大王不得任事，是以外賓客游談之士，無敢盡忠於前者。今奉陽君捐館舍，《禮》：婦人死曰捐館舍。蓋亦通稱。大王乃今然後得與士民相親，臣故敢進其愚忠。爲大王計，莫若安民無事，請無庸［旁訓］用也。有爲也。安民之本在於擇交。［旁訓］與諸侯交。擇交而得則民安，［眉批］"安民"二句，此一篇要領。擇交不得則民終身不得安。終趙王身。請言外患，齊、秦爲兩敵，兩者爲趙之敵。而民不得安；倚秦攻齊，而民不得安；倚齊攻秦，而民不得安。故夫謀人之主，伐人之國，常苦出辭苦，言其力。斷絕人之交，橫人蓋①然。願大王慎無出於口也。請屏左右，曰言所以異，《史》作"請別白黑所以異"。陰陽而已矣。陰陽，言事止有兩端，指從與橫。大王誠能聽臣，燕

---

①　蓋，原誤作"益"，今據黃丕烈本改。

必致氈裘狗馬之地，齊必致海隅魚鹽之地，楚必致橘柚雲夢之地，韓、魏皆可使致封地、下文封侯之類。湯沐之邑，貴戚父兄皆可以受封侯。夫割地效實，實如氈裘之類。五伯之所覆軍禽將而求也。封侯貴戚，湯、武之所以放殺而爭也。〔旁訓〕此非所以言湯、武，蓋游説之詞。今大王垂拱而兩有之，垂衣拱手，言無所爲也。是臣之所以爲大王願也。〔眉批〕“大王誠能聽臣”至“此臣之所以爲大王願也”，先言利以誘之，所以言得交之利也。大王與秦，則秦必弱韓、魏；與齊，則齊必弱楚、魏。魏弱則割河外，韓弱則效宜陽。皆以此地①與秦。宜陽效則上郡絶，上郡，今延安寧夏綏德保安之地。河外割則道不通。楚弱則無援。此三策者，不可不熟計也。夫秦下〔旁訓〕下兵。軹道則南陽動，劫韓包周則趙自銷鑠，據衞取淇則齊必入朝。秦欲已得行於山東，則必舉甲而向趙。秦甲涉河踰漳，據番吾，則兵必戰於邯鄲之下矣。〔眉批〕與秦固不可，與齊亦不可，應上“倚秦”“倚齊”之意。蓋與齊、秦，則韓、魏、楚弱，而上郡絶道不通，而且無援，則趙被秦之害。秦欲己得，則必舉兵向趙，而戰于邯鄲之下。復言害以怵之，所以言交不得之害也。此臣之所以爲大王患也。當今之時，山東之建〔旁訓〕立。國，莫如趙强。趙地方二千里，〔旁訓〕地大。帶甲數十萬，〔旁訓〕兵衆。車千乘，騎萬匹，粟支十年；〔旁訓〕國富。西有常山，〔旁訓〕地險。南有河、漳，東有清河，北有燕國。燕固弱國，不足畏也。且秦之所以畏害於天下者，莫如趙。言秦於天下，獨畏趙害己。然而秦不敢舉兵甲而伐趙者，何也？畏韓、魏之議其後也。然則韓、魏，趙之南蔽也。秦之攻韓、魏也則不然。無有名山大川之限，稍蠶食之，傅之國都而止矣。傅，附同。止，兵止於此。韓、魏不能支秦，必入臣於秦。秦無韓、魏之隔，禍必中〔旁訓〕必射中的。於趙矣。〔眉批〕趙所患者，韓、魏不支而入秦，故當親韓、魏以償秦。秦之所畏，全爲大王患也。是明此意，以申明交不得之害也。此臣之所以爲大王患也。臣聞堯無三夫之分，一夫有田百畝，此未爲唐侯時。舜無咫尺之地，以有天下。〔眉批〕“臣聞”以下至“冥冥決事哉”，欲其審度利害而決之。禹無百人之聚，以王諸侯。湯、武之卒不過三②千人，車不過

---

① 地，原無，今據黄丕烈本補。
② 原脱“三”字，今據黄丕烈本補。

三百乘，而爲天子。[眉批]引堯、舜、禹事，皆説士無①據之詞。誠得其道也。
是故明主外料其敵國之强弱，内度其士卒之衆寡、賢與不肖，不待兩
軍相當，而勝敗存亡之機[旁訓]機，括。節，節，節目也。固已見於胸中矣。
豈掩於衆人之言，掩，猶蔽也。而以冥冥[旁訓]句法。決事哉！以無所知識決
斷天下事。臣竊以天下地圖案之。諸侯之地五倍於秦，料諸侯之卒十
倍於秦。六國并力爲一，西面而攻秦，秦破必矣。今西面而事之見臣
於秦，夫破人之與破於人也，臣人之與臣於人也，豈可同日而言之哉？
[眉批]"臣竊"以下至"同日②而言之哉"，所以言從利之實、擇交而得之意。夫横人者，
皆欲割諸侯之地以與秦成。與秦成，則高臺榭，臺有木曰榭。美宮室，聽
竽笙、琴瑟之音，察五味之和，前有軒轅，《天文志》：權軒轅象后宮。此言美人
之所處也。後有長庭，美人巧笑，卒[旁訓]猝③同。有秦患而④不與其憂。
是故横人日夜務以秦權恐喝諸侯，以求割地。願大王之熟計之也。
[眉批]"夫横⑤人"以下至"願大王熟計之也"，所以言衡之害，實釋"交而不得"之意。臣
聞，明主⑥[旁訓]暗指横人。絶疑去讒，屏流言之迹，塞朋黨之門，故尊主
廣地强兵之計，臣得陳忠於前矣。故竊⑦爲大王計，莫如一韓、魏、齊、
楚、燕、趙六國從親，以儐畔秦。[眉批]合從之説僅以禦秦，不言所以圖秦。令
天下之將相，相與會於洹水之上，通質刑白馬以盟之。約曰：秦攻楚，
齊、魏各出鋭師以佐之，韓絶食道，趙涉河、漳，燕守常山之北；秦攻
韓、魏，則楚絶其後，齊出鋭師以佐之，趙涉河、漳，燕守雲中。[旁訓]并
州郡。秦攻齊，則楚絶其後，韓守成皋，魏塞午道，[旁訓]北山是子，南山是
午，則午道，秦南道也，塞之使不得通。趙涉河、漳、博關，燕出鋭師以佐之；秦
攻燕，則趙守常山，楚軍武關，齊涉渤海，韓、魏出鋭師以佐之；秦攻

---

① "無"字漫漶，今從《戰國策評苑》補。
② 日，原誤作"口"，今據正文改。
③ 猝，原誤作"碎"，今據黄丕烈本、《戰國策旁訓便讀》改。
④ "患""而"之間原有"入"字，不辭，今删。
⑤ 横，原作"衡"，今據正文改。
⑥ 主，原誤作"王"，今據黄丕烈本改。
⑦ 竊，原無，今據黄丕烈本補。

趙，則韓軍宜陽，楚軍武關，魏軍河外，齊涉渤海，燕出鋭師以佐之。諸侯有先背約者，五國共伐之。六國從親以儐秦，秦必不敢出兵於函谷關以害山東矣。［眉批］六國如從親，秦果無如之何，指其不從望而争割地，以自救於亡，六國其真愚哉！如是則伯業成矣。”趙王曰：“寡人年少，涖國之日淺，未嘗得聞社稷之長計。［旁訓］長久之計。今上客有意存天下，安諸侯，寡人敬以國從。”［旁訓］以國家之事聽從。乃封蘇秦爲武安君，餚車百乘，黄金千鎰，白璧百雙，錦綉千純，［旁訓］匹①端曰純。以約諸侯。

武靈王

張儀以連衡説趙

張儀爲秦連橫，説趙王曰：“敝邑秦王使臣敢獻書於大王御史。言此不敢斥王。大王收率天下以儐秦，收天下諸侯而率之，以②擯斥秦。秦兵不敢出函谷關十五年矣。大王之威，行於天下山東，敝邑恐懼懾伏，繕［旁訓］治。甲厲兵，［旁訓］磨礪兵器。飾車騎，習馳射，力田積粟，守四封之内，愁居懾處，不敢動摇，唯大王有意督責。過之也。今秦以大王之力，因畏趙而餚兵故。西舉巴蜀，并漢中，東收兩周而西遷九鼎，遷鼎之説，大言之也。守白馬之津。秦雖避遠，然而心忿悁含怒之日久矣。［眉批］亦游辭。今寡君有敝甲鈍兵，軍於澠池，願渡河踰漳，據番吾，迎戰邯鄲之下。願以甲子之日合戰，武王與殷紂以甲子日戰而紂亡。以正③殷紂之事。敬使臣先以聞於左右。［眉批］趙爲從盟主，故遂説之與齊、楚。凡大王之所信以爲從者，特蘇秦之計。秦焫燮，火光也，猶眩。惑諸侯，以是爲非，以非爲是，欲反覆齊國而不能，自令車裂於齊之市。夫天下之不可一亦明矣。今楚與秦爲昆弟之國，而韓、魏稱爲東籓，東方籓臣。齊獻魚鹽之地，此斷趙之右臂也。夫斷右臂而求與人鬥，失其黨而孤居，求

---

① 匹，原誤作“四”，今據黄丕烈本改。
② 以，原誤作“江”，今據《戰國策旁訓便讀》改。
③ 以正，原無，今據黄丕烈本補。

欲無危，豈可得哉？今秦發三將軍，一軍塞午道，告齊使興師渡清河，軍於邯鄲之東；一軍軍於成皋，歐韓、魏而軍於河外；一軍軍於澠池，約曰：四國爲一以攻趙，破趙而四分其地。是故不敢匿意隱情，先以聞於左右。臣竊爲大王計，莫如與秦遇於澠池，面相見而身相結也。臣請案兵無攻，願大王之定計。"趙王曰："先王之時，奉陽君相，肅侯之弟名相。專權擅勢，蔽晦先王，蔽，塞，使不明。獨制官事。制，治也。寡人宮居，居深宮。屬於師傅，凡事，俱禀命於師傅。不得與國謀。先王棄郡臣，寡人年少，奉祠祭之日淺，私心固竊疑焉。以爲一從不事秦，非國之長利也。乃且願變心易慮，剖地謝前過以事秦。方將約車趨行，趨、趣同，讀曰促①。而適聞使者之明詔。"於是乃以車二百乘入朝澠池，割河間以事秦。

靈王欲胡服騎射

[眉批]九我曰：拓地開邊，非有國之所先也，不得已而有攘欲之事，嚴兵而已。兵嚴而士用命，雖不胡服，豈②無成功？如其不然，雖易服變古，何救于敗？《孟子》曰："行一不義，而得天下，不爲也。"武靈之志，欲得中山胡③地而已，遂舉國而夷，甚矣其不權于輕重大小之差也。且所稱反古之說，皆"一鈎金""一輿羽"④之類，古所謂"以辯⑤言亂舊政"者，何足取哉？而史無譏，故備論之。

武靈王平晝[旁訓]平日。間居，無事之日，猶平日。肥義侍坐，趙賢人也。餘並公族。曰："王慮世事之變，權甲兵之用，權，度也。念簡、襄之迹，計胡、狄之利乎？"原無"乎"字，從曾本補。王曰："嗣立不忘先德，君之道也；錯[旁訓]錯，猶委也。質務明主之長，委質於主，務以彰明主之德。臣之論也。是以賢君靜而有道⑥民便事之教，引導其民，使便習於事。動而有明古先世之功。先，猶高。爲人臣者，窮有弟長辭讓之節，弟，順也。通有補民益主之業。此兩者，君臣之分也。今吾欲繼襄主之業，襄主，即趙襄子。大夫

---

① 促，原誤作"從"，今據《戰國策旁訓便讀》改。
② 豈，原作"其"，今據《戰國策評苑》改。
③ 胡，原誤作"劫"，今據《戰國策評苑》改。
④ 原無兩處"一"字，今據《戰國策評苑》補。
⑤ 辯，原作"辦"，今據《戰國策評苑》改。
⑥ "有道"下原有"也"字，今據黃丕烈本、《戰國策評苑》刪。

稱主。啓胡、翟之鄉，而卒世不見也。舉世無能察及此。敵弱者，我爲胡服，敵人必困弱。用力少而功多，可以無盡百姓之勞，而享往古之勳。夫有高世之功者，必負遺俗之累；不與俗同，俗所遺也。有獨智之慮者，必被庶人之怨。原作“恐”，從劉本改“怨”。今吾將胡服騎射以教百姓，胡服，今時服。廢除裘裳也。而世必議寡人矣。”肥義曰：“臣聞之，疑事無功，疑行無名。今王即定負遺俗之慮，定，言自定於心，不爲俗移。殆毋顧天下之議矣。夫論至德者，〔旁訓〕法。不和於俗；成大功者，不謀於衆。昔舜舞有苗，不用兵而舞干羽。而禹袒入裸國，非國人之禮。非以養欲而樂志也，欲以論德而要功也。愚者暗於成事，智者見於未萌，王其遂〔旁訓〕決。行之。”王曰：“寡人非疑胡服也，吾恐天下笑之。狂夫之樂，智者哀焉；愚者之笑，賢者戚焉。以此異趣①，知俗必見遺。世有順我者，則胡服之功未可知也。雖歐世以笑我，胡地中山我必有之。”應前“啓胡翟之鄉”。王遂胡服。使王孫緤告太子成曰：“寡人胡服，且將以朝，亦欲叔之服之也。家聽於親，國聽於君，古今之公行也；子不反②親，臣不逆主，先王之通誼也。今寡人作教易服，而叔不服，吾恐天下議之也。夫制國有常，而利民爲本；從政有經，而令行爲上。〔眉批〕霍林曰：胡服則非，而言則是。其言或非，而文則佳。故明德在於論賤，〔旁訓〕舉賢。行政在於信貴。所謂行法自近始也。今胡服之意，非以養欲而樂志也。事有所出，功有所止。止，猶至。事成功立，然後德可見也。今寡人恐叔逆③從政之經，“叔”字疑衍。以輔公叔之議。與之論④，此所以輔之。且寡人聞之，事利⑤國者行無邪，因貴戚者名不累。〔旁訓〕古累字。故寡人願慕公叔之義，以成胡服之功。使緤謁之叔，請服焉。”公子成再拜曰：“臣固聞王之胡服也，不佞寢疾，不能趨走，是以不先進。王今命之，臣固敢竭其愚忠。臣聞之：

---

① 趣，原作“趨”，今據黃丕烈本、《戰國策評苑》改。
② 反，原誤作“及”，今徑改。
③ 逆，原脱，今據黃丕烈本補。
④ 論，原作“侖”，今據《戰國策旁訓便讀》改。
⑤ 利，原誤作“和”，今據黃丕烈本改。

中國者，聰明睿智之所居也，萬物財貨之所聚也，聖賢之所教也，仁義之所施也，《詩》《書》禮樂之所用也，異敏技藝之所試也，異，出類。敏，疾於事也。遠方之所觀赴也，蠻夷之所義行也。以中國爲有義有行。〔眉批〕石簣曰：自“中國”至“義行也”，似《周官·大司徒》文。今王釋此而襲遠方之服，變古之教，易古之道，逆人之心，畔學者，離中國，臣願大王圖之。”使者報王，王曰：“吾固聞叔之病也。”即之公叔成家，自請之曰：“夫服者，所以便用也；禮者，所以便事也。是以聖人觀其鄉而順宜，因其事而制禮，所以利其民而厚其國也。被髮文身，文身，謂以丹青畫之，常居水中，以象龍子。錯臂左衽，以兩臂交錯而立，言無禮也。甌越之民也。黑齒雕題，以草染齒爲黑。雕題者，刻其肌①，以丹青染之。鯷冠秫縫，秫，即“鉥”字，通借，時補②反。〔眉批〕鯷，大鮎，以其皮③爲冠。秫，綦④鍼也，言女工之拙。大吳之國也。禮服不同，其便一也。是以鄉異而用變，事異而禮易。是故聖人苟可以利其民，不一其用。果可以便其事，不同其禮。儒者一師而禮異，中國同俗而教離，又況山谷之便乎？〔眉批〕青陽曰：儒者一師宜俗之同也，中國同禮宜教之合也。俗異教離，則禮不足恃而治無常法也。故去就之變，智者不能一。遠近之服，賢聖不能同。窮鄉多異，異，異俗。曲學多辨，不知而不疑，言各不知其異而不疑之。異於己而不非者，公於求善也。今卿之所言者，俗也。吾之所言者，所以制俗也。今吾國東有河、薄洛之水，與齊、中山同之，而無舟檝之用。自常山以至代、上黨，東有燕、東胡之境，東胡，烏丸之先，後爲鮮卑，在匈⑤奴東，故曰東胡。西有樓煩、秦、韓之邊，樓煩，即嵐勝之北，在趙邊邑。秦隔河也。而無騎射之備。故寡人且聚舟楫之用，求水居之民，以守河、薄洛之水。變服騎射，以備燕、東胡、樓煩、秦、韓之邊。東，原作“參”，從吳注改。且昔者簡主不塞晉陽，以及上黨，不塞者，志在遠略。

①　肌，原誤作“肥”，今據黃丕烈本改。
②　補，黃丕烈本作“橘”。
③　皮，原誤作“戊”，今據黃丕烈本改。
④　綦，原作“棊”，今據黃丕烈本改。
⑤　匈，原誤作“內”，今據黃丕烈本改。

而襄主兼戎取代，以攘諸胡，此愚智之所明也。［眉批］如岡曰：予揣武靈王之胡服，其所明告族臣者，曰將以此伐中山，卻林胡、樓煩也。觀其異日，胡服而北略胡地，欲從雲中、九原直襲秦，不幸而詐爲使者入秦，爲秦所覺耳。不然，武靈王因而招胡地遠近引弓之國，於以長驅秦中，未可知也。霍林曰：無機將何以守者，反言①也。變服以備者，正言也。戰國先秦文字多如此。先時中山負齊之强兵，侵掠吾地，係累吾民，累、纍同。引水圍鄗，非社稷之神靈，即鄗幾不守。先主忿之②，其怨未能報也。今騎射之服，近可以備上黨之形，遠可以報中山之怨。［眉批］石簧曰：趙武靈王夏胡服而强，魏孝成王夏胡服而弱。雖然，而爲此不爲彼也。君子謂武靈之不善求强，沙丘之禍，天實報之，以悖論矣。而叔也順中國之俗以逆簡、襄之意，惡變服之名，而忘國事［旁訓］即圍鄗事。之恥，非寡人所望於子。”公子成再拜稽首曰：“臣愚不達［旁訓］曉。於王之議，敢道世俗之聞。今欲繼簡、襄之意，以順先王之志，臣敢不聽令！”再拜。乃賜胡服。趙文進諫曰：“農夫勞力而君子養焉，政之經也；愚者陳意而智者論焉，教之道也。臣無隱忠，君無蔽言，國之祿也。祿，猶福。臣雖愚，願竭其忠。”王曰：“慮無變擾，言能定慮，則不亂於物。忠無過罪，能盡忠，則無罪過。子其言乎？”趙文曰：“當世輔俗，當，猶順。古之道也。衣服有常，禮之制也。循法無愆，民之職也。三者，先聖之所以教。今君釋此而襲遠方之服，變古之教，易古之道，故臣願王之圖之。”［眉批］如岡曰：《商君傳》與此多同。此所不載者，二趙諫詞耳。二事皆變古者也。當時紀載與此所録固不能無混與？然《商君傳》文法古簡，此文錯以他語，奇而肆。可以參觀漢韓安國王恢議伐匈奴辨難之詞，亦間採其數語。王曰：“卿言世俗之間③。言其所言不能出俗。常民溺於習俗，學者沉於所聞。此兩者，所以成官而順政也，非所以觀遠而論始也。若今胡服，自我始也。且夫三代不同服而王，五伯不同教而政，政，言治行於下。智者作教，而愚者制焉；賢者議俗，不肖者拘焉。夫制於服之民，不足與論心。拘於俗之衆，不足與致意。故勢與俗化，而禮與變俱，聖人之道也。承教而動，循法無私，民之職也。知學之人，能與聞

----

① 　原衍一“言”字，今删。
② 　先主忿之，四字原脱，今據黃丕烈本、《戰國策評苑》補。
③ 　間，原作“聞”，《戰國策評苑》同，今據黃丕烈本、《戰國策旁訓便讀》改。

遷。有所聞，則改前之爲。達於禮之變，能與時化。故爲己者不待人，制今者不法古。子其釋之。"趙造諫曰①："臣聞之，聖人不易民而教，智者不變俗而動。因民而教者不勞而成功，據俗而動者據，依也。慮徑而易見也。徑以步道，喻其省便②。今王易初不循俗，胡服不顧世，非所以教民而成禮也。且服奇者志淫，俗僻者亂民，是以莅國者不襲奇僻之服，中國不近蠻夷之行，非所以教民而成禮者也。且循法無過，脩禮無邪，臣願王之圖之。"王曰："古今不同俗，何古之法？帝王不相襲，何禮之循？伏羲、神農教而不誅，黃帝、堯、舜誅而不怒。及至三王，觀時而制法，因事而制禮，法度制令，各順其宜。衣服器械，各便其用。故治世不一其道，治，原作"禮"。從《史·商君傳》改。便國不必法古。聖人之興也，不相襲而王。夏、殷之衰也，不易禮而滅。然則反古未可非，而循禮未足多也。且服奇而志淫，是鄒、魯無奇行也，俗僻而民易，是吳、越無俊民也。〔眉批〕鄒、魯好長纓，是奇服也，然非其志，皆淫僻也。而有孔門顏、冉之屬，豈無奇行哉？方俗僻處山谷，而人皆改易，不通大化，則是吳、越無秀才，何得有季札，夫種之屬哉③？是以聖人利身之謂服，便事之謂教，進退之節，衣服之制，原作謂節、謂制，從《史》省。所以齊常民，非所以論賢者也。故聖與俗流，言其順俗。賢與變俱。諺曰：'以書爲御者，不盡馬之情。以古制今者，不達事之變。'故循法之功，不足以高世。法古之學，不足以制今。子其勿反也。"

【九我評】武靈胡服之意，與漢高溺冠之意同。

武靈王使周紹胡服以傅王子

王立周紹爲傅，曰："寡人始行縣，過番吾，當子爲子之時，踐石以上者，踐石，謂能騎乘者。石，乘馬石也。皆道子之孝，故寡人問子以璧，問，以禮遺之。遺子以酒食，而求見子。子謁病而辭。人有言子者曰：'父之孝子，君之忠臣也。'故寡人以子之智慮，爲辨足以道人，危足以持難，

---

① 他本"子其釋之""趙造諫曰"之間有一段八十餘字的文字，此本省去。
② 省便，原誤作"有使"，今據《戰國策評苑》改。
③ 夫種之屬哉，原無，今據《戰國策旁訓便讀》補。

有危苦之節。忠可以寫意，[旁訓]宣明其旨。信可以遠期。[旁訓]久而不渝。[眉批]一段，大似《國語》文。諺云：'服難以勇，治亂以智，事之計也。指胡服。立傅以行，教少以學，義之經也。此指立傅。循計之事，先計而順行之。佚[旁訓]佚，一作"失"。而不繇；雖有過失而不累。訪議之行，咨議於人而後行之。窮而不憂。'窮言盡事之情。故寡人欲子之胡服以傅王子。"周紹曰："王失論矣，非賤臣所敢任也。"王曰："選子莫若父，論臣莫若君。君，寡人也。"周紹曰："立傅之道六。"王曰："六者何也?"周紹曰："智慮不躁達於變①，身行寬惠達於禮，威嚴不足以易於位，[眉批]素位而行，不爲威嚴所移也。重利不足以變其心，恭於教而不快，縱逸。和於下而不危。[旁訓]苛急。六者，傅之才，而臣無一焉。隱中不竭，隱，自匿也。中，謂情實。臣之罪也。傅命僕猶辱。官，[旁訓]附會君命。以煩有司，立傅而令之，辱官以煩有司之養。吏之恥也。王請更論。"王曰："知此六者，所以使子。"周紹曰："乃國未通於王之胡服。舉國未曉王所以胡服之意，故臣亦不敢遽服。雖然，臣，王之臣也，而王重命之，臣敢不聽令乎?"再拜，賜胡服。王曰："寡人以王子爲子任，使子體師傅之官。欲子之厚愛之，無所見醜。欲子厚愛以教之，無使見惡事。[眉批]愚謂：無所見醜，欲其不以王子爲醜也。猶曰幸勿見醜，勿令溺苦於學，是欲。御道之以行義，勿令溺苦於學。御道以行義，勿令溺苦於誦習之末也。事君者，順其意，不逆其志。事先先君。者，明其高，不倍其孤。故有臣可命，其國之祿也。子能行是，所以事寡人者畢矣。《書》云：'去邪勿疑，任賢勿貳。'寡人與子，不用人矣。"[旁訓]不必取決於人言。遂賜周紹胡服衣冠，具帶帶鐍之備。黃金師比，《漢書》："黃金犀比。"師古云："胡帶之飾也。"以傅王子。

牛贊諫趙王破原陽爲騎邑

王破原陽，以爲騎邑。破，散步卒他所，而居騎士於此。牛贊趙人。進諫曰："國有固籍，固，言不變。籍，猶令甲。兵有常經。一定之②經。變籍則亂，

---

① 變，原作"辯"，今據黃丕烈本、《戰國策評苑》改。
② 之，原無，今據《戰國策旁訓便讀》補。

失經則弱。今王破原陽以爲騎邑，是變籍而棄經也。且習其兵者輕其敵，習於敵人之兵，則玩而易之。便其用者便於本國械用，雖難亦以爲易。易其難。今民便其用而王變之，是損君而弱國也。故利不百者不變俗，功不什者不易器。今王破卒散兵以奉騎射，臣恐其攻獲之利，不如所失之費也。”王曰：“古今異利，遠近易用。陰陽不同道，四時不一宜。故賢者觀時猶俗。而不觀於時，[眉批]九我云：觀時而不觀於時，乃視俗而變，不爲俗所窺也。制兵而不制於兵。子知官府之籍，不知器械之利；知甲兵之用，不知陰陽之宜。趙居胡之南，陽也，欲攻胡而用趙兵，非其宜也。[旁訓]天時人事之宜。故兵不當於用，何兵之不可易？教不便於事，何俗之不可變？昔者先君襄王與代交[旁訓]接。地，城境封之，築城境上，爲之封域。名曰無窮之門，所以詔後而期遠也。今重甲循兵，循，行也。言被重甲執兵而行，不若胡服騎射之便利。不可以踰險；仁義道德，不可以來朝。言胡。吾聞信不棄功，智不遺時。今子以官府之籍，亂寡人之事，非子所知。”牛贊再拜稽首曰：“臣敢不聽令乎？”至遂胡服，[眉批]至，當作“王”。率騎入胡，出於遺遺之門，踰九限之固，絕五徑之險，至胡中，[旁訓]一本作“榆中”。辟地千里。

【九我評】“胡服”三章，多排偶語。漢鄒枚終王之文似之。

或説趙合韓魏以弱秦

謂趙王曰：“三晉合而秦弱，三晉離而秦強，此天下之所明也。“明”下疑有脱字。秦之有燕而伐趙，有者，善之也。下同。有趙而伐燕；有梁而伐趙，有趙而伐梁；有楚而伐韓，有韓而伐楚；此天下之所明見也。然山東不能易其路，易橫秦之道以合從。兵弱也。弱而不能相一，是何秦之智，山東之愚也。[眉批]言甚痛切。是臣所爲山東之憂也。虎將即禽，走獸總名。禽不知虎之即己也，而相鬥兩罷，[旁訓]疲同。而歸其死於虎，故使禽知虎之即己，決不相鬥矣。今山東之主不知秦之即己也，而尚相鬥兩敝，而歸其國於秦，智不如禽遠矣。願王熟慮之也。今事有可急者，秦之欲伐韓、梁，東闚於周室甚，惟寐忘之。[眉批]“東窺”二句，言心不能忘,惟癙寐則惑之耳。今南攻楚者,惡三晉之大合也。楚強晉弱,先攻其強,則弱者沮,不敢合楚。今攻楚休而復之,兵已罷而復攻。已五年矣,攘地千餘里,今謂楚王:[旁訓]懷王。'苟來舉玉趾而見寡人,必與楚爲兄弟之國,必爲楚攻韓、梁,反楚之故地。'[旁訓]舊取侵地。楚王美秦之語,貪秦反故地之言。怒韓、梁之不救己,必入於秦。秦有謀,故發使之趙,以燕餌趙,言欲與趙攻燕。而離三晉。韓、魏時不合秦,而趙合之,必不善趙。今王美秦之言,而欲攻燕,攻燕,食未飽而禍已及矣。楚王入秦,秦、楚爲一,東面而攻韓。韓南無楚,北無趙,美秦反地餌燕之説,故不救韓,亦離三晉之策也。韓不待伐,割挈馬兔而西走。割地挈而走秦,疾於馬兔。秦與韓爲上交,秦禍安移於梁矣。安,言①不勞。以秦之強,有楚、韓之用,梁不待伐,割挈馬兔而西走,秦與梁爲上交,秦禍案安同。環中一作"移於"。趙矣。秦視趙在其度内,如物在環中。以強秦之有韓、梁、楚與燕之怒,秦有三國,趙之患也,燕又怒之。[眉批]以上論縱橫之利害甚當。割必深矣。秦割趙地。國之舉此,趙國行此。臣之所爲來。臣故曰事有可急爲者。及楚王之未入也,三晉相親相堅,堅其約。出鋭師以戍韓、梁西邊,楚王聞之,必不入秦,秦必怒而循攻楚,循前而攻。是秦禍不離楚也,便[旁訓]利。於三晉。若楚王入秦,秦見三晉之大合而堅也,必不出楚王,恐其合晉。即多割。楚求出故。是秦禍不離楚也,有利於三晉。願王之熟計之也急!"[旁訓]重言急以促之。趙王因起兵南伐山戎,[旁訓]戎近秦,伐②之以偪秦。戍韓、梁之西邊。秦見三晉之堅也,果不出楚王而多求地。

惠文王

齊人欲説魏事齊

齊欲攻宋,秦令起賈禁之。齊乃援趙以伐宋。以趙自助。秦王昭。

---

① 言,原作"信",今徑改。
② 伐,原誤作"戎",今據《戰國策旁訓便讀》改。

怒，屬怨於趙。李兌約五國以伐秦，韓、趙、魏、燕、齊也。無功，留天下之兵於成皋，而陰講於秦。又欲與秦攻魏，以解其怨而取封焉。下文取陰定封。魏王昭。不說之。齊人謂齊王曰：“臣爲①足下謂魏王曰：‘三晉皆有秦患。今之攻秦也，爲趙也。本以秦屬怨於趙故。〔眉批〕文甚沉着。五國伐趙，此設詞也。言趙初約伐秦，今乃與秦講，若同伐趙，趙可亡也。趙必亡矣。秦逐李兌，李兌必死。今之伐秦也，以救李兌之死也。今趙留天下之甲於成皋，而陰鬻之於秦，已講，則令秦攻魏以成其私封，王之事趙也何得矣？且王嘗濟於漳，而身朝於邯鄲，抱陰、成，負蒿、地缺。葛、孳，抱、負，言其勢。陰、成、蒿、葛、孳，皆魏邑名。爲趙蔽，而趙無爲王行也。今又以河陽、姑密封其子，兌子。而乃令秦攻王，以便取陰。陰即陶，宋地。人比然而後知賢不，言人必以類相比，乃可知賢否。如王若用所以事趙之半收齊，天下有敢謀王者乎？〔眉批〕自“若用”至“報齊者可乎”，言齊爲魏，而魏不知厚齊也。王之事齊也，無入朝之辱，無割地之費。齊爲王之故，虛國謂悉出兵。於燕、趙之前，用兵於二千里之外，故攻城野戰，未嘗不爲王先被矢石也。得二都，割河東，盡效之於王。自是之後，秦攻魏，齊未嘗不歲至於王之境也。請問王之所以報齊者可乎？韓珉處於趙，珉下，皆齊人之去齊者。去齊三千里，王以此疑齊，珉處趙，意別有謂。魏以其在趙，疑齊親趙。曰有秦陰。疑齊親趙，因私②於秦。今王又挾故薛公以爲相，善韓徐以爲上交，尊虞商以爲大客，皆齊人之去齊者。王顧可以反疑於齊乎？’用齊之所不善，失在魏也，安可疑齊。〔眉批〕“反於齊乎”以上，乃客與③魏王之言。於是魏王聽此言也甚詘，此下，此士自陳其說魏之效。詘，辭塞也。其欲事王齊王。也甚循。順也。臣願王之亟聞魏與魏相聞。而無庸見惡也，〔眉批〕“臣願”以下，勸王善魏，與魏相間。臣請爲王推其怨於趙，移魏之怨於趙。願王之陰重趙，而無使秦之見王之重趙也。秦見之且亦重趙。天下得趙④則强。使秦知齊

---

①　爲，原作“謂”，今據黃丕烈本、《戰國策評苑》改。
②　私，原誤作“齊”，今據黃丕烈本、《戰國策評苑》改。
③　與，原誤作“典”，今據《戰國策評苑》改。
④　趙，原誤作“道”，今據《戰國策評苑》改。

重趙，恐齊强亦必重之。齊、秦交重趙，臣必見燕與韓、魏亦且重趙也，皆且無敢與趙治。猶校。五國事趙，趙從親以合於秦，必爲王高矣。言趙居齊上。臣故欲王之偏劫天下，而皆私甘之也。衆脅之以威，而獨説之以言。王使臣以韓、魏與燕劫①趙，使丹也甘之。丹、順、珉皆人名。以趙劫韓、魏，此下皆且甘且劫。使臣也甘之。以三晉劫秦，使順也甘之。以天下劫楚，使珉也甘之。則天下皆偪秦以事王，言相與侵迫秦也。而不敢相私也。交定，而後王擇焉。”

蘇代爲齊説奉陽君

五國伐秦無功，罷於成皋，趙欲講於秦，楚與韓、魏將應之，齊弗欲。蘇代謂齊王曰：“臣已爲足下見奉陽君矣，臣謂奉陽君乃趙之李兌，非蘇秦也。曰：‘天下散而爭秦，爭先事之。秦必據宋。魏冉必妬君之有陰也。[眉批]九我云：陰，即上陶邑，李兌所取封者。秦王貪，魏冉妬，則陰不可得已矣。君無講，齊必攻宋。齊攻宋，則楚必攻宋，魏必攻宋，燕、趙助之。五國據宋，不至一二月，陰必得矣。得陰而講，秦雖有變，君無患矣。趙非不可以與秦講，而不可獨講。獨講則示②秦弱，秦必輕之，今助四國攻宋而得陰，是五國爲一也，不懼秦矣。若不得已而必講，據此時，趙可以無講，故云。則願五國復堅約，同伐秦也，先伐後講，則不示弱。五國願得趙，時趙强故。足下雄飛，雄者，衆雌所從。與韓氏大吏東勉齊王，必無名禁珉也。《正義》曰：珉蓋韓人之善齊、秦者，今代③勸奉陽君合諸侯，與韓氏大吏勉齊王共合從，則齊必不召珉也。“名”字當作“召”。“禁”字衍。使臣守約，若與國謂五國。有倍約者，以四國攻之。無倍約者，而秦侵敗。約，五國復堅而儐之。今韓、魏與齊相疑也，若復不堅約而講，臣恐與國之大亂也。齊、秦非復合也，必有倚重者矣。角一俯一仰曰倚，言有一重。後合即上復合。與倚重者，皆非趙之利也。且天下散而事秦，是秦制天下也。秦制天下，將何以天下爲？天

---

① 劫，原作“卻”，今據黄丕烈本、《戰國策評苑》改。

② 示，原誤作“云”，今據黄丕烈本、《戰國策評苑》《戰國策旁訓便讀》改。

③ 代，原誤作“伐”，今徑改。

下自爲秦用，趙無所用之也。臣願君之蚤計也。天下爭秦有六舉，皆不利趙矣。天下爭秦，秦王昭。受負海内之國，"負"字疑衍。合負親之交，天下常橫而親秦矣，已而負之，今復合之。以據中國，而求利於三晉，是秦之一舉也。秦行是計，不利於趙，而君終不得陰，一矣。天下爭秦，秦王内[旁訓]音納。韓珉於齊，内成陽君於韓，相魏懷於魏，此皆其國人之與秦事者，故秦納之。復合衍公孫衍時相魏，雅不善秦，今①相懷因使合之。交兩王，秦、魏，一云燕、楚。王賁、韓佗之曹，皆起而行事，是秦之一舉也。秦行是計也，不利於趙，而君不得陰，二②。天下爭秦，秦王受齊、受趙，三強三親，此三皆強國，自相觀。以據猶臨。魏而求[旁訓]秦求之。安邑，是秦之一舉也。秦行是計，齊、趙應之，魏不待伐，抱安邑而倍益也。[旁訓]益。秦，秦得安邑之饒，魏爲上交，韓必入朝，秦過趙已以通。安邑矣。言秦之勝趙，以得魏之安邑。秦行是計，不利於趙，而君必不得陰，三矣。天下爭秦，秦堅燕、趙之交，以伐齊收楚，與韓珉而攻魏，珉自善秦③者，前時魏疑其有秦私，必不合於魏，故使之攻魏。是秦之一舉也。秦行是計，而燕、趙應之。燕、趙伐齊，兵始用，交鋒之初。秦因收楚而攻魏，三國交鋒，勢不得解，故得以此時收攻二國。不④一二月，魏必破矣。秦舉安邑而塞女戟，韓之太原絶，下軹道、南陽，而伐魏絶韓，包二周，即趙自消爍矣。國爍猶爍。於秦，兵分於齊，非趙之利也。而君終身不得陰，四矣。天下爭秦，秦堅三晉之交攻齊，國破財屈，而兵東分於齊，破、屈、分，皆謂三晉。秦按兵攻魏，取安邑，秦于是時，因三晉之敝，乃按伏其兵攻魏以取安邑。是秦之一舉也。秦行是計也，君按安然。救魏，是以攻齊之已敝，救之而與秦爭戰也。君不救也，韓、魏焉免西合？韓、魏不支，必合于秦。國在謀之中，在秦謀中。而君有猶又。終身不得陰，五矣。天下爭秦，秦按爲義，存亡繼絶，固危扶弱，定無罪之君，必起中山與勝焉。[旁訓]勝，中山之後。秦起中山與

---

① 今，原作"合"，今據《戰國策旁訓便讀》改。
② "二"下當有"矣"字，底本爲墨釘。
③ "善""秦"二字之間，原有墨釘。
④ "不"下當有"至"字，底本爲墨釘。

勝，而趙、宋同命，宋小弱，趙失中山，聽命於秦，與宋同。何暇言陰？六矣。故曰君必無講，則陰必得矣。"奉陽君曰："善。"乃絶和於秦，而收齊、魏以成取陰。

蘇厲爲齊説趙王

趙收［旁訓］合。天下，且以伐齊。蘇厲爲齊上書説趙王曰："臣聞古之賢君，德行非施於海内也；教順慈愛，非布於萬民也；祭祀時享，非當於鬼神也。甘露降，風雨時，農夫登，穀熟曰登。年穀豐盈，衆人善之，而賢主惡之。心不安也，以無以致之故。今足下功力，謂戰伐。非數痛加於秦國，而怨毒積惡，非曾深陵於韓也。臣竊外聞大臣及下吏之議，皆言王前專據，行之不疑。以秦爲愛趙而憎韓。臣竊以事觀之，秦豈得愛趙而憎韓哉？欲亡韓吞兩周之地，故以韓爲餌。趙時惡韓，故秦以亡韓悦趙。趙遂以爲愛己也。先出聲於天下，欲鄰國聞而觀之也。觀其愛趙。恐其事不成，故出兵以佯示趙、魏。虛以伐韓示之。恐天下之驚覺，故微伐韓以貳猶疑。之。恐天下疑己，故出質以爲信。聲德於與國，宣揚其德。而實伐空韓。實欲伐空虛之韓。臣竊觀其圖之也，議秦以謀計，必出於是。言擬議秦之爲計，必出於此數者。且夫説士之計，皆曰韓亡三川，魏滅晉國。謂安邑。是韓未窮，而禍及於趙。三晉，脣齒之國。［眉批］韓未窮而禍及于趙，言韓之禍未已，而禍遂及于趙。且物固有勢異而患同者，又有勢同而患異者。昔者，楚人久伐而中山亡。楚受秦伐，趙無秦患，故破中山滅之。今燕盡齊之北地，盡言得地。距沙丘，而至鉅鹿趙地。之界三百里。自此皆言近趙。距於扞①關，至於榆中趙地。五百里。秦盡韓、魏之上黨，則地與國都謂趙。邦屬而壤挈者言爲秦所取。挈，言取之易。七百里。秦以三軍强弩坐羊腸之上，即地去邯鄲二十里。且秦以三軍攻王之上黨而危其北，則勾注［旁訓］屬雁門。之西，非王之有也。今踰勾注禁［旁訓］閉。常山而守，三百里通於唐、曲，［旁訓］皆趙也。逆此代馬胡駒［旁訓］《史》作"胡犬"。

---

① 距、扞，原誤作"拒""杆"，今據黄丕烈本等改。

不束，[旁訓]束，或作"畜"。而崑山之玉不出也。[眉批]按崑山在于闐國東北，出玉。此三寶者，又非王之有也。今從於强秦與之伐齊，臣恐其禍出於是矣。五國之王，五國，齊、楚、魏、韓、燕。嘗合橫而謀伐趙，三分趙國壤①地，著之盤盂，言得地而銘其功，盟於器也。屬之讎柞。相屬伐趙於酬酢之間，與"酬酢"同。五國之兵有日矣，齊乃西師以禁秦國，止秦之伐。使秦發令素服而聽，兵敗，以喪禮自居也。反溫、軹、[旁訓]皆魏地。高平於魏，反三公、公字誤。什清[旁訓]皆趙地。於趙，此王之明知也。以上言齊德趙之事。夫齊事趙宜爲上交，以其有志爲趙閉秦。今乃以邸"抵"同，當也。罪取伐，臣恐其後事王不敢自必也。言必其不敢再事王也。今王收齊，天下必以王爲得齊。齊抱社稷以事王，天下必重王。然則齊義王以天下就之，趙得天下之交而屈就齊，故齊以爲義。下至齊慕王以天下收之，就之上也，故收言下。[旁訓]收，結。是一世之命，制於王已。臣願大王深與②左右群臣卒計而重謀，[旁訓]終其計，深其謀。先事成慮而熟圖之也。"

鄭同以兵說趙王

鄭同鄭人。北見趙王，趙王曰："子南方之博[旁訓]辨博之士。士也，何以教之？"鄭同曰："臣南方草鄙[旁訓]草野鄙陋。之人也，何足問？雖然，王致[旁訓]召。之於前，安敢不對乎？臣少之時，親嘗教以兵。"趙王曰："寡人不好兵。"鄭同因撫摩。手仰天而笑之曰："兵固天下之狙喜也。狙，玃屬而狡黠。言兵家如之而可喜。臣故意大王不好也。臣亦嘗以兵說魏昭王，昭王亦曰：'寡人不喜。'臣曰：'王之行能如許由乎？許由無天下之纍，故不愛也。[旁訓]好兵。今王既受先王之傳，欲宗廟之安，壤地不削，社稷之血食乎？'王曰：'然。'今有人操隋侯之珠，[眉批]"今有人"以下，乃鄭同之對。持下脫一字。丘之環，萬金之財，時宿於野，內無孟賁之威，荆慶之斷，外無弓弩之禦，不出宿夕，一宿一夕。人必危之

① 壤，原誤作"攘"，今據黄丕烈本等改。
② 與，原誤作"於"，今據黄丕烈本等改。

矣。今有強貪之國，臨王之境，索王之地，告以理則不可，説以義則不聽。王非戰國［眉批］國作“關”。守圉亦守。之具，其何以當之？王若無兵，鄰國得志矣。”趙王曰：“寡人請奉教。”

趙奢料安平君

　　燕封宋人榮①蚠［旁訓］人名。蚠，音汾。爲②高陽君，使將而攻趙。趙王因割濟東三城合盧、高唐、平原陵地城邑市③五十七，命以與齊，而以求安平君［旁訓］田單。而將之。馬服君［旁訓］趙奢。謂平原君［旁訓］趙勝。曰：“國④奚無［旁訓］句法。人甚哉！君致安平君而將之，乃割濟東三城合城市邑五十七以與齊，此夫夫，辭⑤也，謂三城。子與敵國戰，覆軍殺將之所取，割地於敵國者也。此取之，彼割之也。［眉批］“此夫”三句，乃謂此夫三國者，乃子謂敵國合兵而戰，覆軍殺將以取之，而得之于敵國者。今君以此與齊，而求安平君而將之，國奚無人甚哉！且君奚不將重言之，蓋反覆嘆惜之詞。奢也？奢嘗抵罪居燕，燕以奢爲上谷守，燕之通谷要塞，奢習知之。百日之内，天下之兵未聚，奢已舉燕矣。然則君奚求安平君而爲將乎？”平原君曰：“將軍釋之［旁訓］且休。矣，僕已言之僕主矣。主君，謂趙主也。僕主幸已聽僕也。聽僕用安平君。將軍無言已。”馬服君曰：“君過矣。君之所以求安平君者，以齊之於燕也，茹肝涉血之仇耶。謂即墨之役。其於奢也不然。奢以爲不然。使安平君愚，固不能當榮蚠。使安平君智，又不肯與燕人戰。［眉批］“有”字，古“又”，通。此兩言者，安平君必處一焉。雖然，兩者有一也。使安平君智，則奚以趙之強爲？趙強則齊不復霸矣。今得趙強之兵，以杜［旁訓］拒。燕將，曠日持久數歲，令士大夫餘子之力，盡於溝壘，車甲羽毛［旁訓］謂箭。衈即裂。敝，府庫倉廩虛，兩國交以習之，言玩其兵。乃引其兵而歸。夫盡兩國之兵，無明此

① 榮，原作“滎”，今據黃丕烈本改，下同。
② 爲，原無，今據黃丕烈本補。
③ 邑市，原作“市邑”，今據黃丕烈本改。
④ 國，原作“君”，今據黃丕烈本、《戰國策評苑》改。
⑤ 辭，原誤作“亂”，今逕改。

者矣。"是軍[旁訓]當作"是夏"。也懸釜而炊。得三城，城大無能過百雉[旁訓]方丈①曰堵，三堵爲雉。者。果如馬服之言也。

田單與趙奢論兵

趙惠文王三十年，相平都君田單問趙奢曰："吾非不說將軍之兵法也。所以不服者，獨將軍之用衆。衆，即十萬、二十萬之類。用衆者，使民不得耕作，糧食輓賃賃，所税于民者。不可給也。此坐而自破之道也，非單之所爲也。單聞之，帝王之兵，所用不過三萬，而天下服矣。今將軍②必負[旁訓]恃。十萬、二十萬之衆乃用之，此單之所不③服也。"馬服君曰："君非徒不達於兵也，又不明其時勢。兵，則吳干之喻。時勢，則萬國、七國之異。夫吳干之劍，吳王使干將鑄之，故云。肉試則斷牛馬，金試則截盤匜。皆銅器，可盥者。薄[眉批]薄，音搏④。之柱上而擊之，則折爲三，質之石上而擊之，質，以石爲鑕。則碎爲百。[眉批]"夫吳干"一段，言劍雖利而不敵于柱石之堅，必折且碎。今以三萬之衆而應强國之兵，是薄柱、擊石之類也。類，原作"爲"。從吳注改。且夫吳干之劍材，難材，謂脊、脾之類，不易得也。夫無脊之厚而鋒不入，無脾之薄脾，近刃處。而刃不斷。兼有是兩者，無鈎竿鐔蒙須之便，鈎，劍頭鐶。竿，柄也。鐔，珥鼻也。蒙須疑爲劍繩，猶牖緌也。《爾雅》草有夫須，蓋以草爲繩。操其刃而刺，則未入而手斷。君無十萬、二十萬之衆，而爲此鈎竿鐔蒙須之便，而徒以三萬行於天下，君焉能乎？且古者，四海之内分爲萬國，城雖大，無過三百丈者。人雖衆，無過三千家者。而以集兵三萬，平時團集之兵，非烏合也。距此奚難哉？今取古之爲萬國者，分以爲戰國七，不能具數十萬之兵，曠日持久，數歲即君之齊已。即下云"齊以二十萬衆攻荆五年"之事。齊以二十萬之衆攻荆，五年乃罷。趙以二十萬之衆攻中山，五年乃歸。雖衆，猶不亟得志。今者，齊、

① 丈，原誤作"大"，今徑改。
② 軍，原脱，今據黄丕烈本補。
③ 不，原脱，今據黄丕烈本補。
④ 搏，此本及《戰國策旁訓便讀》俱作"傅"，今據黄丕烈本改。

韓相方，猶敵。而國圍攻焉，兩國或圍或攻。豈有敢曰我其以三萬救是者乎哉？[眉批]此言雖衆猶不必得志，況三萬乎？今千丈之城、萬家之邑相望也，而索以三萬之衆，圍千丈之城，不存其一角，[旁訓]城大兵少，曾不處城之一角。而野戰不足用[旁訓]既不能圍①，亦不可戰。也，君將以此何之？"平都君喟然大息曰："單不至也！"[旁訓]慮不及此。

孝成王

左師公託長安君爲質

趙太后新用事，惠文王威后。秦急攻之，趙氏求救於齊。齊曰："必以長安君爲質，長安君，孝成王母弟。[旁訓]去聲。兵乃出。"太后不肯，大臣強諫。太后明謂左右："有復言令長安君爲質者，老婦必唾其面。"[眉批]石簣曰：此一段敘事，如身當其時者，安得不動人目。左師官名。觸讋願見太后，盛氣[旁訓]怒。而揖之，入而徐趨，至而自謝曰："老臣病足，曾不能疾走，不得見久矣。竊自恕，久不見，宜得罪，今自寬而求見。恐太后玉體之有所郄也，郄、卻同。以己病足，因恐后不能前，亦自恕以及人。故願望見太后。"曰："老婦恃輦而行。"曰："日食飲得無衰乎？"曰："恃粥耳。"粥，原作"鬻"。從姚本改。曰："老臣今者殊不欲食，乃自強步，勉強而行。日三四里，少益嗜食，和於身。"曰："老婦不能。"太后之色少解。左師公曰："老臣賤息舒祺，息，子。舒祺，名也。最少，不肖，而臣衰，竊愛憐之，願得補黑衣之缺，得，原作"令"。缺，原作"數"。俱從吳注改。以衛王宮，黑衣，戎服。故云"以衛王宮"。昧死以聞。"昧，原作"没"。從吳注改。[眉批]霍林曰：不以少子不足以發問開端，最妙！太后曰："敬諾。年幾何矣？"對曰："十五歲矣。雖少，願及未②填溝壑而託之。"謙言，死曰填溝壑。託，是託於太后。太后曰："丈夫亦愛憐其少子乎？"對曰："甚於婦人。"太后曰："婦人異甚。"異於丈夫而又甚焉。對曰："老臣竊以爲媼之愛燕后媼，女者稱。燕后，太后女。賢於長安

---

① 圍，原誤作"戰"，今據黃丕烈本、《戰國策旁訓便讀》改。

② 及未，原倒作"未及"，今據黃丕烈本、《戰國策評苑》《戰國策旁訓便讀》改。

君。"[眉批]如岡曰:鄴侯説德宗無廢太子,亦得此意。曰:"君過矣,不若長安君之甚。"左師公曰:"父母之愛子,則爲之計深遠。媪之送燕后也,將嫁時。[眉批]石簣曰:程子釋《易》"納約自牖"曰:左師觸龍因其明而導之,故其聽也如響。謂張良招四皓亦然。持其踵爲之泣,念悲其遠也。念且悲。亦哀之矣。已行,非弗思也,祭祀必祝之,祝曰'必勿使反',失意於燕,乃反耳。豈非計長久、有子孫相繼爲王也哉?"太后曰:"然。"左師公曰:"今三世以前,至於趙之爲趙,趙王之子孫侯者,其繼[旁訓]繼世。有在者乎?"曰:"無有。"曰:"微[旁訓]非。獨趙,諸侯有在者乎?"曰:"老婦不聞也。"曰:原無"曰"字,從《史》補。"此其近者禍及身,[旁訓]此下左師對。遠者及其子孫,豈人主之子孫孫,原作"侯",從吳注改。則必不善哉?豈他人之子封侯則必善,獨人主①之子封侯則必不善終哉。位尊而無功,奉[旁訓]禄。厚而無勞,而挾重器多也。今媪尊長安之位,而封以膏腴之地,多與之重器,而不及今令有功於國。一旦山陵崩,[旁訓]喻太后死。長安君何以自託於趙?老臣以媪爲長安君計短也,故以爲其愛不若燕后。"太后曰:"諾。恣君之所使之。"[眉批]蘇洵曰:觸龍以趙后愛女賢于愛子示,旋踵而長安君出質,此理而諭之也。於是爲長安君約車百乘,質於齊,齊兵乃出。子義趙之賢人。聞之曰:"人主之子也,骨肉之親也,猶不能恃無功之尊,無勞之奉,以守金玉之重也。而況人臣乎?"[眉批]九我曰:既載左師之言,又載子義之論,亦一例也。

馮亭以上黨嫁禍於趙

秦王[旁訓]昭王。謂公子他曰:"昔歲殽下之事,即秦惠七年,五國攻函谷事。函、殽地近,故云。韓爲中軍,以與諸侯攻秦。韓與秦接境壤界,其地不能千里,展轉[旁訓]猶反覆。不可約。日者秦、楚戰於藍田,韓出鋭師以佐秦,秦戰不利,因轉與楚,不固信盟,唯便是從。勝秦則從,不勝則不從,是自擇便利也。韓之在我,心腹之疾。吾將伐之,何如?"公子他曰:

---

① 主,原作"聖",今據《戰國策旁訓便讀》改。

“王出兵韓，軍於其地。韓必懼，懼則可以不戰而深[旁訓]多。取割。”王曰：“善。”乃起兵，一軍臨滎陽，一軍臨太行。韓恐，使陽城君入謝[旁訓]謝罪。於秦，請效[旁訓]致。上黨之地以爲和。[旁訓]講和。令韓陽①告上黨之守靳䵍曰：“秦起二軍以臨韓，韓不能支。今王桓、惠。令韓興兵恐守不效地故。以上黨入和於秦，使陽言之大守，大守其效之。”靳䵍曰：“人有言：挈瓶之智，不失守器。器，謂瓶。守之不失，則其人智矣。[眉批]挈瓶之智不失守器，言挈瓶之人，所以爲智者，以能不失所守之器而已。王則有令，而臣太守，雖王與子，其亦猜焉。嫌其不能守。臣請悉發守發所守之兵。以應秦，若不能卒，言戰敗不終事。則死之。”韓陽趨以報王，王曰：“吾始已諾於應侯矣，今不與，是欺之也。”乃使馮亭代靳䵍。馮亭守三十日，陰使人請趙王曰：“韓不能守上黨，且以與秦，其民皆不欲爲秦，而願爲趙。今有城市之邑七十，願拜納之於王，惟王才[旁訓]裁同。之。”趙王喜，召平陽君趙豹。而告之曰：“韓不能守上黨，且以與秦，其吏民不欲爲秦，而皆願爲趙。今馮亭令使者以與②寡人，何如？”趙豹對曰：“臣聞聖人甚禍無故之利。”無故得利，取，必以爲禍。王曰：“人懷吾義，人服吾之義而歸我。何謂無故乎？”對曰：“秦蠶食韓氏之地，中絕不令相通，故自以爲坐受上黨也。且夫韓所以內趙者，欲嫁其禍也。欲送其禍於趙。秦被其勞而趙受其利，雖強大不能得之於小弱，而小弱顧能得之強大乎？今王取之，可謂有故乎？且秦以牛田，水通糧，牛田，秦地。蓋近上黨者，因其水爲漕。其死士皆列之於上地，韓之上流。令嚴政行，不可與戰。王自圖之！”王大怒曰：“夫用百萬之衆，攻戰③踰年歷歲，未見一城也。今不用兵而得城七十，何故不爲？”趙豹出，王召趙勝、趙禹而告之曰：“韓不能守上黨，今其守以與寡人，有城市之邑七十。”二人對曰：“用兵踰年，未④見一城，今坐而得城七十，此大利也。”乃使趙勝往受地。

① 陽，原作“楊”，今據黃丕烈本、《戰國策評苑》改。
② 與，原作“爲”，今據黃丕烈本、《戰國策評苑》改。
③ 戰，原作“城”，今據黃丕烈本改。
④ 未，原誤作“秦”，今據黃丕烈本、《戰國策評苑》改。

勝至曰："敝邑之王，使使者臣勝告，太守有詔，有詔，秦人語耳。使臣勝謂曰：'請以三萬戶之都封太守，千戶封縣令，諸吏皆益爵三級，民能相集[旁訓]安。者，賜家六金。'"[旁訓]每家賜之六金。馮亭垂涕而勉辭也。曰："是吾處三不義也：為主守地不能死，而以與人，不義一也；主內之秦，[旁訓]納地於秦。不順主命，不義二也；賣主之地而食之，食封戶也。不義三也。"辭封而入韓，謂韓王曰："趙聞韓不能守上黨，今發兵已取之矣。"韓告秦曰："趙起兵取上黨。"秦王怒，令公孫起、王齮以兵遇趙於長平。

樓緩說趙與秦城以講

秦攻趙於長平，大破之，引兵而歸，因使人索[旁訓]求。六城於趙而講。[旁訓]和。趙計未定，樓緩新從秦來，趙王與樓緩計之曰："與秦城何如？不與何如？"樓緩辭讓曰："此非臣之所能知也。"王曰："雖然，試言公之私。"[旁訓]意見。樓緩曰："王亦聞夫公甫文伯母乎？公甫文伯官於魯，病死。婦人為之自殺於房中者二人，其母聞之，不肯哭也。相室媵妾之類。曰：'焉有子死而不哭者乎？'其母曰：'孔子賢人也，逐於魯，是人不隨。今死，而婦人為死者十六人。[眉批]按婦人為死者十六人，則上文"二人"乃"二八"之訛。若是者，其於長者薄，而於婦人厚？'故從母言之，為賢母也；從婦言之，必不免為妒婦也。故其言一也，言者異，則人心變矣。今臣新從秦來，而言勿與，則非計也；言與之，則恐王以臣之為秦也。故不敢對。使臣得為王計之，不如予之。"王曰："諾。"虞卿聞之，入見王，王以樓緩言告之。虞卿曰："此餂[旁訓]餂辨。說也。"王曰："何謂也？"虞卿曰："秦之攻趙也，倦而歸乎？王以其力尚能進，[旁訓]進兵。愛王而不攻乎？"王曰："秦之攻我也，不遺餘力矣，竭盡其力而無遺。必以倦而歸也。"虞卿曰："秦以其力攻其所不能取，倦而歸。王又以其力之所不能攻而資之，是助秦自攻也。來年秦復攻王，無以救矣。"[眉批]石簀曰：虞卿終始事趙，專持從說，非說①客也。王以虞卿

――――――――――――

① 說，原誤作"兌"，今據黃丕烈本改。

之言告樓緩。樓緩曰：“虞卿能盡知秦力之所至乎？至，猶及也。虞卿言秦力倦而歸，謂秦力所及止是耳。秦力豈止是而已乎。誠不知秦力之不①至。此彈丸之地，喻其地小。猶不予也，令秦來年復攻王，得無割其内[旁訓]内地。而講乎？”王曰：“誠聽子割矣，子能必來年秦之不復攻我乎？”樓緩對曰：“此非臣之所敢任也。[旁訓]古今主和者率如此。昔者三晉之交於秦，相善也。今秦釋韓、魏而獨攻王，王之所以事秦必不如韓、魏也。今臣爲足下解負親之攻，趙嘗親秦而復負之，故秦攻之。啓關通幣，齊交韓、魏。使其交秦，與韓、魏等。至來年而王獨不取於秦，不爲秦所取。王之所以事秦者，必在韓、魏之後也。此非臣之所敢任也。”王以樓緩之言告虞卿。虞卿曰：“樓緩言不講，來年秦復攻王，得無更割其内而講。今講，樓緩又不能必秦之不復攻也，雖割何益？來年復攻，又割其力之所不能取而講也，此自盡之術也。不如無講。秦雖善攻，不能取六城；趙雖不能守，亦不至失六城。秦倦而歸，兵必罷。音疲。我以六城收天下以攻罷秦，是我失之於天下，而取償於秦也。[眉批]霍林曰：虞卿料事揣情，爲趙畫策，何其工也。吾國尚利，孰與坐而割地，自弱以強秦？今樓緩曰：‘秦善韓、魏而攻趙者，必王之事秦不如韓、魏也。’是使王歲以六城事秦也，即坐而地盡矣。來年秦復求割地，王將予之乎？不予，則是棄前資而挑秦禍也；資，《史》作“功”。與之，則無地而給之。語曰：‘強者善攻而弱者不能自守。’今坐而聽秦，秦兵不敝而多得地，是強秦而弱趙也。以愈強之秦，而割愈弱之趙，其計固不止矣。言割不止。且秦，虎狼之國也，無禮義之心。其求無已，而王之地有盡。以有盡之地，給無已之求，其勢必無趙矣。故曰此餂説也。王必勿與。”[眉批]如岡曰：論衡之害如此明切，而其主愚而不悟，何也？王曰：“諾。”樓緩聞之，入見②王曰：“不然③，虞卿知其一，未知其二也。④夫秦、趙構難而天下皆

---

①　不，黄丕烈本作“所”。

②　“入見王”“曰”之間，他本有“王又以虞卿之言告之，樓緩”諸字，此本省去。

③　不然，原無，今據黄丕烈本、《戰國策評苑》補。

④　二“知”字，他本皆作“得”。

說，何也？曰‘我將困^①强而乘弱’。今趙兵困於秦，天下之賀戰勝者，則必在於秦矣。故不若亟割地求和，以疑天下，慰秦心。不然，天下將因秦之怒，乘趙之敝而瓜分之。<small>分其地，如破瓜然。</small>趙且亡，何秦之圖？王以此斷之，勿復計也。”虞卿曰^②：“危矣，樓子之爲秦也！<small>爲秦計深而趙勢危。</small>夫趙兵困於秦，又割地^③爲和，是愈疑天下，而何慰秦心哉？不亦大示天下弱乎？且臣曰勿予者，非固勿予而已也。秦索六城於王，王以六城賂齊，齊，秦之深讎也。得王六城，并力而西擊秦也，齊之聽王，不待辭之畢也。是王失於齊而取償於秦，一舉結三國之親，<small>韓魏本趙與國，與齊爲三。</small>而與秦易道也。”<small>言勝在趙，而不在秦。</small>[眉批]<small>青陽曰：陳軫屬^④懷王賂秦而取償于齊，意亦類此。</small>趙王曰：“善。”因發虞卿東見齊王，<small>王建。</small>與之謀秦^⑤。虞卿未反，秦之使者已在趙矣。樓緩聞之，逃去。

【九我評】當趙以四十萬覆於長平之下，凡趙庭之臣，孰不魄奪氣喪，願講秦以偷須臾之寧。卿獨爲之延慮卻顧，折樓緩之口，挫强秦之心，反使秦人先趙而講。於此亦足以見從者天下之勢，七國辯士策必中，計必得而不失其正，唯卿與陳軫有焉，賢矣哉！

魯仲連義不帝秦

秦圍趙之邯鄲。魏安釐王使將軍晉鄙救趙，畏秦，止於蕩陰，[旁訓]<small>魏地。</small>不進。魏王使客將軍辛垣衍<small>稱客，則衍他國人任魏者。</small>間[旁訓]<small>微行。</small>入邯鄲，因平原君謂趙王曰：“秦所以急圍趙者，前與齊閔王爭强爲帝，已而復歸帝，以齊故；<small>由齊不稱，秦亦失之。</small>今齊益弱，方今唯秦雄天下，此非必貪邯鄲，其意欲求爲帝。趙誠發使尊秦王[旁訓]<small>昭王。</small>爲帝，秦必喜，罷兵去。”平原君猶豫未有所決。此時魯仲連適遊趙，會

---

① 困，原作“因”，今據黄丕烈本改。
② “虞卿”“曰”之間，他本有“聞之又入見王”等字，此本省去。
③ 地，原脱，今據黄丕烈本補。
④ 屬，原漫漶不清，今據《戰國策評苑》補。
⑤ 秦，原無，今據黄丕烈本、《戰國策評苑》補。

秦圍趙，聞魏將欲令趙尊秦爲帝，乃見平原君，曰："事將奈何矣？"平原君曰："勝也何敢言事！百萬之衆折[旁訓]敗。於外，今又内圍邯鄲而不去。魏王使客將軍辛垣衍令趙帝秦，今其人在是。勝也何敢言事！"魯連曰："始吾以君爲天下之賢公子也，吾乃今然後知君非天下之賢公子也。梁客辛垣衍安在？吾請爲君責而歸之！"平原君曰："勝請爲召而見之於先生。"平原君遂見辛垣衍曰："東國[旁訓]謂齊。有魯連先生，其人在此，勝請爲紹介，而見之於將軍。"[眉批]九我云：按《禮》，賓至，必因介以傳辭。紹者，繼也。故《禮》云："介紹而傳命。"辛垣衍曰："吾聞魯連先生，齊國之高士也。衍，人臣也，使事有職，吾不願見魯連先生也。"衍亦豫知其不肯帝秦，故不願見。平原君曰："勝已泄之矣。"辛垣衍許諾。魯連見辛垣衍而無言。辛垣衍曰："吾視居此圍城之中者，皆有求於平原者也。今吾視先生之玉貌，非有求於平原君者，曷爲久居此圍城之中而不去也？"魯連曰："世以鮑焦周之介士。無從容而死者，皆非也。今衆人不知，則爲一身。不知者，以其抱木死爲無以自養，不知其非世也。明己今亦①然。彼秦，棄禮義而上首功之國也。秦制：爵二十，戰獲首級者，計功受爵。時所尊上也。權使其士，虜使其民。視民如所虜獲②。彼則肆然而爲帝，過甚。而遂正[旁訓]行政。於天下，則連有赴東海而死耳。吾不忍爲之民也。所爲見將軍者，欲以助趙也。"辛垣衍曰："先生助之奈何？"魯連曰："吾將使梁及燕助之，齊、楚固助之矣。"辛垣衍曰："燕則吾請以從矣，若乃梁，則吾乃梁人也，先生惡能使梁助之耶？"魯連曰："梁未睹秦稱帝之害故也，使梁睹秦稱帝之害，則必助趙矣。"辛垣衍曰："秦稱帝之害將奈何？"魯仲連曰："昔齊威王嘗爲仁義矣，率天下諸侯而朝周。周貧且微，諸侯莫朝，而齊獨朝之。居歲餘，周烈王崩，諸侯皆弔，齊後往。周怒，赴於齊曰：'天崩地坼，喻烈王崩。天子[旁訓]安王。下席。言寢苫居廬也。東藩之臣田嬰齊後至，則斮[旁訓]音昔。之。'威王勃

---

① 亦，原作"皆"，今據黄丕烈本、《戰國策評苑》改。
② 虜獲，黄丕烈本作"獲虜"。

然怒曰：'叱嗟，咨也。而母婢也。'指烈王后。言汝之母乃婢妾也。卒爲天下笑。故生則朝周，死則叱之，誠不忍其求也。彼天子固猶必。然，其無足怪。"言天子當如此責諸侯。[眉批]連意謂，威王敢於叱周者，亦以不忍其求故耳。然周以天子而求於諸侯，亦事之常，無足怪者。蓋謂趙之於秦，敵耳，尤當不忍其求，而秦尤不當求之於趙也。辛垣衍曰："先生獨未見夫僕乎？十人而從一人者，寧力不勝、智不若耶？畏之也。"魯仲連曰："然梁之比於秦若僕邪？"[旁訓]激之。辛垣衍曰："然。"魯仲連曰："然則吾將使秦王烹醢[旁訓]肉醬曰醢。梁王。"[旁訓]重激。辛垣衍怏①然不悦曰："嘻，亦太甚矣，先生之言也！先生又惡能使秦王烹醢梁王？"魯仲連曰："固也，待吾言之。昔者鬼侯、鄂侯、文王，紂之三公也。鬼侯有子而好，故入之於紂，紂以爲惡，[旁訓]貌醜。醢鬼侯。鄂侯争之急，辨之疾，故脯鄂侯。文王聞之，喟然而嘆，故拘之於牖里[旁訓]即羑里。之庫，百日而欲令之死。曷爲與人俱稱帝王，卒就脯醢之地也？齊閔王將之魯，夷維子執策[旁訓]馬筴。而從，謂魯人曰：'子將何以待吾君？'魯人曰：'吾將以十太牢待子之君。'夷維子曰：'子安取禮而來待吾君？子何所取，而僅以此禮待吾君。彼吾君者，天子也。天子巡狩，諸侯避舍，納筦鍵，筦，鑰也。鍵，其牡②。避納者，示不敢有其國。攝衽抱几，視膳於堂下，天子已食，而聽退朝也。'乃退而聽朝。魯人投其籥，鑰同，關下牡也。投者，下其牡。不果納。不得入於魯。將之薛，假涂[旁訓]借路。於鄒。當是時，鄒君死，閔王欲入弔。夷維子謂鄒之孤曰：'天子弔，主人必將倍殯柩，設北③面於南方，然後天子南面弔也。'[眉批]王緱山云：主人不在殯東，將背④其殯棺立西階上，北面哭，是倍也。天子乃於阼階上⑤南面弔之。鄒之群臣曰：'必若此，吾將伏劍而死。'故不敢入於鄒。鄒、魯之臣，生則不得事養，死則不得飯含。以珠玉實死者之口曰含。然且欲行天子之禮於鄒、魯之臣，不果納。言時君弱臣强，鄒、魯君生時

① 怏，原作"快"，今據黄丕烈本改。
② 牡，原誤作"杜"，今據黄丕烈本、《戰國策評苑》改。
③ 北，原作"功"，今據黄丕烈本改。
④ 背，原誤作"昔"，今據黄丕烈本、《戰國策評苑》改。
⑤ 上，原誤作"土"，今徑改。

不得盡事養，死不得行賻襚之禮，然齊欲行天子禮於鄒、魯，其臣皆不果納，是猶秉禮而存大體也。今秦萬乘之國，梁亦萬乘之國。交有稱王之名，睹其一戰而勝，欲從而帝之，是使三晉之大臣不如鄒、魯之僕妾也。且秦無已〔眉批〕無已，無敵也。而帝，必欲爲之而不已。則且變易諸侯之大臣。彼將奪其所謂不肖，而予其所謂賢；奪其所憎，而與其所愛。彼又將使其子女讒妾爲諸侯妃姬，處梁之宮，梁王安得晏然而已乎？而將軍又何以得故寵乎？”於是辛垣衍起，再拜謝曰：“始以先生爲庸人，吾乃今日而知先生爲天下之士也。吾請去，不敢復言帝秦。”〔眉批〕前責以大義，不動，至此利害切身，遽起拜謝。此當時人情之常。而孟子之言所以不如儀秦之易入也。秦將聞之，爲卻軍五十里。適會公子無忌奪晉鄙軍以救趙擊秦，秦軍引而去。於是平原君欲封魯仲連。魯仲連辭讓者三，終不肯受。平原君乃置酒，酒酣，〔旁訓〕半醉。起前以千金爲魯連壽。魯連笑曰：“所貴於天下之士者，爲人排患、釋難、解紛亂而無所取也。即有所取者，是商賈之人也，仲連不忍爲也。”遂辭平原君而去，終身不復見。

【九我評】按秦將聞仲連之言，爲卻軍五十里。説者以爲辨士誇辭。愚竊以爲信。蓋仲連毅然不肯帝秦，則魏救必至，聲天下之大義以作，三軍之氣，不戰而自倍矣。是時公子無忌且至，連之智足以知其事之克濟。不然，則且有俶儻非常之畫以佐趙之急。彼秦將者，必聞其言故耳。不然，豈爲虛言卻哉？

馮忌諫平原君攻燕

平原君謂馮忌曰：“吾欲北伐上黨，出兵攻燕，何如？”馮忌對曰：“不可。夫以秦將武安君公孫起，〔旁訓〕即白起。乘七勝〔旁訓〕勝趙。之威，而與馬服之子趙奢之子趙括。戰於長平之下，大敗趙師，因以其餘兵圍邯鄲之城，趙以亡敗之餘衆，收破軍之敝守，守困敝之邯鄲。而秦罷於邯鄲之下。趙守而不可拔然者，言所以然。攻難而守者易也。今趙非有七克〔旁訓〕勝。之威也，而燕非有長平之禍也。今七敗之禍未復，而欲以罷〔旁訓〕音疲。趙攻強燕。是使弱趙爲強秦之所以攻，而使強燕爲弱趙之所以守。而强秦以休兵承趙之敝，休兵，休息之兵。此乃强吳之所以亡，而弱越之所以霸。［眉批］文勢如流泉。故臣未見燕之可攻也。"平原君曰："善哉。"

平原君説平陽君

［眉批］然則應侯之謝相印，豈獨悟蔡澤之説，蓋魏牟有以啓其機也。

平原君謂平陽君曰："公子牟魏公子名牟。遊於秦，且東歸魏。而辭應侯。應侯曰：'公子將行矣，獨無以教之乎？'曰：'且微［旁訓］無。君之命命之也，臣固且有效［旁訓］進。於君。夫貴不與富期，而富至；富不與梁肉期，而梁肉至；梁肉不與驕奢期，而驕奢至；驕奢不與死亡期，而死亡至。累世以前，坐此者多矣。'坐此富貴而死亡甚多。應侯曰：'公子之所以教之者厚矣。'僕得聞此，僕，平原自稱。不忘於心。願君之亦勿忘也。"平陽君曰："敬諾。"

或説張相國重趙

説張相國蓋梁人相趙。曰："君安能少［旁訓］薄。趙人，而令趙人多［旁訓］厚。君？少多，稱薄厚。君安能憎趙人，而令趙人愛君乎？夫膠漆至黏也，而不能合遠；鴻毛至輕也，而不能自舉。夫飄於清風，舉鴻毛以見膠漆。則橫行四海。［眉批］"夫飄於清風"二句，言惟乘清風而飄舉，則橫絶乎四海。故事有簡而功成者，因也。今趙萬乘之强國也，前漳、滏，右常山，左河間，北有代，帶甲百萬，嘗抑强秦四十餘年，乃蘇秦合從事。而秦不得所欲。由是觀之，趙之於天下也不輕。今君易［旁訓］輕。萬乘之强趙，而慕思不可得之小梁，不可得，猶言不可知。臣竊爲君不取也。"君曰："善。""君"字，當是"相國"之誤①。自是之後，衆人廣坐之中，未嘗不言趙人之長者也，未嘗不言趙俗之善者也。［眉批］首尾照應。

魏牟説趙王

建信君貴於趙。公子［旁訓］魏公子。魏牟過趙，趙王迎之，顧反迎客

_____

① 誤，原誤作"悟"，今據文義改。

面之，有顧則反。至坐①，前有尺帛，且令工人②以爲冠。工見客來也，因避。趙王曰：“公子乃驅後車，幸以臨寡人，願聞所以爲天下。”魏牟曰：“王能重王之國若此尺帛，則王之國大治矣。”趙王不説，形於顏色，曰：“先王③不知寡人不肖，使奉社稷，豈敢輕國若此？”魏牟曰：“王無怒，請爲王説之。”曰：“王有此尺帛，何不令前郎中以爲冠？”［眉批］此數句文類《孟子》。王曰：“郎中不知爲冠。”魏牟曰：“爲冠而敗之，奚虧［旁訓］損。於王之國？而王必待工而後乃使之。今爲天下之工，所以治國之人。或非也，或非能治國者。社稷爲虛戾，先王不血食，而王不以予工，乃與幼艾。幼而美好。且王之先帝，駕犀首駕驂。以御馬喻。而驂馬服，以與④秦角逐。秦當時避其鋒。今王憧憧，往來不絶貌。乃輂建信以與强秦角逐，臣恐秦折王之輴也。”輴，車旁也。以輂喻。

或説建信君

［眉批］九我云：奸之不可知甚矣。彼厚任以事，葺以爲不世之遇，强力畢慮，恐不給焉。而不知建信之建之困之也，故國有好人賢智之得全者，寡矣。

或謂建信君：“君之所以事王者，色也。葺趙人名。［旁訓］音胥。之所以事王⑤者，智也。色老而衰，智老而多。以日多之智，而逐衰惡之色，君必困矣。”建信君曰：“奈何？”曰：“並驥而走者，五里而罷；［旁訓］音疲。乘驥而御之，不倦而取道多。君令葺乘獨斷之車，不與分治。御獨斷之勢，以居邯鄲。令之内治國事，外刺諸侯，刺，言探候其事。則葺之事有不言者矣。所治者多，不暇悉言於上。君因言王而重責之，以重大之任責。葺之軸今⑥折矣。”不勝任。建信君再拜受命，入言於王，厚任葺以事而重責之。未期年而葺亡走矣。

---

①　“至坐”下原有注文“迎客面之，有顧則反”八字，與上重複，今删。
②　黄丕烈本無“人”字。
③　王，原誤作“生”，今據黄丕烈本改。
④　與，原作“爲”，今據黄丕烈本、《戰國策評苑》改。
⑤　王，原作“主”，今據黄丕烈本改。
⑥　今，原誤作“令”，今據黄丕烈本改。

魏尬説建信君

魏尬[旁訓]音介。謂建信君曰："人有置係蹄者用繩以係獸蹄。而得虎。虎怒，決蹯而去。蹯音煩，獸足①。虎之情，非不愛其②蹯也。然而不以環寸之蹯害七尺之軀者，權也。今有國，非直七尺軀也。而君之身於王，非環寸之蹯也。言王且以愛國故去之。願公之熟圖之也。"

或爲齊獻書趙王

[眉批]一篇只用幾語，而變換神駿如許。《史記》最長此法。

爲齊獻書趙王曰："臣一見，而能令王坐而天下致名實。名，即下"尊名"。實，即下"致地"。而臣竊怪王之不試見臣而窮[旁訓]困。臣也。困臣，使不得見。群臣必多以臣爲不能者，故王重猶難。見臣也。以臣爲不能者非他，欲用王之兵，成其私者也。則交有所偏者也。言賣趙，與諸國爲私。非然，則智不足者也。非然，則欲以天下之重恐王，而取行於王者也。王畏懼之，必行其説。臣以齊循事王，王能亡燕，能亡韓、魏，能攻秦，能孤秦。臣以齊致尊名於王，天下孰敢不致尊名於王？臣以齊致地於王，天下孰敢不致地於王？臣以齊爲王求名於燕及韓、魏，孰敢辭之？臣之能也，其前可見已。言可見於未效之前。齊先重王，故天下盡重王；王無齊，天下必盡輕王也。秦之强，以無齊故重王，燕、韓、魏自以無齊故重王。趙得齊，故四國無齊。今王無齊，獨安能無重天下？猶四國重趙。故勸王無齊者，非智不足，則不忠者也。非然，則欲用王之兵成其私者也。非然，則欲輕王以天下之重，取行於王者也。非然，則位尊而能卑材能卑下。者也。願王之熟慮無齊之利害也。"

馮忌欲爲趙深談

馮忌請見趙王，行人見之。馮忌接手俛首，接手，交兩手也。欲言而不

---

① 足，原誤作"走"，今徑改。
② 其，原脱，今據黄丕烈本、《戰國策評苑》補。

敢。王問其故,對曰:"客有見人於服子[旁訓]未詳。者,已而請其罪。服子曰:'公之客獨有三罪:望[旁訓]客。我而笑,是狎也;談語[旁訓]客。而不稱師,是倍也;背其師。交淺而言深,是亂也。'客曰:'不然。夫望人而笑,是和也;言而不稱師,是庸說也;言之常者,人所同稱,非必師也。交淺而言深,是忠也。昔者堯見舜於草茅之中,席[旁訓]設席。隴畝而廕庇桑,桑之能庇人者,於下取廕也。陰移而受天下傳。[眉批]一本無"傳"字。伊尹負鼎俎而干湯,姓名未著而受三公。使夫交淺者不可以深談,則天下不傳,而三公不得也。'今外臣交淺而欲深談,可乎?"王曰:"請奉教。"於是馮忌乃談。

客諫趙王親建信君

[眉批]此段又與魏牟同,不若牟之簡而益工。但末三四言,自是奇傑。

　　客見趙王曰:"臣聞王之使人買馬也,有之乎?"王曰:"有之。""何故至今不遣?"王曰:"未得買馬之工也。"善相馬之人。對曰:"王何不遣建信君乎?"趙王幸臣。王曰:"建信君有國事,又不知相馬。"曰:"王何不遣紀姬乎?"趙王幸妾。王曰:"紀姬婦人也,不知相馬。"對曰:"買馬而善,何補於國?① 買馬而惡,何危於國?② 然而王之買馬也,必將待工。今治天下,舉錯非也,用、舍皆非其人。國家爲虛戾,而社稷不血食,然而王不待工,而與建信君,何也?"趙王未之應也。客曰:"燕郭之法,有所謂桑雍[旁訓]癰同。者,桑中有蠹,則膏液流於外,如癰潰然。王知之乎?"王曰:"未之聞也。""所謂桑雍者,便辟左右之人,及夫人優饒也,言愛之甚。愛孺子也。此皆能乘王之醉昏,而求所欲於王者也。是能得之於內,則大臣爲之枉法於外矣。故日月暉於外,其賊在於內,月照天下,食於詹諸。謹備其所憎,而禍在於所愛。"雖謹備其所惡,而禍反在於帷③廧之內。[眉批]九我曰:按王斗、魏牟及此客之說大同然,即孟氏所謂必使玉人彫鐫玉之旨意者,戰國策士大都有所授之與?

────────────

　　① "何補於國""買馬而惡"之間,《戰國策》多本有"王曰:無補於國"六字,此本及《戰國策旁訓便讀》省去。

　　② "何危於國""然而王之買馬"之間,《戰國策》多本有"王曰:無危於國。對曰:然則買馬善而若惡,皆無危補於國"諸字,此本及《戰國策旁訓便讀》省去。

　　③ 帷,原誤作"唯",今據《戰國策旁訓便讀》改。

幽　王

司空馬料趙速亡

[眉批]李牧[1],北邊良將,趙不能專倚爲干城,乃聽韓倉之誣而賜之死。李牧死五月而趙亡,賢人存亡,果足爲國之輕重哉!

文信侯出走,吕不韋與后通事覺。與司空馬不韋吏也。之趙,趙以爲守相。守,假官也。馬爲之。秦下甲而攻趙。司空馬説趙王曰:"文信侯相秦,臣事之,爲尚書,秦官,屬少府。習秦事。今大王使守小官,習趙事。請爲大王設秦、趙之戰,設者,無其事,施陳爲之。而親觀其孰勝。趙孰與秦大?"曰:"不如。""民孰與之衆?"曰:"不如。""金錢粟孰與之富?"曰:"弗如。""國孰與之治?"曰:"不如。""相孰與之賢?"曰:"不如。""將孰與之武?"曰:"不如。""律令孰與之明?"曰:"不如。"司空馬曰:"然則大王之國,百舉而無及秦者,舉其百,而無一事可及秦。大王之國亡。"趙王曰:"卿不遠趙,而惠教以國事,願於因計。"願因馬以計事。司空馬曰:"大王裂趙之半以賂秦,秦不接刃而得趙之半,秦必説。内[2]惡趙之守,秦雖得地,趙猶有守之者,秦所患也。外恐諸侯之救,秦必受之。患有守有救,則必急受之。秦受地而卻兵,趙守半國以自存。[眉批]"内惡"以下,再度秦之詞也。秦銜賂以自强,山東必恐。亡趙自危,趙亡,則五國有唇亡之憂。諸侯必懼。懼而相救,則從事可成。臣請爲大王約從。從事成,則是大王名亡趙之半,實得山東以敵秦,秦不足亡。"言亡秦之易。趙王曰:"前日秦下甲攻趙,趙賂之以河間十二縣,地削兵弱,卒不免秦患。今又割趙之半以强秦,力不能自存,因以亡矣。願卿更計。"再畫計謀。司空馬曰:"臣少爲秦刀筆,謂爲尚書,筆以書札,刀以削其不當者。以官長而守小吏,其官之長,任之爲吏。未嘗爲猶治。兵,臣請爲大王悉趙兵以遇。"與秦接戰。趙王不能將。司空馬曰:"臣效愚計,大王不用,是臣無以事

---

① 牧,原作"枚",今據下文改。
② 内,原誤作"而",今據黄丕烈本、《戰國策評苑》改。

大王，願自請。"求去。司空馬去趙，渡平原。平原津令郭遺勞迎①勞司空馬。而問："秦兵下趙，上客從趙來，趙事何如？"司空馬言其爲趙王計而不用，趙必亡。平原令曰："以上客料之，趙何時亡？"司空馬曰："趙將武安君，李牧。期年而亡。若殺武安君，不過半年。趙王之臣[旁訓]幸臣。有韓倉者，以曲[旁訓]不正。合於趙王，其交甚親，其爲人嫉[旁訓]惡。賢妒功臣。今國危亡，王必用其言，武安君必死。"韓倉果惡之，[旁訓]毀李牧。王令人代②武安君使趙蔥、顏聚代牧。至，李牧至。使韓倉數之曰："將軍戰勝，王觴將軍。將軍爲壽於前而捍匕首，誣其以匕首自衛，如欲刺王然。當死。"武安君曰："繓[旁訓]牧名。病鈎，身大臂短，[旁訓]短傴如鈎。不能及地，起居不敬，問王起居，拜不及地爲不敬。恐懼死罪於前，故使工人爲木材以接手。上若不信，繓請以出示。"出之袖中，以示韓倉，狀如振梱，梱，門橛也。牧右臂短，故爲木材接之，如振動梱橛也。纏之以布。"願公入明之。"韓倉曰："受命於王，賜將軍死，不赦。臣不敢言。"武安君北面再拜賜死，拜賜死之命。搯引也。劍將自誅，乃曰："人臣不得自殺宮中。"過司馬門，宮門。趨甚疾，出諺別也。[旁訓]音持。門也。出諺門，謂遠宮中。右舉劍將自誅，臂短不能及，銜劍徵之於柱以自刺。銜劍於口，因柱以自刺，驗其手之不能及也。武安君死，五月趙亡。平原令見諸公，必爲之言曰："嗟嗞乎，司空馬！"又以謂司空馬逐於秦非不智也，去趙非不肖也，趙去司空馬而亡國，國亡者非無賢人，不能用也。[眉批]九我曰：趙亡本不係司空馬之去，故于李牧之死事猶加詳，末獨歸重于司空者，乃結法當然耳。

魏　策

桓　子

任章勸魏桓子以地與智伯

智伯索[旁訓]求。地於魏桓子，魏桓子弗予③。任章魏人。曰："何

---

①　迎，原誤作"近"，今據《戰國策旁訓便讀》改。
②　代，原誤作"伐"，今徑改，注同。
③　弗予，原誤作"而子"，今據黃丕烈本等改。

故弗予?"桓子曰:"無故索地,故弗予。"任章曰:"無故索地,鄰國必恐;重[旁訓]多。欲無厭,天下必懼。君予之地,智伯必驕。驕而輕敵,鄰國懼而相親。以相親之兵,待輕敵之國,智氏之命不長矣!《周書》曰:'將欲敗之,必姑輔之;[眉批]輔,一本作"歸"。將欲取之,必姑與之。'君不如與之,以驕智伯。君何釋[旁訓]舍也。以天下圖智氏,言何舍此而不爲。而獨以吾國爲智氏資乎?"[眉批]"君何釋以爲天下圖"二句,言舍此不與,適足爲智氏來伐之資①。君曰:"善。"乃與之萬家之邑一。智伯大説,因索蔡、皋狼[旁訓]趙地。於趙,趙弗與,因圍晉陽。韓、魏反於外,趙氏應之於内,智氏遂亡。

文　侯

魏文侯諭西門豹

西門豹爲鄴令,而辭乎魏文侯。文侯曰:"子往矣,必就[旁訓]成。子之功而成子之名。"西門豹曰:"敢問就功成名,亦有術乎?"文侯曰:"有之矣。鄉邑老者而先受坐之士,老者坐先於衆。子入而問其賢良之士而師事之,求其好掩人之美而揚人之醜者而參驗之。夫物多相類而[旁訓]以。非也,幽莠之幼也似禾,莠,似禾之草。幽,言其色茂。驪牛之黄也似虎,驪,黑黄色。白骨疑象,武夫類玉。武夫,石也。此皆似之而非者也。"

惠　王

公叔痤辭賞田

魏公叔痤爲魏將,而與韓、趙戰澮北,禽樂祚。趙將。魏王説,郊迎,以賞田百萬禄之。閑田以待賞有功者。公叔痤反走,再拜辭曰:"夫使士卒不崩,直而不倚,直,直前。倚,邪行。棟撓而不避者,喻敵之壓己。此吳起餘教也,臣不能爲也。前脈形地之險阻,脈,見其幽。形,見其顯。決利

---

① 　原無"資"字,今據黄丕烈本、《戰國策評苑》補。

害之備，[眉批]棟撓，以屋壓喻。脈，醫家所謂方脈，猶察也。使三軍之士不迷惑者，巴寧、爨襄之力也。二人，下所謂“能士”。縣[旁訓]音懸。賞罰於前，使民昭然信之於後者，王之明法也。見敵之可[旁訓]可擊。也[眉批]也，作“擊”。鼓之，不敢怠倦者，臣也。王特爲臣之右手不倦賞臣，可也？若以臣之有功，臣何力之有乎？”王曰：“善。”於是索吳起之後，賜之田二十萬。巴寧、爨襄田各十萬。王曰：“公叔豈非長者哉？既爲寡人勝強敵矣，又不遺賢者[旁訓]吳起。之後，不掩能士[旁訓]巴寧、爨襄。之迹，公叔何可無益[旁訓]加。乎？”故又與田四十萬，加之百萬之上，使百四十萬。故《老子》曰：“聖人無積，盡以爲人，己愈有；既亦盡。以與人，己愈多。”公叔當之矣。

龐葱市虎之喻

[眉批]魏王聞市虎之諷，既自以爲知。後内無所主，而卒疑其子，蔽亦甚矣。

龐葱與太子[旁訓]魏太子。質於邯鄲，[旁訓]趙都。謂魏王曰：“今一人言市有虎，王信之乎？”王曰：“否。”“二人言市有虎，王信之乎？”王曰：“寡人疑之矣。”“三人言市有虎，王信之乎？”王曰：“寡人信之矣。”龐葱曰：“夫市之無虎明矣。然而三人言而成虎。今邯鄲去大梁也遠於市，而議臣者過於三人矣。願王察之也。”王曰：“寡人自爲知。”自己明知，不信人言。於是辭行，而讒言先至。後太子罷質，果不得見。

魯君論酒色味能亡國

[眉批]霍林曰：諫文直説，議論雄偉，引證典雅，句句着意，無一字艱澀，亦秦漢文之最切舉業者。

梁王魏嬰[旁訓]《史》作“罃”。觴諸侯於范臺。是時，魯、衛、宋、鄭君來朝魏。酒酣，請魯君舉觴。魯君[旁訓]共公。興，避席擇言曰：擇善而言。“昔者，帝女令儀狄作酒而美，進之禹，禹飲而甘之①，遂疏儀狄，絶旨酒。曰：‘後世必有以酒亡其國者。’齊桓公夜半不嗛，嗛，快也。苦劫反。[旁訓]口不

_____

① 之，原無，今據黄丕烈本、《戰國策評苑》補。

喜食。易牙乃煎熬燔炙，有汁①而乾曰煎。乾煎曰熬。肉蒸之曰燔。近火曰炙。和調五味而進之，桓公食之而飽，至旦不覺，飽而寢安。曰：'後世必有以味亡其國者。'晉文公得南之威，［旁訓］美女名。三日不聽朝，遂推南之威而遠②之，曰：'後世必有以色亡其國者。'楚王［旁訓］莊王。登強臺而望崩山，左江而右湖，以臨彷徨，自上視③下曰臨。彷徨，徙倚也。其樂忘死，遂盟強臺而弗登，曰：'後世必有以高臺陂池亡其國者。'今主④君之尊，儀狄之酒也；主君之味，易牙之調也；左白台而右閭須，白台、閭須俱美人。南威之美也；前夾林而後蘭臺，強臺之樂也。有一於此，足以亡其國。今主君兼此四者，可無戒與！"［眉批］如岡曰：凡文字，前立數樁議論，後宜鋪應。或意思未盡，雖再言，亦可只要轉換得好，如此非惟見文有情而重法，亦覺整齊。魯共此論，可以爲式。梁王稱善相屬。

【九我評】魯，周公之後也，其教澤存焉。故齊仲孫湫曰："猶秉周禮。"韓起亦曰："周禮盡在魯矣。"仲尼作縉紳，先生萃焉，於是特爲中國禮義之邦。觀魯君之所稱說，則周、孔之澤⑤深矣。舉觴一時，而爲天下萬世之明戒，魯君豈非賢君哉！

　　襄　　王

蘇秦以合從説趙王

　　蘇子爲趙合從，説魏王曰："大王之地，南有鴻溝、［旁訓］凡六。陳、汝南、許、鄢、昆陽、邵陵、舞陽、新郪，東有淮、潁、［旁訓］凡六。沂、黃、煮棗、無疏，西有長城之界，［旁訓］凡一。北有河外、［旁訓］凡五。卷、衍、燕、酸棗，地方千里。名雖小，然而廬田廡舍，曾無所芻牧牛馬之地。廬，田間屋。廡，廊下周屋。居人多，故無所芻牧。人民之衆，車馬之多，日夜［眉批］

① 汁，原誤作"斗"，今據黃丕烈本、《戰國策評苑》改。
② 遠，原誤作"進"，今據黃丕烈本、《戰國策評苑》改。
③ 視，原誤作"親"，今據《戰國策評苑》改。黃丕烈本作"觀"。
④ 主，原作"尊"，今據黃丕烈本、《戰國策評苑》改。
⑤ 澤，原誤作"擇"，今據《戰國策評苑》改。

夜，一本作"下"。行不休已，無以異於三軍之衆。人行多，故如軍陳。臣竊料之，大王之國不下於楚。然橫人訹誘也。[旁訓]戒。王外交强虎狼之秦，以侵天下，卒有國患，不被其禍。猝然有魏國之禍患，彼不與其禍。夫挾强秦之勢以内劫其主，罪無過此者。且魏，天下之强國也；大王，天下之賢主也。今乃有意西面而事秦，稱東藩，築帝宫，爲秦築宫，備其巡幸。受冠帶，受服於秦。祠春秋，助秦祭。臣竊爲大王愧之。臣聞越王勾踐以散卒三千，散，則非梟勇。禽夫差於干遂；武王卒三千人，革車三百乘，斬紂於牧之野。豈其士卒衆哉？誠能振其威也。今竊聞大王之卒，武力二十餘萬，蒼頭二十萬，蓋以青帕首，曰蒼頭。奮擊二十萬，力能奮擊。厮徒十萬，車六百乘，騎五千疋。此其過越王勾踐、武王遠矣！今乃劫[旁訓]制。於群臣之説，而欲臣事秦。[眉批]此大概與説韓同，蓋韓、魏一體也。夫事秦必割地效質，人子爲質。故兵未用而國已虧[旁訓]損。矣。凡群臣之言事秦者，皆姦臣，非忠臣也。夫爲人臣，割其主之地以外交，偷取[旁訓]苟且。一旦之功而不顧其後，破公家而成私門，外挾强秦之勢以内劫其主以求割地，願大王之熟察之也。《周書》曰：'綿綿不絶。蔓蔓若何。以瓜瓞喻。毫毛不拔，將成斧柯。'以柯木喻。前慮不定，後有大患，將奈之何？大王誠能聽臣，六國從親，專心并力，則必無强秦之患。故弊邑趙王肅侯。使使臣獻愚計，奉明約，在大王詔之。"魏王曰："寡人不肖，未嘗得聞明教。今主君以趙王之詔詔之，敬以國從。"

惠施欲以魏合齊楚

張儀欲以魏合於秦、韓而攻齊、楚，惠施欲以魏合於齊、楚以案兵。人多爲張子於王所。人於王處，多爲儀計。惠子謂王曰：[眉批]此八句當爲兩段。前四句爲一段，是發其疑。後四句爲一段，是實其皆然，文其舒徐。"小事也，謂可者、謂不可者正半，言雖小事，人可否者且正半。況大事乎？以魏合於秦、韓而攻齊、楚，大事也，而王之群臣皆以爲可。言此大事，而人同聲是之。不知是其可也，如是其明邪？不知群臣以爲可者，明見其可邪。亡群臣之智術也，如是其同邪？抑亡乃群臣以智術相欺，竟如是其雷同附和耶。是其可也，未如是其明也。苟其同聲以爲可者，未必明見其可者。而群臣之智術也，又非皆同也。乃群臣以智術相欺，又未必其皆當於理也。是其有半塞也。塞，不明。所謂劫王者，失其半者也。"事不明而劫王必從，是於事理失其半矣。

哀　王

季子説梁王專用公孫衍

公孫衍爲魏將，與其相田需不善。季子爲衍謂梁王曰："獨不見夫服牛驂驥乎？不可以行百步。今王以衍爲可使將，故用之也。而聽相之計，是服牛驂驥也。牛馬俱死，而不能成其功，王之國必傷矣。願王察之。"

【九我評】按此用賢而使不肖間①之之説也。然而衍非賢者也。

惠子謂田需

[眉批]石簣曰：此與《孟子》"雖有天下易生之物"云云相類，而意在自樹。又云"子必善左右"，則君子、小人之用心可見矣。

田需貴於魏王。惠子曰："子必善[旁訓]善事。左右。今夫楊，横樹之則生，倒樹之則生，折而樹之又生。然使十人樹楊，一人拔之，則無生楊矣。故以十人之衆，樹易生之物，然而不勝一人者，何也？樹之難而去之易也。今子雖自樹於王，而欲去子者衆，[旁訓]左右欲去之者甚多。則子必危矣。"

蘇代爲田需説魏王

犀首見梁君曰："臣盡力竭智，欲以爲王廣土，取尊名，田需從中敗君，壞其計畫。王又聽之，是臣終無成功也。需亡，臣將侍；需侍，臣請亡。"王曰："需，寡人之股掌之臣也。爲子之不便也，殺之、亡之，毋謂天下何？内之，親之。無若群臣何也！言爲不便於子之故，殺之、亡之，天下之

---

① 間，原誤作"問"，今據黄丕烈本、《國策全本》改。

人與内之，群臣皆以爲不然也。今吾爲子外之，令毋敢入猶與。子之事，入子之事者，①吾爲子殺之、亡之，胡如？”［眉批］胡如，一作“何如”。犀首許諾。於是束見田嬰，與之約結，召文子而相之魏，文子，即田文，嬰之子也。蓋犀首約結於嬰，召其子田文而相之也。身相於韓。蘇代爲田需説魏王曰：“臣請問文［旁訓］齊人。之爲魏孰與其爲齊也？”王曰：“不如其爲齊也。”“衍之爲魏，孰與其爲韓也？”衍，陰晉人，時屬韓。王曰：“不如其爲韓也。”蘇代曰：“衍將右［旁訓］助。韓而左［旁訓］不助。魏，文將右［旁訓］助。齊而左［旁訓］不助。魏，二人者將用王之國舉事於世，中道而不可，中立，不能兩全二國。王且無所聞之矣。彼有外心，王不得而聞之。王之國雖滲樂而從之，可也？言國微弱如漏器，尚足樂，雖從二子可也。然從②二子必亟亡，不得如是也。王不如舍猶厝。需於側，以稽二人者之所爲。二人者曰：‘需非吾人也，需非二人之黨。吾舉事而不利於魏，需必挫［旁訓］毀折。我於王。’二人者必不敢有外心矣。［旁訓］有叛③魏心。二人者之所爲之利於魏，與不利於魏，王厝［旁訓］措同。置也。需於側以稽之，臣以爲身利而國便於事。”臣以爲於王身甚利，而於國事亦甚便。王曰：“善。”果厝需於側。

張儀以連衡説魏

［眉批］九我云：自首至“故戰場也”，言地狹兵寡，而無險固，其弱不可保也。自“魏南與楚”至“五裂之道也”，言與一國，而不與者攻，明六國不可從此之由，故其下遂言“從之不成也”“大王不事秦”“大王不聽秦”，此節皆以兵威恐喝之，使事秦也。既言事秦之利，又言不事秦之害，且言從人之不可信，大概與從人詞相反。

張儀爲秦連衡説魏王曰：“魏地方不至千里，卒不過三十萬人。地四平，諸侯四通，條達輻輳，如木枝分布，而四方湊之，如輻於轂。無有名山大川之限。從鄭至梁，不過百里；從陳至梁，二百餘里。馬馳人趨，不待倦而至梁。言陳、鄭所至皆平地，故人馬不待疲倦而至梁。南與楚境，西與韓

---

① “子之事，入子之事者”，原正文爲“入子之事者”，旁訓爲“入子之事”，今據黃丕烈本等改。

② 從，原誤作“後”，今據黃丕烈本改。

③ 叛，原誤作“板”，今據文義改。

境，北與趙境，東與齊境，卒戍四方，它國境或有山川關塞，唯梁無之，皆以卒戍守四方。守亭障者參列。粟糧漕庾不下十萬。千里①—亭，亭築城壘以障，隔之如是者，參布而列。漕，水運。庾，水漕倉。魏之地勢，故戰場也。魏南與楚而不與齊，則齊攻其東；東與齊而不與趙，則趙攻其北；不合於韓，則韓攻其西；不親於楚，則楚攻其南。此所謂四分五裂之道也。且夫諸侯之爲從者，以安社稷、尊主、强兵、顯名也。合從者，一天下，約爲兄弟，刑白馬以盟於洹水之上，以相堅也。夫親昆弟、同父母尚有爭錢財。而欲恃詐僞反覆蘇秦之餘謀，其不可以成亦明矣。大王不事秦，秦下兵攻河外，拔卷、衍、燕、酸棗，劫衛，取晉陽，則趙不南；趙不南，則魏不北；魏不北，則從道絕；主從者趙，故不言其他。則大王之國欲求無危不可得也。秦挾韓而攻魏，韓劫於秦，不敢不聽②。秦、韓爲一國，魏之亡可立而須也。〔眉批〕"秦、韓爲一國魏之亡"八字，一本作"秦、韓爲一國之危亡"。此臣之所爲大王患也。爲大王計，莫如事秦。事秦則楚、韓必不敢動；無楚、韓之患，則大王高枕而臥，國必無憂矣。且夫秦之所欲弱莫如楚，而能弱楚者莫若魏。楚雖有富大之名，其實空虛；其卒雖衆多，然而輕走易北，不敢堅戰。悉魏之兵南面而伐，勝楚必矣。夫虧楚而益魏，攻楚而適秦，內〔眉批〕內，一作"乃"。嫁禍安國，此善事也。大王不聽臣，秦甲出而東伐，雖欲事秦而不可得也。且夫從人多奮辭猶大言。而寡可信。〔眉批〕從人爲是固矣，不識橫人果何心也。說一諸侯之王，出而乘其車；約一國而成，反而取封侯之基。是故天下之游士，莫不日夜搤腕、把手也。瞋目、張目也。切齒，言之力也。以言從之便，以說人主。人主覽其辭，牽其說，惡得無眩〔旁訓〕惑。哉？臣聞積羽沉舟，群輕折軸，衆口鑠金。衆口所毁，雖金石猶可銷。故願大王之熟計之也。"魏王曰："寡人蠢愚，前計失之。前合從之計其失③。請稱東藩，築帝宮，受冠帶，祠春秋，效河外。"

---

① 千里，《戰國策旁訓便讀》同。疑"千"爲"十"字之誤。
② "敢""聽"之間原脱"不"字，今據黄丕烈本補。
③ 失，原誤作"矣"，今據文義改。

蘇代爲信安君説秦

秦召魏相信安君，信安君不欲往。蘇代爲説秦王曰：“臣聞之，忠不必黨，爲信安説，疑於黨之。黨不必忠。今臣願爲大王陳臣之愚意，恐其不忠於下吏，自使有要領[旁訓]斬刑。之罪。願大王察之。今大王令人執事於魏，謂別置相，以代信安。以完其交，臣恐魏交之益疑也。將以塞趙也，信安右趙者，秦召而代之，欲魏不通趙。臣又恐趙之益勁也。交魏益堅。[眉批]二事一反一正，作四大段。夫魏王之愛習魏信也甚矣，魏信，即信安君。其智能而任用之也厚矣，[眉批]智能，以爲智能也。其畏惡嚴尊秦也明矣。今王之使人入魏而不用，則王之使人入魏無益也。若用，用秦所使。魏必舍所愛習而用所畏惡，此魏王之所不安也。夫舍萬乘之事而退，謂去相位。此魏信之所難行也。夫令人之君處所不安，令人之相行所不能，以此爲親，則難久矣。臣故恐魏交之益疑也。且魏信舍事，去相位。則趙之謀者必曰：‘舍於秦，秦必令其所愛信者用趙。’是趙存而我亡也，趙安而我危也，則上有野戰之氣，下有堅守之心，臣故恐趙之益勁也。趙之謀事者曰：魏信見舍於秦，秦亦將易置趙之臣，令其所信愛者用於趙，我之權去勢奪，是趙存而我亡、趙安而我危，則必戰、必守而不聽秦命，是趙益以强。大王欲完魏之交，而使趙小心乎？小心事秦。不如用魏信而尊之以名。魏信事王，國安而名尊；離王，不事王。國危而權輕。然則魏信之事王也，上所以爲其主者忠矣，下所以自爲者厚矣，彼其事王必完矣。趙之用事者必曰：魏氏之名族不高於我，土地之實不厚於我。魏信以魏事秦，秦甚善之，國得安焉，身得尊焉。今我構難於秦兵爲招質，言爲召兵之本。國處削危之形，非得計也。[眉批]此言國危。結怨於外，主患於中，身處死亡之地，非完事也。彼將傷其前事，而悔過其行；冀其利，必多割地以深下王。下，亦事也。則是大王垂拱多割地以爲利重，得地則益重。堯、舜之所求而不能得也。臣願大王察之。”

或爲魏説秦昭王攻楚

獻書秦王[旁訓]昭。曰：“臣竊聞大王之謀出事於梁，謀攻魏，曰出事。

謀恐不出於計矣，非得計也。願大王之熟計之也。梁者，山東之要也。如人身之腰，在中者。〔眉批〕九我云：洞晰地勢，故有此議論。有蛇於此，擊其尾，其首救；擊其首，其尾救；擊其中身，首尾皆救。今梁者，〔旁訓〕句法。天下之脊也。夫秦攻梁者，是示天下要斷山東之脊也，明示天下，中斷山東諸國之脊也。是山東首尾皆救中身之時也。山東見亡必恐，恐必大合。山東尚強，臣見秦之必大憂可立而待也。臣竊爲大王計，不如南出。事於南方，謂楚。其兵弱，天下必不能救，地可廣大，言秦地。國可富，兵可強，主可尊。王不聞湯之伐桀乎？試之弱密須氏以爲武教，先試兵以爲弱小之密須氏，以示威武。得密須氏而湯知服桀矣。今秦欲與山東爲讎，不先以弱爲武教，兵必大挫，國必大憂。”秦果南攻藍田、鄢、郢。〔旁訓〕皆楚地。

【九我評】“擊其尾”一段，喻最明顯。

昭　　王

蘇代説魏王勿講於秦

五國伐秦，無功而還。其後齊欲伐宋，而秦禁之。齊令宋郭之秦，請合而以伐宋。秦王昭。許之。魏王畏齊、秦之合也，欲講於秦。謂魏王曰：“秦王謂宋郭曰：‘分宋之城，服宋之强者，六國也。乘宋之敝，而與王齊閔。爭得者，楚、魏也。請爲王毋禁楚之伐魏也，而王獨舉宋。王之伐宋也，請剛柔而皆用之。宋强、宋弱，皆必伐之。如宋者，欺之不爲逆，殺之不爲讎者也。王無與之講以取地，既已得地，又以力攻之，期於啗宋而已矣。’如以食物啗其口。〔眉批〕用伐宋之策與①？臣聞此言，而竊爲王患②，秦必且用此於王矣。又必且劫王以求地，既已得地，又且以力攻王。又必謂王使王輕齊，齊、魏之交已醜，惡也。又且收齊以東索於王。秦嘗用此於楚矣，又嘗用此於韓矣，願王之深計之

---

①　與，原作“於”，不辭，今徑改。
②　患，原作“心”，今據黃丕烈本、《戰國策評苑》等改。

也。秦善魏不可知也已。言不可信。故爲王計，太上伐秦，其次賓即擯。秦，其次堅約而詳講，與國無相離也。秦、齊合，國不可爲也已。王其聽臣也，必無與講。與秦講。秦權重魏，魏冉明熟是，言慮此明且熟。故有謂足下傷秦者，不敢顯也。言或有爲魏傷秦之人，亦不敢顯明爲之，恐秦先覺。天下可令伐秦，則陰勸而弗敢圖也。見天下之傷秦也，則先鬻[旁訓]賣也。與國而以自解也。言與國爲之，非我也。是賣與國矣。天下可令賓秦，則爲劫於與國而不得已者。言爲與國所劫，出於不得已之故。天下不可，則先去，而以秦爲上交以自重也。言與國以擯秦爲不可，則先畔去而交秦以自重。如是人者，鬻[旁訓]賣。王以爲資者也，而焉能免國於患？免國於患者，必窮三節即上三事。而行其上，[眉批]三節，即上文太上、其次之説。上不可則行其中，中不可則行其下，下不可則胡不與秦，而生以殘秦，三不可，必爲秦所伐，則誓鬥而必死，不與秦俱生以殘①秦。[眉批]三不可，謂不能伐，不能擯，又不能講也。使秦皆無百怨百利，唯己之曾安。無令天下鬻之以合於秦，使秦無多怨於人，多利於己，惟止兵之爲安，無令天下賣主以合余。是免國於患者之計也，臣何足以當之？雖然，願足下之論臣之計也。燕，齊讎國也；秦，兄弟之交也。燕、齊與秦。[眉批]“燕齊讎國”二句，言齊宣、閔，燕易、昭再世相讎，燕、齊與秦則交若兄弟。合讎國以伐婚姻，臣爲之苦矣。言欲爲魏合燕、齊以伐秦，而已爲之難。黃帝戰於涿鹿之野，而西戎之兵不至；禹攻三苗，而東夷之民不赴。[眉批]歷叙爲之苦處。以燕、齊伐秦，黃帝之所難也，而臣已致燕甲而起齊兵矣。臣又徧事三晉之吏，奉陽君、孟嘗君、韓珉、周最、韓餘②爲徒，與爲徒友。從而下之，猶“誓節下王”之“下”。恐其伐秦之疑也。又身自醜於秦，與秦惡。扮之扮，當作“拚”。拚，棄己身爲之。請焚天下之秦符不與秦交。者，臣也；次傳焚符之約者，臣也；傳之諸國。次使五國約閉秦關者，臣也。不通秦。奉陽君、韓餘爲既和矣，蘇脩、朱嬰此皆三晉之吏。皆陰③在邯鄲，臣又説齊王而往敗之。敗宋郭合秦之約。天下共講，因使蘇脩游

---

① 殘，原作“滅”，今據正文及他本改。
② “韓餘”前，原衍“周”字，今徑删。
③ 陰，原脱，今據黃丕烈本、《戰國策評苑》補。

揄揚也。天下之語，游揄其語於天下。［眉批］之語，一作"語之"。而以齊爲上交，蓋詐。兵齊兵。請伐魏，臣又争之以死。而果［旁訓］決也。西因蘇脩重報。脩在邯鄲，齊之西也，報以齊不伐魏。臣非不知秦權之重也，然而所以爲之者，爲足下也。"

安釐王

須賈爲魏説穰侯

秦敗魏於華，［旁訓］華陽地。走芒卯而圍大梁。須賈魏人。爲魏謂穰侯曰："臣聞魏氏大臣父兄皆謂魏王曰：'初時惠王伐趙，戰乎三梁，十萬之軍拔①邯鄲，趙氏不割［旁訓］割地。而邯鄲復歸。齊人攻燕，殺子之，破故國，燕不割［旁訓］割地。而燕國復歸。燕、趙之所以國全兵勁，而地不并乎［旁訓］地不爲諸侯所兼并。諸侯者，以其能忍難而重出地也。不輕以地與人。宋、中山數伐數割，而隨以亡。臣以爲此魏大臣所稱。燕、趙可法，而宋、中山可無爲也。夫秦貪戾之國而無親，蠶食魏，盡晉國，戰勝睪子，［旁訓］地名。割八縣，地未畢入而兵復出矣。夫秦何厭之有哉！今又走芒卯，入北地，此非但攻梁也，且劫王以多割也，王必勿聽也。今王循［旁訓］順也。楚、趙而講，秦時蓋合楚、趙共攻魏，魏見二國爲秦用，遂欲講秦。楚、趙怒而與王争事秦，秦必受之。［眉批］"今王循楚地（趙）而講"，言楚、趙與秦講，魏亦欲與秦講。秦挾楚、趙之兵以復攻，則國救亡不可得已。願王之必無講也。王若欲講，必少割而有質；求秦質子。不然必欺。'秦必欺魏。是臣之所聞於魏也，願君之以是慮事也。《周書》曰：'維命不于常。'此言幸之不可數也。幸不可以屢僥。夫戰勝睪子，［旁訓］地名。而割八縣，此非兵力之精，非計之功也，天幸［旁訓］句法。爲多矣。今又走芒卯，入北地，以攻大梁，是以天幸自爲常也。智者不然。臣聞魏氏悉其百縣勝兵，以止戍大梁，臣以爲不下三十萬。以三十萬之

---

① 拔，原誤作"投"，今據黄丕烈本、《戰國策評苑》改。

衆，守十仞之城，臣以爲雖湯、武復生，弗易攻也。夫輕信楚、趙之兵，陵十仞之城，戴三十萬之衆，而志必舉之，臣以爲自天下之始分以至于今，未嘗有之也。［眉批］“臣以爲自天下之始分”，言自天開地闢，至今未有此事。攻而不能拔，秦兵必罷，［旁訓］音疲。陰①必亡，陰，穰侯封邑。言陰必亡者，以私計動之也。則前功必棄矣。今魏方疑，可以少割收也。願君之及楚、趙之兵未任於大梁也，未以攻梁自任。亟以少割收魏。魏方疑，而得以少割爲和，必欲之，則君得所欲矣。楚、趙怒於魏之先己講也，己兵未至，而魏先與秦講。必争事秦。從是以散，言從事散。而君後擇焉。擇所與於從散之後。且君之嘗割晉國取地也，何必以兵哉？先割取時不用兵。夫兵不用，而魏效絳、安邑，又爲陰啓言得二縣，以拓陰之封地。兩機，盡得縣啓封，兩者已盡。故宋，衞效故宋、衞必割而益秦兵。尤憚。秦兵出地而小，故愈畏秦。已合，魏合秦。而君制之，何求而不得？何爲而不成？臣願君之熟計而毋行危也。”穰侯曰：“善。”乃罷梁圍。

周訴諫止魏王朝秦

［眉批］周訴之愛王也其忠，其諭王也其明，釐王不能聽，而聽支期。期豈賢於訴哉？蓋期之所效者事，而訴之所諭者理。庸主固可示以事，而難以理諭也。微二臣者，釐其爲楚懷與？

秦敗魏於華，魏王且入朝於秦。周訴謂王曰：“宋人有學者，三年反而名其母。其母曰：‘子學三年，反而名我者何也？’其子曰：‘吾所賢者，無過堯、舜，堯、舜名。吾所大者，無大天地，天地名。今母賢不過堯、舜，母大不過天地，是以名母也。’其母曰：‘子之於學者，於其所學。將盡行之乎？願子之有以易名母也。改其名母者而勿行。子之於學也，［眉批］“子之於學也”，“也”字一作“乎”。將有所不行也。願子之且以名母爲後也。’以名母爲不可而後之。今王之事秦，尚有可以易入朝者乎？願王之有以易之，而以入朝爲後。”魏王曰：“子患寡人入而不出邪？許綰爲我祝曰：‘入而不出，請殉寡人以頭。’”［眉批］按，許綰當是勸王朝秦者。周

---

① 　陰，原脱，今據黄丕烈本、《戰國策評苑》補。

訢對曰：“如臣之賤也，今人有謂臣曰，入不測之淵而必出，不出，請以一鼠首爲汝殉者，臣必不爲也。今秦不可知之國也，猶不測之淵也；而許綰之首，猶鼠首也。內王於不可知之秦，而殉王以鼠首，臣竊爲王不取也。且無梁孰與無河內急？”［眉批］九我云：“如臣之賤”一段，言以臣下賤之人，其身雖不足愛，然設有人謂臣曰“汝試入不測之淵而必得出，若不得出，請以一鼠首爲女殉”，彼雖爲極言其必出，而臣亦不敢入也。王曰：“梁急。”“無梁孰與無身急？”王曰：“身急。”曰：“以三者，身，上也；河內，其下也。秦未索［旁訓］求。其下，而王效［旁訓］獻。其上，可乎？”王尚未聽也。支期曰：“王視楚王。頃襄。楚王入秦，王以三乘先之；若楚王入朝秦，則王以三乘先楚至秦。楚王不入，楚、魏爲一，尚足以捍秦。”若楚王不入朝秦，則楚、魏締交爲一，尚足以禦秦。王乃止。王謂支期曰：“吾始已諾於應侯矣，今不行者欺之矣。”支期曰：“王勿憂也。臣使長信侯魏相之善應侯者。請無內［旁訓］納。王，王待臣也。”支期說於長信侯曰：“王命召相國。”王命我來召相國。長信侯曰：“王何以臣爲？”支期曰：“臣不知也，王急召君。”長信侯曰：“吾內［旁訓］納。王於秦者，寧以爲秦耶？吾以爲魏也。”支期曰：“君無爲魏計，君其自爲計。且安死乎？問何所安。安生乎？安窮乎？安貴乎？君其先自爲計，後爲魏計。”長信侯曰：“樓公將入矣，俟樓緩入，與之議。臣今從。”支期曰：“王急召君，君不行，血濺君襟矣！”長信侯行，支期隨其後。且見王，支期先入謂王曰：“僞病者乎而見之，令王見而詐辭疾。臣已恐之矣。”長信侯入見王，王曰：“病甚奈何！吾始已諾於應侯矣，意雖道死，行乎？”意雖死於路，猶將行。長信侯曰：“王毋行矣。臣能得之於應侯矣，能使應侯止①王之行。願王無憂。”

孫臣諫魏王割地講秦

　　華軍之戰，魏不勝秦。明年，將使段干崇［旁訓］魏人。割地而講。孫臣亦魏人。謂魏王曰：“魏不以敗之上割，上，謂當其時。言魏不以敗之時割

────────────

① 止，原誤作“指”，今據黃丕烈本、《戰國策評苑》改。

地。可謂善用不勝矣；而秦不以勝之上割①，秦不以勝之時求割地。可謂不善用勝矣。今處期年乃欲割，是群臣之私計不及也。而王不知也。且夫欲璽者得秦封，受其璽。段干子也，王因使之割地；欲地者秦也，而王因使之授璽。夫欲璽者制地，而欲地者制璽，其勢必無魏矣。〔眉批〕"欲璽者割地，欲地者制璽"，言欲得秦封璽者以地爲餌，欲得魏割地者以璽爲餌也。且夫奸臣固皆欲以地事秦。以地事秦，譬猶抱薪而救火也。薪不盡，則火不止。今王之地有盡，而秦之求無窮，是薪火之説也。"魏王曰："善。雖然，吾已許秦矣，不可以革也。"更也。對曰："王獨不見夫博者之用梟邪？猶上善用勝矣。欲食則食，欲握則握。博頭有刻爲梟鳥形者，擲得梟者，合食其子。若不便，則爲餘②行也。握，不食也，食者行棋，握不行也。今君劫於群臣而許秦，因曰不可革，何用智之不若梟也？"魏王曰："善。"乃按其行。止其入秦之行。

【九我評】薪火、用梟之喻，新奇可法。

信陵君説魏王

〔眉批〕九我云：信陵之言深切綜練，識天下之大勢。使魏王能用其計，糾率楚、趙，竭力以助韓，則韓不至於失上黨，趙不至於敗安平，六國亦不至於爲秦所吞矣。

魏將與秦攻韓，無忌謂魏王曰："秦與戎、翟同俗，有虎狼之心，貪戾好利〔旁訓〕貪欲背理。而無信，不識禮義德行。苟有利焉，不顧親戚兄弟，若禽獸耳。此天下之所同知也，非所施厚積德也。非可以施厚德之人，只可以智術禦之。故太后母也，而以憂死；穰侯舅也，功莫大焉，而竟逐之；兩弟無罪，而再奪之國。此其於親戚兄弟若此，而又況於仇讎之敵國也。今大王與秦伐韓而益近秦，〔旁訓〕此句是一篇主意。臣甚惑之，而王弗識也，則不明矣。群臣知之，而莫以此諫，則不忠矣。今夫韓氏以一女子承一弱主，是時韓王少，母后用事。內有大亂，外安能支强秦、魏之兵，王以爲不破乎？韓亡，秦有鄭地，時鄭亡屬韓。與大梁鄰，王

① 割，原爲旁訓，今據黃丕烈本、《戰國策評苑》《戰國策旁訓便讀》改。
② 爲餘，原作"餘爲"，今據黃丕烈本及《史記正義》改。

以爲安乎？王欲得故地，蓋①嘗喪地於韓，今欲乘此取之。而今負强秦之禍也，而卒負與强秦鄰之禍。王以爲利乎？秦非無事之國也，韓亡之後，必且更事；更事，必就易與利；就其易與者以求利。就易與利，必不伐楚與趙矣。是何也？夫越山踰河，絕韓之上黨，而攻强趙，則是復閼與之事也，先時，趙奢敗秦於此。秦必不爲也。若道河內，倍鄴、朝歌，絕漳、滏之水，而以與趙兵決勝於邯鄲之郊，是受智伯之禍也，秦又不敢。伐楚，[旁訓]此言不敢伐楚。道涉山谷，行三十里而攻危隘之塞，所行者甚遠，而所攻者甚難，秦又弗爲也。若道河外，倍大梁，而右上蔡、召陵，以與楚兵決於陳郊，秦又不敢也。故曰，秦必不伐楚與趙矣，又不攻衛與齊矣。衛、齊皆在三晉之東。[眉批]文字變化。韓亡之後，兵出之日，非魏無攻矣。此纔説破。秦故有懷茅、邢丘、安城、垝當作"延"。津，而以之臨河內，河內之共、汲莫不危矣。[眉批]自"秦故有懷茅"以下，直指秦亡韓之後必首伐魏。秦有鄭地，得垣雍，決熒澤，而水大梁，大梁②必亡矣。太史公曰："吾適大梁之墟，墟中人曰，秦之敗梁，引河溝而灌大梁，三月城壞，王請降，遂滅魏。"蓋秦竟用此策。王之使者大過矣，乃惡安陵氏魏之附庸。於秦，秦之欲③許之久矣。秦欲而取之久矣。然而秦之葉陽、昆陽與舞陽、高陵鄰，此二縣，安陵封地以與昆陽、葉陽鄰，故秦久惡安陵。聽使者之惡也，隨安陵氏而欲亡之。秦繞舞陽之北，以東臨許，[旁訓]即許昌。則南國必危矣。許昌此時屬韓，在魏之南，故曰南國。[旁訓]波瀾闊接，宛而力。南國雖無危，則魏國豈得安哉？且夫憎韓不愛安陵氏可也，[旁訓]委曲。夫不患秦之不愛南國非也。秦得南國，則諸侯之勢危，魏不可以非己之地而不恤也。異日[旁訓]他日。者，秦乃在河西，晉國之去梁也，千里有餘，言都絳、安邑時。有河山以蘭[旁訓]攔截。之，有周、韓而間之。從林鄉軍秦伐林鄉。以至于今，秦十攻魏。五入國中，邊城盡拔。文臺[旁訓]臺名。墮，垂都焚，有廟曰都。林木伐，麋鹿盡，而國繼以圍。先時，穰侯圍大梁。又長驅梁北，東至陶、衛之郊，衛在河、淇之間，與陶接。

---

① 蓋，《戰國策旁訓便讀》作"魏"。
② 大梁，二字原脱，今據黃丕烈本、《戰國策評苑》等補。
③ 欲，原脱，今據黃丕烈本、《戰國策評苑》等補。

北至平闕，所亡乎秦者，山北、河外、河內，大縣數百，名都數十。秦乃在河西，[旁訓]照應。晉國之去大梁也尚千里，而禍若是矣。又況於使秦無韓而有鄭地，無山河以闌之，[旁訓]呼喚①。無周、韓以間之，去大梁百里，禍必百此矣。[旁訓]急激。異日者，從之不成也，楚、魏疑而韓不可得而約也。今韓受兵三年矣，受秦兵。秦撓之以講，以求地櫏撓之。韓知亡，猶弗聽，韓雖知必亡，猶弗肯聽秦。投質約也。於趙，而請為天下雁行頓刃。乃投質約於趙，願為天下伐秦，以次進兵而頓其刃。頓與鈍同。以臣之愚觀之，則楚、魏必與之攻矣。此何也？則皆知秦欲之無窮也，非盡亡天下之兵，而臣海內之民，必不休矣。是故臣願以從事乎王，以合從之說陳於王。王速受楚、趙之約，而挾韓之質，以存韓為務，因求故地於韓，[旁訓]昔所喪者。韓必效[旁訓]獻。之。如此則士民不勞而故地得，其功多於與秦共伐韓，然而無與強秦鄰之禍。有其功且無其禍。夫存韓安魏而利天下，此亦王之大時已。通韓之上黨於共、甯，使道已通，是時，秦欲取韓上黨，故蠶食其地，使與韓國中絕，信陵勸魏假道，使韓得與上黨往來，豈專為韓？韓不失上黨，則三晉之勢猶完也。因而關之，出入者賦之，及道既通，因而設為關，韓以徵稅其出入。是魏重質猶贄。韓以其上黨也。是使韓以上黨為質。[旁訓]句法。共有其賦，韓、魏共之。足以富國，韓必德魏、愛魏、重魏、畏魏，韓必不敢反魏。是韓則魏之縣也。魏得韓以為縣，則衛、大梁、河外必矣。衛時附梁。今不存韓，則二周必危，安陵必易。言不難取。楚、趙大破，衛、齊甚畏，四國皆秦所制。天下之西鄉而馳秦，入朝為臣之日不久。"

或諫魏王信春申君

十八年，謂魏王曰："昔曹恃齊而輕晉，齊伐釐、莒而晉人亡曹。繒恃齊而輕越，繒，禹後。齊和子亂而越人亡繒。鄭恃魏以輕韓，魏伐榆關而韓氏亡鄭。原恃秦、翟以輕晉，秦、翟年穀大凶而晉人亡原。

---

① 呼喚，原文字漫漶，似作"為朵"，今據《戰國策評苑》《戰國策旁訓便讀》改。

中山恃齊、魏以輕趙，齊、魏伐楚而趙亡中山。[眉批]此歷言恃援而無政者國必亡。此五國所以亡者，皆有所恃也。非獨[旁訓]開。此五國爲然而已也，天下[旁訓]合。之亡國皆然矣。夫國[旁訓]轉。之所以不可恃者多，其變不可勝數也。或以政教不脩，上下不輯，[旁訓]安。而不可恃者；或有諸侯鄰國之虞，而不可恃者；或以年穀不登，畜積竭盡，而不可恃者；或化猶移。於利，比猶近。於患。臣以此知國之不可必恃也。今王[旁訓]正意。恃楚之强，而信春申君之言，以是賓秦，而久猶後。不可知。即春申君有變，是王獨受秦患也。即猶是。王有萬乘之國，而以一人之心爲命也。臣以此爲不完，[旁訓]結。願王之熟計之也。”

季梁諫魏攻邯鄲

魏王欲攻邯鄲，季梁[旁訓]魏人。聞之，中道而反，衣焦卷。不申，頭塵不去，衣卷不暇伸，頭塵不暇沐，以欲見之速也。往見王曰：“今者臣來，見人於大行，大道中。方北面而持其駕，告臣曰：‘我欲之楚。’臣曰：‘君之楚，將奚爲北面？’曰：‘吾馬良。’臣曰：‘馬雖良，此非楚之路也。’曰：‘吾用多。’資用不乏。臣曰：‘用雖多，此非楚路也。’曰：‘吾御者善。’‘此數者愈善，而離楚愈遠耳。’今王動欲成霸王，舉動便欲成伯王之業。舉欲信於天下。一舉便使天下信。恃王國之大，兵之精銳，而攻邯鄲，以廣地尊名，王之動愈數，而離王愈遠耳。猶至楚而北行也。”

唐雎説信陵君

信陵君殺晉鄙，救邯鄲，破秦人，存趙國。趙王孝成王①。自郊迎。唐雎謂信陵君曰：“臣聞之曰，事有不可知者，有不可不知者；有不可忘者，有不可不忘者。”信陵君曰：“何謂也？”對曰：“人之憎我也，不可不知也；吾憎人也，不可得而知也。人不能知。人之有德於我也，不可忘也；吾有德於人也，不可不忘也。[眉批]按《史記》曰：“夫人有德於公子，不可

_____

① 　成王，原誤作“哉”，今據《戰國策旁訓便讀》改。

忘也。公子有德於人，願公子忘之也。"語更有味。今君殺晉鄙，救邯鄲，破秦人，存趙國，此大德也。今趙王自郊迎，卒[旁訓]猝同①。然見趙王，臣願君之忘之也。"信陵君曰："無忌謹受教。"

縮高全②父子君臣之義

魏攻管而不下。安陵[旁訓]魏邑。人縮高，其子爲管守。縮高之子仕於秦。信陵君使人謂安陵君曰："君其遣縮高，吾將仕之以五大夫，使爲持節尉。"尉之持節者。安陵君曰："安陵，小國也，不能必使其民。使者自往請。"使道使者至縮高之所，安陵君使人引導使者至其地。復[眉批]復、致一也③。信陵君之命。申言信陵君欲仕以五大夫之命。縮高曰："君之幸高也，信陵君以命臨幸高。將使高攻管也。夫以父攻子守，人大笑也。人之所大笑也。見臣而下，是背王也。子見父④而遂降，是背秦王也。父教子背，亦非君之所喜也。敢再拜辭。"使者以報信陵君，信陵君大怒，遣大使之安陵曰："安陵之地，亦猶魏也。今吾攻管而不下，則秦兵及我，不得秦地，必受秦攻。社稷必危矣。願君之生束[旁訓]縛。縮高而致之。若君弗致，無忌將發十萬之師，以造[旁訓]造，一⑤本作"造"。安陵之城。"[眉批]戰國惟此策大類《左氏》。安陵君曰："吾先君成侯，趙主也。受詔襄王安陵，趙襄子所封，後附庸於魏。以守此地也，手受大府之憲。蓋晉之成憲。憲，法令也。憲之上篇[旁訓]第一篇。曰：'子弑父，臣弑君，有常刑不赦。國雖大赦，降城亡子以城降人及亡人之子⑥。不得與焉。'雖遇赦，不得與赦。今縮高謹辭大位，五大夫之位。以全父子之義，而君曰'必生致之'，是使我負襄王詔而廢大府之憲也，雖死終不敢行。"[眉批]叙事從容。縮高聞之曰："信陵君爲人悍而自用也。此辭反，必爲國禍。吾已全己，無違人臣之義

---

① 同，原誤作"國"，今徑改。
② 全，原誤作"金"，今據《戰國策旁訓便讀》改。
③ 一也，原作"也一"，不辭，今徑改。
④ 父，原誤作"王"，今據黃丕烈本、《戰國策評苑》改。
⑤ 一，原無，今補。
⑥ 子，原誤作"乎"，今徑改。

矣。即全己之意。豈可使吾君有魏患也?”乃之使者之舍，刎頸而死。信陵君聞縮高死，服縞素避舍，使使謝安陵君曰：“無忌小人也，困[旁訓]不通。於思慮，失言於君，敢再拜釋罪。”

景閔王

唐雎不辱使命

秦王始皇。使人謂安陵君曰：“寡人欲以五百里之地易安陵，設詞易地，實欲得之。安陵君其許寡人。”安陵君曰：“大王加惠，以大易小，甚善。雖然，受地於先王，願終守之，弗敢易。”秦王不説。安陵君因使唐雎使於秦。秦王謂唐雎曰：“寡人以五百里之地易安陵，安陵君不聽寡人，何也? 且秦滅韓亡魏，而君以五十里之地存者，以君爲長者，故不錯意也。今吾以十倍之地，請廣於君，廣君之地。而君逆寡人者，輕寡人與?”唐雎對曰：“否，非若是也。安陵君受地於先王而守之，雖千里不敢易也，豈直五百里哉?”秦王怫然怒，謂唐雎曰：“公亦嘗聞天子之怒乎?”唐雎對曰：“臣未嘗聞也。”秦王曰：“天子之怒，伏尸百萬，流血千里。”唐雎曰：“大王嘗聞布衣之怒乎?”秦王曰：“布衣之怒，亦免冠徒跣，以頭搶突也。地耳。”唐雎曰：“此庸夫之怒也，非士之怒也。夫專諸之刺王僚[旁訓]吳王。也，彗星襲月；聶政之刺韓傀[旁訓]韓相。也，白虹貫日；要離之刺慶忌也，倉鷹擊於殿上。[眉批]按吳王闔①閭欲殺王子慶忌，要離②詐以罪亡。令吳王焚其妻子，走見慶忌以劍刺之。此三子者，皆布衣之士也，懷怒未發，休祲降於天，休，吉徵。祲，戾氣。自三子言之爲吉。與臣而將四矣。若士必怒，伏尸二人，刺王，因自殺。流血五步，五步之內，言其近。天下縞素，今日是也。”挺[旁訓]拔。劍而起。秦王色撓，顏色撓亂。長跪而謝之曰：“先生坐，何至於此。寡人諭矣。曉也。夫韓、魏滅亡，而安陵以五十里之地存者，徒以有先生也。”

---

①　闔，原誤作“開”，今徑改。
②　要離，原誤作“安惟”，今徑改。

卷 四

韓 策

烈 侯

聶政爲嚴遂刺韓相

韓傀相韓，嚴遂重於君，二人相害也。嚴遂政_{正同。}議直指，舉韓傀之過。韓傀以之_{[旁訓]以此。}叱之於朝。嚴遂拔劍趨之，以救解。_{以救至得解。}於是嚴遂懼誅，亡去，游_{逃亡而去，游於列國。}求人可以報韓傀者。至齊，齊人或言：「軹深井里聶政，_{軹之里名深井，有聶政者。}勇敢士也，避仇隱於屠者之間。」嚴遂陰交於聶政，以意厚之。_{以意氣與之相厚。}聶政問之曰：「子欲安用我乎？」嚴遂曰：「吾得爲役之日淺，事今薄，_{尤迫。}奚敢有請？」於是嚴遂乃具酒，自觴聶政母前。仲子_{[旁訓]嚴遂字。}奉黃金百鎰，前爲聶政母壽。聶政驚，愈怪其厚，固謝嚴仲子。仲子固進，_{[眉批]茅坤曰：兩"固"字有生色。}而聶政謝曰：「臣有老母，家貧，客游以爲狗屠，可旦夕得甘脆以養親。_{甘，美也。脆，小臭，物易斷也。}親供養備，義不敢當仲子之賜。」嚴仲子辟人，_{屏辟去之。}因爲聶政語曰：「臣有仇，而行游諸侯衆矣。然至齊，聞足下義甚高。故直進百金者，特以爲丈人麤糲之費，_{丈人，尊政之稱。}[眉批]粟十六斗，舂米一斛①，曰

---

① 斛，原誤作"斗"，今據《戰國策旁訓便讀》改。

耦。以交足下之驩①，豈敢以有求邪？"聶政曰："臣所以降志辱身，居市井屠者，幸以養老母。以有養為幸。老母在前，尚在前。政身未敢以許人也。"嚴仲子固讓，聶政竟不肯受。然仲子卒備賓主之禮而去。久之，聶政母死，既葬，除服。聶政曰："嗟乎！政乃市井之人，鼓刀以屠，而嚴仲子乃諸侯之卿相也，不遠千里，枉車騎而交臣。臣之所以待之者至淺矣，未有大功可以稱[旁訓]相稱。者，而嚴仲子舉百金為親壽，我義不受，然是深知政也。我雖義不肯受，然亦可謂知政之深者。[眉批]次收此一段，乃見政心事。夫賢者以感忿睚眦之意，睚眦，怒視也。言感于睚眦之忿。而親信窮僻之人，而政獨安可嘿然而止乎？且前日要[旁訓]求。政，政徒以老母。[旁訓]重。老母今以天年終，政將為知己者用。"遂西至濮陽，見嚴仲子曰："前日所以不許仲子者，徒以親在。今親不幸而死，仲子所欲報仇者，請得從事焉。"猶言往報。嚴仲子具告曰："臣之仇韓相韓傀。傀又韓君之季父[旁訓]叔父。也，宗族盛多，居處兵衛甚設，設，陳也。所居處之地，則盛陳兵衛。臣使人刺之，終莫能就。成功。今足下幸而不棄，請益具車騎壯士，以為羽翼。"政曰："韓與衛相去中間不遠，今殺人之相，相又國君之親，此其勢不可以多人。多人不能無生得失，謂相可否。生得失則語泄，語泄則韓舉國而與仲子為讎也，豈不殆[旁訓]危。哉！"遂謝[旁訓]屏去。車騎人徒，辭，獨行仗[旁訓]執。劍至韓。韓適有東孟[旁訓]地名。之會，會於其地。韓王及相皆在焉，持兵戟而衛侍者甚衆。聶政直入，上階刺殺韓傀。韓傀走而抱列侯，聶政刺之，兼中列侯，左右大亂。聶政大呼，所擊殺者數十人。因自刮面以刀刮其皮面，令人不識。抉眼，屠腸，以刀②自去其眼，自屠出腸。遂以死。[眉批]此處不露主意。韓取聶政尸，暴於市，縣購之千金。懸金募知者。久之，莫知誰。政姊縈聞之，曰："吾弟至賢！不可愛妾之軀，滅吾弟之名，非弟意也。"言往哭，自吾意耳。乃之韓。視之曰："勇哉！氣矜之隆。以氣自矜，何

① 驩，原作"馭"，今據黃丕烈本等改。
② 刀，原誤作"召"，今徑改。

其甚盛。是其軼賁、育軍相出曰軼。高成荆矣。今死而無名，父母既殁矣，兄弟無有，此爲我故也。今死而不顯其名，非爲父母兄弟之故，特恐累及我故耳。夫愛身不揚弟之名，吾不忍也。”乃抱尸而哭之曰：“此吾弟軹深井里聶政也。”亦自殺於尸下。晉、楚、齊、衛聞之曰：“非獨聶政之能，乃其姊者，列女也。”聶政之所以名施於後世者，其姊不避菹醢之誅，菹醢，齏菹之類，肉醬也。以揚其名也。

【九我評】聶政之勇不待言矣。乃其姊一婦人耳，不避①菹醢之誅，以顯揚其弟之名，更爲人所難。

昭　　王

蘇秦以合從説韓

[眉批]錢貢曰：此説詞，但②反覆言韓事秦之失，其要在割地。如岡曰：六國惟韓逼③近秦患，説之難爲力。

蘇秦爲趙合從④説韓王曰：“韓北有鞏、洛、成皋之固，[旁訓]此言韓之强。西有宜陽、常坂之塞，東有宛、穰、洧水，南有陘山，地方千里，帶甲數十萬。天下之强弓勁弩，皆自韓出。谿子、少府谿子，國名，夷名。又谿子陽，匠名。徐注，少府所造。時力、距來，作之得時，力倍於常，其勁足以距來敵。皆射六百步之外。韓卒超足而射，舉足踏弩。百發不暇止，遠者達胸，近者掩心。[旁訓]箭中心上，如掩⑤。韓卒之劍戟，皆出於冥山、棠谿、墨陽、合伯。鄧師、宛馮、龍淵、大阿，鄧國有工鑄劍，因名鄧師。宛人於馮池⑥鑄劍，故名宛馮。汝南西平有龍泉⑦，可淬刀劍。冥山、棠谿、墨陽、龍淵皆地名。鄧師、宛馮，人名兼地。大阿，劍名。合伯，《史》作“合膊”，未詳。皆陸斷馬牛，水擊鵠雁，當敵

---

① 避，原誤作“備”，今據《戰國策》本文改。
② 但，原誤作“伊”，今據《戰國策評苑》改。
③ 逼，《戰國策評苑》作“迫”。
④ 爲趙合從，原無，今補。
⑤ “掩”字處原闕，今據黃丕烈本、《戰國策評苑》《戰國策旁訓便讀》補。
⑥ 池，原誤作“地”，今據黃丕烈本、《戰國策評苑》改。
⑦ 泉，原脱，今據黃丕烈本、《戰國策評苑》補。

即斬堅。甲、盾、鞮、鍪、_鞮、_鍪,首鎧也。鐵幕、革抉、咙芮,_{革抉,即《詩》"拾}決"。_{咙,音筏。}言甲盾、鞮鍪、鐵幕、革抉、咙芮之屬,無不備。無不畢具。以韓卒之勇,被堅甲,蹠勁弩,帶利劍,一人當百,不足言也。[眉批]霍林曰:自首至"人當百不足言也",言地險固,兵堅利,卒勁勇。夫以韓之勁,與大王之賢,乃欲西面事秦,稱東藩,築帝宮,受冠帶,祠春秋,交臂而服焉。[眉批]九我曰:"以韓卒之勇"四句,將前面意絕繳,西漢末俱用此法。夫羞社稷而爲天下笑,無過此者矣。是故願大王之熟計之也。大王事秦,秦必求宜陽、成皋。今兹效之,明年又益求割地。與之,即無地以給之;不與,則棄前功而後更受其禍。且夫大王之地有盡,而秦之求無已。夫以有盡之地,而逆無已之求,此所謂市怨而買①禍者也,不戰而地已削矣。臣聞鄙語曰:'寧爲雞口,無爲牛後。'雞口雖小,乃進食。牛後②雖大,乃出糞。[眉批]凌迪知曰:韓,秦之近國也③,韓所患者,在割地。故此篇極言割④地之失,而以牛後之喻激之。今大王西面交臂而臣事秦,何以⑤異於牛後乎?夫以大王之賢,挾强韓之兵,而有牛後之名,臣竊爲大王羞之。"韓王忿然作色,攘[旁訓]奮。臂按劍,仰天太息曰:"寡人雖死,必不能事秦。今主君以趙王之教詔⑥之,敬奉社稷以從。"

　　襄　　王

張儀以連衡説韓

　　張儀爲秦連橫説韓王曰:"韓地險惡,山居,五穀所生,非麥而豆;民之所食,大抵豆飯藿羹;_{以豆爲飯,以菽爲羹。}一歲不收,民不饜糟糠;地方不滿九百里,無二歲之所食。料大王之卒,悉之不過三十萬,而

---

① 買,黄丕烈本、《戰國策旁訓便讀》作"買",此從《戰國策評苑》。
② 後,原誤作"口",今據黄丕烈本、《戰國策評苑》等改。
③ 凌迪知、近,原漫漶難辨,今據《戰國策評苑》補。
④ 割,原誤作"制",今據《戰國策評苑》等改。
⑤ 以,原無,今據各本補。
⑥ 教詔,原倒作"詔教",今據黄丕烈本、《戰國策評苑》改。

厮徒負養在其中矣，負擔以給①養公家。爲除守徼亭障塞，見卒不過二十萬而已。除卻守徼亭障塞之外，見卒不過二十萬。秦帶甲百餘萬，車千乘，騎萬匹，虎鷙之士，凡鳥獸勇猛曰鷙。跿跔謂徒跣。[眉批]跿跔，音徒句。科頭，不著兜鍪。貫頤奮戟者，貫被殺者之頤，而猶奮戟以戰。至不可勝計也。秦馬之良，戎兵之衆，探前趹跳也。後，蹄間三尋者，不可勝數也。[眉批]“探前趹後”二句，言馬走勢疾，前足探向前，後足趹於後，前後蹄間一躍而過三尋。山東之卒，被甲冒胄[旁訓]兜鍪。以會戰，秦人捐甲徒裎[旁訓]棄甲而露身。以趨敵，左挈人頭，右挾②生虜。夫秦卒之與山東之卒也，猶孟賁之與怯夫也；以重力相壓，猶烏獲之與嬰兒也。夫戰孟賁、烏獲之士，以攻不服之弱國，無以異於墮千鈞之重，集於鳥卵之上，必無幸矣。幸不破碎，無是理也。諸侯不料兵之弱，食之寡，而聽從人之甘言好辭，比③周以相飾也，皆言曰‘聽吾計則可以強霸天下’。夫不顧社稷之長利，而聽須臾之說，即談間，即聽其說。誑誤人主者，誑亦誤也。無過於此者矣。大王不事秦，秦下甲據宜陽，[眉批]韓近秦，故直言下甲宜陽，言甚便，如水之下流。斷絶韓之上地。上黨之地。東取成皋、宜陽，則鴻臺[旁訓]韓臺名。之宮，桑林[旁訓]韓苑名。之苑，非王之有已。夫塞成皋，絶上地，則王之國分矣。先事秦則安矣，不事秦則危矣。夫造禍而求福，計淺而怨深，逆秦而順趙，雖欲無亡，不可得也。故爲大王計，莫如事秦。秦之所欲，莫如弱楚，而能弱楚者莫如韓。非以韓能強於楚也，其地勢然也。今王西面而事秦以攻楚，敝邑，秦王[旁訓]惠文王。必喜。夫攻楚而私其地，轉禍而說秦，計無便於此者也。是故秦王使使臣獻書大王御史，須以決事。”待韓之命以決事。韓王曰：“客幸而教之，請比郡縣，築帝宮，祠春秋，稱東藩，效宜陽。”

---

① 給，原誤作“結”，今據黃丕烈本、《戰國策評苑》等改。
② 挾，原作“挍”，今據黃丕烈本、《戰國策評苑》等改。
③ 比，原誤作“此”，今據黃丕烈本、《戰國策評苑》等改。

客卿爲韓説秦

客卿爲韓説①秦王曰：“韓珉之議，知其君不知異君，知其國不知異國。言知己而不知人，爲不知秦王發端。彼公仲者，秦勢能詘之。［旁訓］貶下之。以秦之强，首之者，珉爲疾矣。謂秦之强，韓珉以兵向之，其議必病於國。進齊、宋之兵至首垣，韓進之。遠薄梁郭，所以不反魏者，合魏。以爲成猶和。而過南陽之道，欲以四國西首也。此言珉進四國之兵以攻秦也。首垣，魏地。至首垣，薄梁郭而不與魏，反蓋欲與魏和，過南陽而西攻秦也。所以不者，攻秦不果。皆曰以燕亡於齊，喪地。魏亡於秦，喪地。陳、蔡亡於楚，亡國。［眉批］“以”字統下三句，自是文法，非衍也。此皆絶地形，大小相絶，而四國輕以小敵大，故亡。群臣比周以蔽其上，大臣爲諸侯輕國也。群臣不果伐秦之言，皆蔽上輕國也。今王位［旁訓］武王。正，能正貴賤之位。張儀之貴，不得議公孫郝，是從臣愛習而侍從者，謂儀。不事大臣謂郝。也；是從臣不得干預大②臣之事。公孫郝之貴，不得議甘茂，則大臣［旁訓］謂郝。不得事近臣［旁訓］謂茂。矣。大臣不得預近臣之事，蓋以防交通之蔽。貴賤不相事，各得其位，輻湊以事其上，則群臣之賢不肖，可得而知也。王之明一也。［眉批］此申③“王之明一也”一段，群臣比周蔽上之説。公孫郝嘗疾齊、韓而不加貴，病二國而不爲加重。則爲大臣不敢爲諸侯輕國矣。齊、韓嘗因公孫郝而不受，二國嘗因郝以交秦，而郝不受其因。則諸侯不敢因群臣以爲能矣。外内不相爲，則諸侯之情僞可得而知也。王之明二也。［眉批］“王之明二也”一段，申大臣爲諸侯輕國之説。公孫郝、樛里疾請無攻韓，陳軍陣。而辟去，軍陳以不攻者，故解散。王猶攻之也。宜陽之役。甘茂約楚、趙而反敬魏，是且構我，茂且攻宜陽，王猶校之也。茂黨魏者。楚、趙當時與魏不合，茂合楚、趙而反敬魏，且將構難於我，其欲攻宜陽，王猶檢察之。群臣之智，無幾［旁訓］無有及。於王之明者，謂上四事。臣故願公仲之以國待聽命。於王，而無自左右也。”

---

①　説，他本皆作“謂”。
②　大，原闕，今補。
③　申，原誤作“甲”，今據下文改。

或諫公叔輕秦

謂公叔曰："乘舟，舟漏而弗塞，則舟沉矣。塞漏舟，而輕陽侯〔旁訓〕海神名。之波，則舟覆矣。今公自以爲辦治也。於薛公〔旁訓〕田嬰。而輕秦，是塞漏舟而輕陽侯之波也，願公之察也。"〔眉批〕此策無非爲秦計。

或説韓公仲爲秦魏之和

或謂韓公仲曰："夫孿子之相似者，一乳兩子曰孿。唯其母知之而已。夫利害之相似者，唯智者知之而已。今公國，其利害之相似，正如孿子之相似也。得其道爲之，則主尊而身安；不得其道，則主卑而身危。今秦、魏之和成，而非公適兩束之，謂秦、魏和成，非出于公仲之約。則韓必謀矣。謂必謀與二國和。若韓隨魏以善秦，是爲魏從也，從人而已。則韓輕主①卑矣。秦已善韓，必將置其所愛信者，令用事於韓以完之，全秦之事。是公危矣。今公與安成君韓人。爲秦、魏之和，成固爲福，不成亦爲福。秦、魏之和成，而公適兩束之，是韓爲秦、魏之門戶也，喻兩國由我而成也。是韓重而主尊矣。安成君東重於魏，而西重於秦，操右契而爲公責德於秦、魏之王，公仲制和，爲德于秦，今責其報，如今券契然。裂地而爲諸侯，公之事也。此上策也。公當務此。若夫安韓、魏而終身相，公之下服，服猶事。以侯國爲上②，則相猶爲下也。言此特公之下策耳。此王尊而身安矣，秦、魏不終相聽者也。勢必相違，而和好不終。秦怒於不得魏，必欲善韓以塞魏；魏不聽秦，必務善韓以備秦，是公擇布而割也。布，喻秦、魏。割，喻制之。秦、魏和，則兩國德公；不和，則兩國争事公。〔眉批〕秦、魏和則見德③，不和則争事，此正微芒之界④，非智者不能察。所以終孿子之意。所謂成爲福，不成亦爲福者也。願公之無疑也。"

---

①　主，原闕，今據黃丕烈本補。
②　上，原誤作"士"，今據文義及《戰國策評苑》改。
③　德，原脱，今據《戰國策評苑》補。
④　芒，原漫漶難辨，今據《戰國策評苑》補。界，原作"介"，今據《戰國策評苑》改。

或説公仲以韓合秦

或謂公仲曰：“今有一舉而可以忠於主^①、便於國、利於身，願公之行之也。今天下散而事秦，則韓最輕矣；今天下合而離秦，則韓最弱矣；合離之相續，則韓最先危矣。此君國長民之大患也。今公以韓先合於秦，先事秦，而與之合。天下隨之，是韓以天下事秦，秦之德韓也厚矣。韓與天下朝秦，而獨厚取德焉，公行之猶此。計，是其於主也至忠矣。天下不合秦，秦令而不^②聽，秦必起兵以誅不服。秦久與天下結怨構難而兵不決，韓息士民以待其釁，隙也。公行之[旁訓]此。計，是其於國也，大便也。昔者，周佼以西周善於秦，而封於梗陽；周啓[旁訓]人名。以東周善於秦，而封於平原。今公以韓善秦，韓之重於兩周也[旁訓]句法。無先計，[眉批]先計，謂不待先計，而知韓之重于周也。而秦之爭機也，在己之計，無先於此。在秦則爲爭，言欲之急。機，言不可失。萬於周之時。今公以韓爲天下先合於秦，秦必以公爲諸侯，以明示天下，公行之計，是其於身大利也。願公之加務也。”加意務合秦。

韓　王

蘇代爲韓説秦

韓人攻宋，秦王昭。大怒曰：“吾愛宋，與新城、陽晉同也。韓珉與我交，而攻我所甚愛，何也？”蘇代因爲韓説秦王曰：“韓珉之攻宋，所以爲王也。以韓之强，輔之以宋，楚、魏必恐。恐，必西面事秦。王不折一兵，不殺一人，無事而割安邑，此韓珉之所以禱於秦也。”言以此求事秦。秦王曰：“吾固患韓之難知，一從一横，吾恐韓之變詐難測，而今果從横。此其説何也？”韓難知而代説如此，何也。對曰：“天下固令韓可知矣。下文皆不欲秦、韓之合，是天下令韓可知矣。韓固已攻宋矣，其西事秦，以萬乘秦也。

---

① 主，原作“王”，今據黄丕烈本、《戰國策評苑》改。

② “不”字處原爲墨釘，今據黄丕烈本、《戰國策評苑》補。

自輔；可以萬乘之秦自輔。不西事秦，則宋地不安矣。雖得宋地，不能自安。中國白頭游敖之士，老於游說。皆積智欲離秦、韓之交。積其智慮。伏軾結靮西馳者，靮，駕牛之具。未有一人言善韓者也。伏軾結靮東馳者，未有一人言善秦者也。皆不欲秦、韓之合者何也？則晉、楚智而韓、秦愚也。晉、楚合，必伺韓、秦；伺而圖之。韓、秦合，必圖晉、楚。請以決事。”秦王曰：“善。”

或說鄭王尊秦以定韓

〔眉批〕一篇雙關。

謂鄭王曰：“昭釐侯，一世之明君也。申不害，一世之賢士也。韓與魏敵侔①之國也，均敵齊等。申不害與昭釐侯執圭而見梁君，非好卑而惡尊也，非慮過而議失也。申不害之計〔旁訓〕謀。事曰：‘我執珪於魏，魏君必得志於韓，必外靡於天下矣，靡，蔑視之。是魏敝矣。〔眉批〕“我執珪”四句，言我執珪而臣於魏，魏君又得志而驕矜，又外而蔑視於天下，是魏自敝也。諸侯惡魏必事韓，是我俛〔旁訓〕俯。於一人之下，而信〔旁訓〕伸。於萬人之上也。夫弱魏之兵，而重韓之權，莫如朝魏。’昭釐侯聽而行之，明君也；申不害慮事而言之，忠臣也。今之韓弱於始之韓，而今之秦強於始之秦。今秦有梁君之心矣，今秦欲人尊事之，有梁君朝韓之心。而王與諸臣不事爲尊秦不以尊秦爲事。以定韓者，臣竊以爲王之明爲不如昭釐侯，而王之諸臣莫如申不害也。昔者，秦穆公一勝於韓原而霸西州，猶言西方。晉文公一勝於城濮而定天子，此皆以一勝立尊謂霸。令，成功名於天下。今秦數世強矣，大勝以十數，小勝以百數，大之不王，小之不霸，名尊無所立，制令無所行，諸侯不從其令。然而春秋用兵者，非以求主尊成王於天下也。志於尊王而已。昔先王之攻，有爲名者，有爲實者。爲名者攻其心，使之心服。爲實者攻其形。謂地與民。昔者，吳與越戰，越人大敗，保於會稽之上。吳人入越而戶撫之。偏至其②家撫安

---

① 侔，原作“牟”，今據黃丕烈本、《戰國策評苑》改。
② 至其，原倒作“其至”，今據黃丕烈本改。

之。越王使大夫種行成於吳，請男爲臣，女爲妾，身執禽小贄也。而隨諸御。身執禽鳥爲贄，而隨從吳執事者。吳人果聽其辭，與成而不盟，此攻其心者也。其後越與吳戰，吳人大敗，亦請男爲臣，女爲妾，反以越事吳之禮事越。越人不聽也，遂殘〔旁訓〕滅。吳國而禽夫差，此攻其形者也。今將攻其心乎，宜使如吳；攻其形乎，宜使如越。夫攻形不如越，而攻心①不如吳，而君臣、上下、少長、貴賤，畢呼霸王，臣竊以爲猶之〔旁訓〕往也。井中而謂曰：‘我將爲爾求火也。’往井中而欲求火，難以得火矣。東孟之會，聶政、陽堅堅，政之副。刺相兼君。許異韓人。蹙列侯而殯之，〔旁訓〕躏列侯之足，使之併死。立以爲鄭君。韓氏之衆無不聽令者，則許異爲之先也。是故列侯爲君，而許異終身相焉。而韓氏之尊許異也，猶其尊列侯也。今日鄭君不可得而爲也，雖終身相之焉，然而吾弗爲云者，豈不爲過謀哉！言無前日之難，可以久相，而曰不爲者，過也。昔齊桓公九合諸侯，未嘗不以周襄王之命，然則雖尊襄王，桓公亦定霸矣。九合諸侯之尊桓公也，猶其尊襄王也。諸侯之與於合者，其尊桓公，猶尊襄王。今日天子不可得而爲也，雖爲桓公然而吾弗爲云者，豈不爲過謀而不知尊哉！此欲其尊秦。韓氏之士數十萬，皆戴列侯以爲君，而許異獨取相焉者，無它也；諸侯之君，無不任事於周室也，而桓公獨取霸者，〔旁訓〕繳完。亦無它也。知所尊而已。今强國將有帝王之釁，謂秦。而以國先者，此桓公、許異之類也。〔眉批〕“今强國將有帝王之釁”一段，言强秦將有欲爲帝王之間隙，而有能以國先事秦者，其功與②桓公、許異等。豈可不謂善謀哉？夫先與强國之利，强國能王，則我必爲之霸；强國不能王，則可以避其兵，使之無伐我。〔眉批〕“夫先與强國之利”，此先提法。此段説能先與强國，成不成，皆有利，下正言之。然則强國事成，則我立帝而霸；皆由我立之爲帝，而我可以伯。强國之事不成，猶之厚③德我也。猶以我爲德。今與强國，今謂韓。强國之事成則有福，不成則無患，然則先與强國者，聖人之計也。”聖人審時之計。

───────────────

① 心，原脱，今據黃丕烈本、《戰國策評苑》補。
② 與，原誤作“生”，今據黃丕烈本等改。
③ 厚，原誤作“爲”，今據黃丕烈本等改。

燕　策

文　公

蘇秦始以合從説燕

[眉批]霍林曰：自首至“天府者也”，誇言燕地廣兵衆富饒。次言燕不被兵者，以趙蔽其南也，秦不能踰趙而攻燕，而趙則能攻之，意謂無趙以蔽之，則燕被秦兵矣。如岡曰：燕于秦稍遠矣，而趙則爲燕之蔽，秦不能踰趙而攻燕，而趙則能攻之，故説之親趙以擯秦。

蘇秦將爲從，北説燕文侯曰：“燕東有朝鮮、遼東，北有林胡、樓煩，西有雲中、九原，南有呼池、易水。地方二千里，帶甲數十萬，車七百乘，騎六千匹，粟支十年。南有碣石、雁門之饒，碣石在東，雁門在北，不得言南。北有棗栗之利，民雖不田作，棗栗之實足食於民矣。此所謂天府也。夫安樂無事，不見覆軍殺將之憂，無過燕矣。大王知其所以然乎？夫燕之所以不犯寇被兵者，以趙爲之蔽於其南也。秦、趙五戰，設詞也。秦再勝而趙三勝。秦、趙相敝，而王以全燕制其後，此燕之所以不犯難也。且夫秦之攻燕也，踰雲中、九原，過代、上谷，彌地踵道猶言繼踵也。數千里，雖得燕城，秦計固不能守也。秦之不能害燕亦明矣。今趙之攻燕也，發號出令，不至十日，而數十萬之衆，軍於東垣矣。東垣，趙之東邑，在恒州真定府南，故常山城。度呼池，涉易水，不至四五日，而距[旁訓]至。國都矣。故曰，秦之攻燕也，戰於千里之外；趙之攻燕也，戰於百里之內。夫不憂百里[旁訓]謂趙。之患，而重千里[旁訓]謂秦。之外，計無過於此者。是故願大王與趙從親，天下爲一，則國必無患矣。”燕王曰：“寡人國小，西迫强秦，南近齊、趙。南，原作“促”。從吳注改。齊、趙强國，今主君幸教詔之合從①以安燕，敬以國從。”於是齎蘇秦車馬金帛以至趙。此在説諸國之初。

【九我評】“夫燕之所以不犯寇被兵”一段，只是脣亡之喻。但詞

---

① 從，原誤作“燕”，今據黃丕烈本、《戰國策評苑》改。

氣激昂，諫動人主①之聽耳。

　　王　噲

蘇代爲燕謀齊

<small>當時説昭王。</small>

　　蘇秦死，其弟蘇代欲繼之，乃北見燕王噲曰："臣東周之鄙人也，竊聞王義甚高甚順，鄙人不敏，竊釋鉏耨而干大王。至於邯鄲，所聞於邯鄲者，又高於所聞東周。<small>至趙所聞燕王高誼，更賢於東周聞者。</small>臣竊負其志，抱願見之志。乃至燕廷，觀王之群臣下吏，大王天下之明主②也。"<small>觀臣知主。</small>〔眉批〕<small>趙王惡奉陽之專權，故蘇秦初説而短之，燕之權在於大臣，故代初説而即游揚其群臣下吏，此皆揣摩之術也。</small>王曰："子之所謂天下之明主者，何如者也？"對曰："臣聞之，明主③者務聞其過，不欲聞其善。臣請謁王之過。夫齊、趙者，王之仇讎也；楚、魏者，王之援國也。今王奉仇讎以伐援國，非所以利燕也。王自慮此則計過。<small>則自爲計甚失。</small>無以諫者，非忠臣也。"<small>臣不能諫，則非忠臣。</small>王曰："寡人之於齊、趙也，非所敢欲伐也。"<small>雖知其仇，以其强，故奉之，不敢伐。</small>曰："夫無謀人之心，而令人疑之，殆；有謀人之心，〔旁訓〕<small>句爽。</small>而令人知之，拙；謀未發而聞于外，則危。今臣聞王居處不安，食飲不甘，思念報齊，<small>因喪見伐之怨。</small>身自削甲札，④<small>札，木簡牌之薄者。甲，用革爲之。</small>妻自組甲絣，<small>編組穿甲之繩。</small>曰有大數矣。有之乎？"王曰："子聞之，寡人不敢隱也。我有深怨積怒於齊，而欲報之二年矣。齊者，我讎國也，故寡人之所欲報也。直患國敝，力不足矣。子能以燕報齊，寡人奉國而委〔旁訓〕<small>聽從。</small>之於子矣。"對曰："凡天下之戰國七，而燕處弱焉。獨戰則不能，有所附〔旁訓〕<small>依。</small>則無不重。南附

---

　　①　主，原誤作"至"，今據《戰國策評苑》改。
　　②　主，原誤作"王"，今據黄丕烈本改。
　　③　主，原誤作"王"，今據黄丕烈本改。
　　④　黄丕烈本"身自削甲札"下有"曰有大數矣"五字，謂"鮑本無'曰有大數矣'五字"，黄丕烈校勘記謂："今本無'曰有大數矣'五字。今本乃誤依鮑本删去也。"

楚則楚重，西附秦則秦重，中附韓、魏則韓、魏重。且苟所附之國重，此必使王重矣。今夫齊王，_{閔。}長主也，而自用也。_{自恃其强，不如燕之①}_{附人。}南攻楚五年，稸_{[旁訓]亦積。}積散。西困秦三年，_{秦爲齊困。}民憔悴，士罷獘。北與燕戰，覆三軍，獲二將。而又以其餘兵南面西_{一作}_{"而"。}舉五千乘之勁宋，_{舉，猶拔其城邑。}而包十二諸侯。_{鄒、魯之君皆稱臣。}此其君之欲得也，_{得其欲。}其民力竭也，_{但其民力已竭。}安猶取哉？_{言齊不}_{可復攻取。}且臣聞之，數戰則民勞，久師則兵獘。"王曰："吾聞齊有清濟、濁河可以爲固，有長城、鉅防足以爲塞，誠有之乎？"對曰："天時不與，雖有清濟、濁河，何足以爲固？民力窮獘，雖有長城、鉅防，何足以爲塞？且異日也，濟西不役，_{養兵以備敵。}所以備趙也；河北不師，_{亦以養}_{民力。}所以備燕也。今濟西、河北盡以役矣，封②內獘矣。夫驕主必不好計，而亡國之臣貪於財。_{[眉批]"夫驕主必不好計，而亡國之臣貪於財"，此乃接}_{上起下之法。}王誠能毋愛寵子、母弟以爲質，寶珠玉帛以事其左右，彼且德燕而輕亡宋，_{輕者，易爲之。}然則前言舉，未③亡也。則齊可亡已。"王曰："吾終以子受命於天矣。"曰："內寇不與，_{在內亂而不和。}外敵不可拒。不能制內，則不可以拒外。王自治其外，_{謂謀敵齊。}臣自報其內，_{謂治於內。}此乃亡之之勢也。"

蘇代因淳于髡以説齊

蘇代爲燕説齊，未見齊王，_{閔。}先説淳于髡曰："人有賣駿馬者，比_{猶連。}三旦立市，人莫之知，往見伯樂_{[旁訓]善相馬者。}曰：'臣有駿馬欲賣之，比三旦立於市，人莫與言。子還_{[旁訓]音旋，義同。}而視之，去而顧_{[旁訓]反顧④。}之，臣請獻一朝之費。'伯樂乃還而視之，去而顧之，一旦而馬價十倍。今臣欲以駿馬見於王，莫爲臣先後者。_{爲之助。}足下有

---

① 之，原誤作"氣"，今據黃丕烈本改。
② 封，原脱，今據黃丕烈本補。
③ 未，原誤作"禾"，今據黃丕烈本改。
④ 顧，原誤作"雇"，今據正文改。

意爲[旁訓]句法。臣伯樂乎？[眉批]"足下有意爲臣伯樂乎"，此句是一篇主①意。臣請獻白璧一雙，黃金千鎰，以爲馬食。"獻此以爲馬之食。淳于髡曰："謹聞命矣。"入言之王而見之，齊王大説蘇子。

或説燕王以兵合三晉

或獻書燕王曰："王而不能自恃，弱國必得援。不惡卑名以事强，事强可以令國安長久，萬世之善計也。以事强而不可以爲萬世，則不如合弱，將奈何合弱而不能如一，此臣之所以爲山東苦也。[眉批]以不一爲無如之何，此倒文法也。比目之魚，不相得則不能行，故古人稱之，以其合兩而如一也。東方有比目魚，不比不行，謂之鰈②。今山東合弱而不能如一，是山東之智不如魚也。一③喻魚。又譬如車士之引車也，三人不能行，索二人，再求二人以助之。五人而車因行矣。今山東三國弱魏、韓、趙也。而不能敵秦，索二國，因能勝秦矣。然而山東不知相索者，智故不如車士矣。再喻車。胡與越人，言語不相知，志意不相通，同舟而凌波，[旁訓]犯風波。至其相救助如一也。今山東之相與也，如同舟而濟，秦之兵至，不能相救助如一，智又不如胡、越之人矣。三喻人。三物者，以上三事。人之所能爲也，山東主④遂不悟，此臣之所爲山東苦也。願大王之熟慮之也。山東相合，之主者不惡卑名，之國者可長存，言山東欲存，唯不羞自卑者可也。之卒[旁訓]猝同。者之，猶其也。出士以戍韓、梁之西邊，猝然有變，則出士卒以爲韓、梁戍守。此燕之上計也。[眉批]"山東相合"數句，疑有脫誤。不急爲此，國必危矣，王必大憂。今韓、梁、趙三國已合矣，秦見三國之堅也，必南伐楚。趙見秦之伐楚也，必〔北〕⑤攻燕。物固有勢異而患同者，秦之伐韓，故中山亡；秦不暇救，故趙亡之。今秦之伐楚，燕

---

①　主，原誤作"生"，今據文義改。
②　鰈，原誤作"鰥"，今據黃丕烈本改。
③　一，原誤作"二"，今據《戰國策評苑》改。
④　主，原誤作"王"，今據黃丕烈本改。
⑤　北，原脫，《戰國策旁訓便讀》同，今據他本補。

必亡。趙亡之。臣竊爲王計，不如以兵南合三晉，約戍韓、梁之西邊。山東不能堅爲此，此必皆亡。”燕果以兵南合三晉也。此三年，與楚、三晉攻秦。

昭　王

張儀以連衡説燕

[眉批]燕昭，賢智王也，非儀此説能震動。然而聽之也卑甚，蓋拊摩①新附之民，勢未可以有事，又諸國從之者衆，故爲卑詞以紓其國，是儀之横有天幸也。加之數年，收集繕兵②有其緒，則若云者固昭王之所唾③而棄者。《史》言蘇代復重燕，燕使約從如初，此昭王之素所蓄積也。

張儀爲秦破從連横，謂燕王曰：“大王之所親，莫如趙。昔趙王以其姊爲代王妻，欲并代，趙欲并燕、代而有之。約與代王遇於勾注之塞，乃令工人作爲金斗，長其尾，令之可以擊人。凡方者爲斗，若安長柄，則名枓④。尾，即斗之柄，其形若刀者是也。與⑤代⑥王飲，而陰告厨人曰：‘即酒酣樂，進熱歠，飲也。即因反斗[旁訓]倒其柄。擊之。’於是酒酣樂，進取熱歠，厨人進斟羹，熱而啜之，是羹也。斟是羹⑦，故名汁⑧曰斟。⑨因反斗而擊代王，殺之，王腦塗[旁訓]滿。地。其姊聞之，摩笄[旁訓]簪。以自刺也。故至今有摩笄之山，天下莫不聞。夫趙王[旁訓]武靈王。之狼戾無親，暴戾如狼。大王之所明見知也。且以趙王爲可親邪？趙興兵而攻燕，再圍燕都而劫大王，大王割十城乃卻[旁訓]卻兵。以謝。趙王已入朝黽池，效河間[旁訓]趙地。以事秦。今大王不事秦，秦下甲雲中、九原，驅趙而攻燕，則易水、長城非王之有也。且今時趙之於秦，猶郡縣也，不敢妄興

---

① 摩，原作“歷”，今據《戰國策旁訓便讀》改。
② 兵，原誤作“與”，今據《戰國策旁訓便讀》改。黄丕烈本作“治”。
③ 唾，黄丕烈本作“乘”。
④ 枓，原誤作“科”，今據黄丕烈本、《戰國策評苑》改。
⑤ 與，原闕，今據黄丕烈本等補。
⑥ 代，原誤作“伐”，今據黄丕烈本等改。
⑦ 黄丕烈本注謂：“斟，謂羹汁，故名汁曰斟。”
⑧ 汁，原誤作“計”，今據黄丕烈本等改。
⑨ 注文二“羹”字，原並誤作“美”，今逕改。

師以征伐。今大王事秦，秦王［旁訓］昭王。必喜，而趙不敢①妄動矣。是西有强秦之援，而南無齊、趙之患，是故願大王之熟計之也。"燕王曰："寡人蠻夷僻處，雖大男子，裁［旁訓］纔同。如嬰兒，言智識纔如小子。言不足以求正，謀不足以決事。今②上客幸而教之，請奉社稷西面而事秦，獻常山之尾五城。"

【九我評】六國怵於秦威而聽張儀，皆嬰兒哉，不獨燕王也。

郭隗説燕昭王

［眉批］隗之所陳説美矣，但其所論致士之道，爲出於有意而非秉彝好德之良，非古也。然區區徇其主於報怨之爲，亦不類三代。

燕昭王收破燕後即位，卑身厚幣以招賢者，將欲報③讐。故往見郭隗先生曰："齊因孤國之亂而襲破燕，掩其不備曰襲。孤極知燕小力少，［旁訓］弱。不足以報。然得賢士與共國，以雪先王之恥，孤之願也。敢問以國報讐者奈何？"郭隗對曰："帝者與師處，賢而師事之。王者與友處，賢而友待之。伯者與臣處，臣奉令承教。亡國與役處。役，僕役也。詘指而事之，詘指，猶折節。北面而受學，則百己者［旁訓］賢百倍於己。至。先趨而後息，先彼而趨，後之而息。先問而後嘿，則什己者［旁訓］賢什於己。至。人趨使人趨事之。則若己者至。馮几［旁訓］亦據也。據杖④，眄⑤視指使，則厮役之人至。若恣睢［旁訓］暴戾。奮擊，呴藉叱咄，［旁訓］跳躍、蹈藉而咄啐之。則徒隷之人至矣。此古服⑥道致士⑦之法也。服，猶事。事有道者。王誠博選國中之賢者，而朝其門下，天下聞王朝其賢臣，天下之士必趨於燕矣。"昭王曰："寡人將誰朝而可？"隗曰："臣聞古之君人，有以

---

① 敢，原無，今據黄丕烈本等補。
② 今，原誤作"令"，今徑改。
③ 報，原誤作"破"，今據黄丕烈本等改，下同。
④ 杖，原誤作"挾"，今據黄丕烈本等改。
⑤ 眄，原作"盼"，今據黄丕烈本等改。
⑥ 服，原無，今據黄丕烈本等補。
⑦ 士，原誤作"仕"，今據黄丕烈本等改。

千金求千里馬者，三年不能得。涓人[旁訓]居中而涓潔者。言於君曰：'請求之。'君遣之。三月得千里馬，馬已死，買①其首五百金，反以報君。君大怒曰：'所求者生馬，安事[旁訓]何事。死馬而捐[旁訓]棄。五百金？'涓人對曰：'死馬且買之五百金，況生馬乎？天下必以王爲能市[旁訓]買。馬，馬今至矣。'千里馬將至矣。於是不能②期年，千里之馬至者三。[眉批]霍林曰：市馬之喻亦美談也。太史削之，幾於疏略矣。今王誠欲致士，先從隗始。隗且見事，況賢於隗者？豈遠千里哉？"[眉批]青陽曰：隗賢與？禮之誠是也。使其未賢，能無累於明哉？且後隗而至者，禮之能如隗乎？不能如隗，是廣途而自塞之也。聲之動物尚矣，以虛鼓焉者，未有能得實應者也，其固然哉。於是昭王爲隗築宮而師之。樂毅自魏往，鄒衍自齊至，劇辛③自趙往，士爭湊燕。[旁訓]湊集於燕。燕王弔死問生，與百姓同其甘苦。[眉批]九我曰：燕昭、郭隗皆三代人也，欲爲國雪恥。君臣問對無他言④，專欲得賢士而事之。此無競，維人之誼⑤也。欲無興，得乎？二十八年，國殷富，士卒然樂佚輕戰。不以戰爲難。於是遂以樂毅爲上將軍，與秦、楚、三晉合謀以伐齊。齊兵敗，閔王出走於外。燕兵獨追北，入至臨淄，[旁訓]齊邑。盡取齊寶，燒其宮室宗廟。齊城之不下者，惟獨莒、即墨。

蘇代遺書燕昭王

　　齊伐宋，宋急，蘇代乃遺燕昭王書曰："夫列在萬乘而寄質於齊，燕前有一子質於齊。名卑而權輕。奉齊助之伐宋，事齊，而又助齊伐宋。民勞而實費。破宋，殘楚淮北，殘，破也。肥亦大。大齊，雠强而國弱也。[眉批]楚之淮北，宋鄰也。宋破，則此地殘，祇以肥齊矣。此三者，皆國之大敗也，而足下行之，將欲以除害取信於齊也。宋者，齊之害。而齊未加信於足下，而忌燕也愈甚矣。欲以信齊，而齊未必信，反以取忌。然則足下之事齊也，失

---

① "買"下原衍"有"字，今據他本刪。
② 能，原無，今據黃丕烈本等補。
③ 辛，原誤作"卒"，今據黃丕烈本等改。
④ 無他言，原無，今據《戰國策評苑》補。
⑤ 誼，原作"訓"，今據《戰國策評苑》改。

所爲矣。夫民勞而實費，又無尺寸之功，破宋肥讎，而世負_荷。其禍矣。足下以宋加淮北，强萬乘之國也^①，并宋與楚、淮北，則萬乘而强。而齊并之，是益一齊也。北夷_{即山戎。}方七百里，加之以魯、衛，_{言齊且舉宋，且}此所謂强萬乘之國也，而齊并之，是益二齊也。夫一齊之_{并此數國。}强，而燕^②猶不能支也，今乃以三齊臨燕，其禍必大矣。雖然，臣聞智者之舉事也，轉禍而爲福，因敗而成功者也。齊人紫_{齊桓公好服紫，當時}百^③素不得一紫。敗素也，而賈十倍。_{取敗素以爲紫，而價反十倍，正轉敗爲功意。}越王勾踐棲於會稽，而後殘吳霸天下。此皆轉禍而爲福，因敗而爲功者也。今王若欲轉禍而爲福，因敗而爲功乎？則莫如遥霸齊而厚尊之，_{遠事}^④_{爲齊伯主而厚禮之。}使之盟於周室，_{背秦而使齊王盟。}盡焚天下之秦符，_{事秦之約。}［眉批］爲燕謀而美齊秦於股掌。蘇氏兄弟，蓋天下第一舌也。約曰：‘夫上計破秦，其次長賓客秦。’秦挾賓客以待破，_{《史》云：其次長賓，之秦挾賓以待破。賓即擯。二“客”}^⑤_{字誤。}秦王［旁訓］_{昭王。}必患之。秦五世以結諸侯，今爲齊下；秦王之志，苟得窮齊，不憚以一國都爲功。_{不難割一國都，}然而王何不使布衣之人，以窮齊之說説秦，_{以略與國。}［眉批］此下設言爲秦書策，令與燕、趙相信，因而驅使韓、魏以攻齊，所謂窮齊也。謂秦王曰：‘燕、趙破宋肥齊尊齊而爲之下者，燕、趙非利之也。弗利而勢爲之者，何也？以不信秦王也。今王何不使可以信者_{親信之臣，令人可信者。}接收燕、趙。令涇陽君若高陵君_{二君，秦王母弟，天下信之。}先於燕、趙，秦有變，因以爲質，_{二國若疑秦有變，則因以二君爲質以信之。}則燕、趙信秦矣^⑥。秦爲西帝，趙爲中帝，燕爲北帝，立爲三帝而令諸侯。韓、魏不聽，則秦伐^⑦之。齊不聽，則燕、趙伐之。天下孰敢不聽？天下服聽，因驅韓、魏以攻

---

① 也，原無，今據黃丕烈本、《戰國策評苑》等補。
② 燕，原誤作“無”，今據黃丕烈本改。
③ 百，原作“敗”，今據文義改。
④ 事，原作“幸”，今據《戰國策旁訓便讀》改。
⑤ 客，原誤作“克”，今據黃丕烈本、《戰國策旁訓便讀》改。
⑥ “秦矣”二字，原以旁訓形式出之，今移入正文中。
⑦ 伐，原誤作“代”，今據黃丕烈本改。

齊，曰“必反宋地，而歸楚之淮北”。夫反宋地，而歸楚之淮北，燕、趙之所同利也；並立三帝，燕、趙之所同願也。夫實得所利，名得所願，有反地之實，則得所利。有立帝之名，又得所願。則燕、趙之棄齊也，猶釋敝蹝。猶棄敝蹤。〔眉批〕蹤、蹝通用。① 今王之不收燕、趙，則齊霸必成矣。諸侯戴齊，而王獨弗從也，是國伐也。秦受齊伐。諸侯戴齊，而王從之，是名卑也。王不收燕、趙，名卑而國危。王收燕、趙，名尊而國寧。夫去尊寧而就卑危，智者不爲也。’秦王聞若説也，必如刺心言其切己。然，則王何不務使智士以若此言説秦？秦伐齊必矣。夫取秦，上交也；伐齊，正利也。尊上交，務正利，聖王之事也。”燕昭王善其書，曰：“先人嘗有德蘇氏，嘗資蘇秦車馬，以合從。子之之亂，而蘇氏去燕。燕欲報讎仇於齊，非蘇氏莫可。”乃召蘇氏，時蘇代在宋。復善待之。與謀伐齊，竟破齊，閔王出走。

蘇代自解於燕昭王

〔眉批〕按代② 之僞詐，恐去後人短之，故托言忠信，又謂萬乘之主不制，謂群臣其自固之術審矣。

蘇代謂燕昭王曰：“今有人於此，孝如曾參、孝己，殷高宗子。信如尾生高，即微生高。廉如鮑焦、史鰌，即史魚。〔旁訓〕音秋。兼此三行以事王，奚如？”王曰：“如是足矣。”對曰：“足下以爲足，則臣不事足下矣。臣且處無爲之事，清靜不擾。歸耕乎周之上地，耕而食之，織而衣之。”王曰：“何故也？”對曰：“孝如曾參、孝己，則不過養其親耳；信如尾生高，則不過不欺人耳；廉如鮑焦、史鰌，則不過不竊人之財耳。今臣爲進取者也。臣以爲廉不與身俱達，不苟取，故多窮。義不與生俱立。不倖生，故輕生。仁義者，自完之道也，非進取之術也。”王曰：“自憂不足乎？”憂亦完也，不完則憂。對曰：“以自憂爲足，則秦不出殽〔旁訓〕地名。塞，齊不出營丘，〔旁訓〕地名。楚不出疏章。〔旁訓〕地名。三王代位，五霸改

---

① “通用”下原有“伐作左”三字，不辭，與上下皆不屬，今徑删。
② 代，原誤作“伐”，今改。

政，皆以不自憂故也。若自憂而足，則臣亦周之負籠［旁訓］竹器。耳，何爲煩［旁訓］浼。大王之廷耶？昔者楚取章武，［旁訓］屬渤海。諸侯北面而朝。秦取西山，諸侯西面而朝。曩者使燕去去，猶失也。周室之上，上，上地。燕嘗攻得而不取也。則諸侯不爲別馬而朝矣。言同軌而朝燕。臣聞之，善爲事者，先量其國之大小，而揆其兵之强弱，故功可成而名可立也。不能爲事者，不先量其國之大小，不揆其兵之强弱，故功不可成而名不可立也。今王有東嚮伐齊之心，而愚臣知之。”王曰：“子何以知之？”對曰：“矜餹。戟砥［旁訓］磨。劍，登丘東嚮而嘆，是以愚臣知之。今夫烏獲［旁訓］有力人。舉千鈞之重，行年八十，而求扶持。故齊雖强國也，西勞於宋，南罷於楚，則齊軍可敗，而河間可取。”燕王曰：“善。吾請拜子爲上卿，奉子車百乘，子以此爲寡人東游於齊，爲燕間齊。何如？”對曰：“足下以愛之故與，［旁訓］平聲。何不與愛子與諸舅、叔父、負床之孫，言倚床立，未能行也。不得，而乃以與無能之臣，何也？王之論臣，何如人哉？今臣之所以事足下者，忠信也。恐以忠信之故，見罪於左右。”［眉批］不得，蓋畢語反辭，今人猶然。王曰：“安有爲人臣盡其力，竭其能，而得罪者乎？”對曰：“臣請爲王譬。昔周之上地嘗有之。其丈夫宦三年不歸，其妻愛人。與人私通。其所愛者曰：‘子之丈夫來，則且奈何乎？’其妻曰：‘勿憂也，吾已爲藥酒而待其來矣。’已而丈夫①果來，於是因令其妾酌藥酒而進之。其妾知之，半道而立。慮曰：‘吾以此飲吾主父，則殺吾主父。以此事告吾主父，則逐吾主母。與殺吾主父、逐吾主母者，寧佯躓而覆之。’詐僞顚躓，而傾覆其酒。於是因佯僵而仆之。其妻曰：‘爲子之遠行來之，［旁訓］自遠行而來。故爲美酒，今妾奉而仆之。’其丈夫不知，縛其妾而笞之。故妾所以笞者，忠信也。今臣爲足下使於齊，恐忠信不諭於左右也。臣聞之曰：‘萬乘之主不制於人臣，十乘之家不制於衆人，匹夫徒步②之士不制於妻妾。’而又況於當

---

①　黃丕烈本、《戰國策評苑》“丈夫”前有“其”字，此本及《戰國策旁訓便讀》均無。

②　步，原作“卒”，今據黃丕烈本、《戰國策評苑》改。

時之賢主乎？臣請行矣，願足下之無制於群臣也。”

【九我評】忠而被謗，信而見疑，大都有之。第蘇代設爲佯躓覆酒以得罪主父之論，不過爲自固之術。

蘇代爲燕紛齊趙

蘇代①謂奉陽君說燕於趙以伐齊，奉陽君不聽，乃入齊代入。惡趙，令齊絶於趙。齊已絶於趙，因之燕，謂昭王曰：“韓爲謂臣曰：‘人告奉陽君曰：使齊不信趙者，蘇子也；令齊王閔。召蜀子齊將。使不伐宋者，蘇子也；與[眉批]與，一作“令”。齊王謀遁取[眉批]遁取，陰取也。與下文無涉。秦以謀趙者，取，言與之合。蘇子也；令齊守趙之質子以甲者，以甲兵衞守。又蘇子也。請告子以請齊，請以上四事，告奉陽君以請於齊。果以守趙之質子以甲，吾必守子以甲。’亦以甲守齊子。其言惡矣。雖然，王勿患也。臣故知入齊之有趙累也。言趙惡代②。出爲之以成所欲，出者，奮不顧也。知有累，而奮爲之。欲，謂利燕。臣死而齊大惡於趙，臣猶生也。今齊、趙絶，可大紛亂也。已。特臣非張孟談也，使臣也如張孟談也，齊、趙必有爲智伯者矣。奉陽君告朱讙與趙足二皆趙人。曰：此下代齊奉陽之言。‘齊王使公王曰[旁訓]齊人。命兌曰，必不反韓珉，今召之矣。言故反前，下類此。必不任蘇子以事，今封而相之。必不合燕，今以燕爲上交。吾所恃者順[旁訓]公王父名。也，今其言變有甚於其父，順其順也，甚於其父。始與蘇子爲讎。見之如無厲，今賢之兩之，以代爲賢，與之並處③。已矣，吾無齊矣。’言與齊絶。奉陽君之怒甚矣。此下代自言。如齊王之不信趙，而小人奉陽君也，恃之爲小人。因是而倍之。齊因此倍趙。不以今時大紛之，解而復合，則後不可奈何也。若不以此時大亂齊、趙之交，而使之得合，則必害於燕。故齊、趙之合苟可循也，[眉批]倍燕，因齊不信趙，與奉陽君遂倍齊。“苟可循也”句，疑有訛。理皆不通，或“可”上當有“不”字，方接得下文，或“可”即“不”字訛。

————————

①② 代，原誤作“伐”，今徑改。
③ 處，原作“愛”，今據黄丕烈本等改。

死不足以爲臣患，[旁訓]范雎之説。逃不足以爲臣恥，爲諸侯不足以爲臣榮，被髮自漆爲厲[旁訓]音癩。不足以爲臣辱。苟齊、趙之合順，而無害國之利也，故己之死逃、榮辱，皆不足論。然而臣有患也，臣死而齊、趙不循，使代死，而齊、趙不相順，可也。惡交分於臣也，而後相效，是臣之患也。倘或齊、趙以交之分爲由，於代惡之，而復相效順，此代所以爲患，而未死也。若臣死而必相攻也，齊、趙相攻。臣必勉之而求死焉。堯、舜之賢而死，禹、湯之智而死，孟賁之勇而死，烏獲之力而死，生之物固不死者乎？在必然之物死者，人之必然。以成所欲，王何疑焉？死而可以成利燕之欲，則王何疑。臣以不若逃而去之。詐以罪逃去。臣以韓、魏循自齊，言假韓、魏而至齊。而爲之取秦，言爲齊以交秦，是勤齊，所以怒趙也。深結趙以勤之。而燕復厚結於趙，是勤趙以怒齊也。勤，猶厚。如是則近於相攻也。[眉批]代既不死而爲逃，又謂韓、魏之順皆由于齊，于是爲之取秦而深結趙以勤之，則三國不順而近於相攻矣，雖爲之爲逃也。臣雖爲之不累燕，亦不害於燕。奉陽君告朱讙曰：此下言不累燕之實。'蘇子怒於燕王之不以吾故，以，用也。吾，指奉陽。弗予相，又不予卿也，予，言蘇子自予也。殆無燕矣。'其疑至於此，燕王善代，而奉陽謂其怒燕者，疑也。[眉批]疑，疑代之無燕也。故臣雖爲之不累燕，疑代怒燕，故代雖爲燕紛二國，二國不怨燕也。又不欲王。欲，猶須也。言其自相攻，不須燕。[眉批]不欲王，不欲燕用代也。伊尹再逃桀而之湯，果與鳴條之戰，而以湯爲天子。伍子胥逃楚而之吴，果與柏舉之戰，而報其父之讎。今臣逃而紛齊、趙，始可著於春秋。且舉大事，孰不逃？桓公之難，管仲逃於魯；陽虎之難，孔子逃於衛；張儀逃於楚；白圭逃於秦；望諸相中山也[旁訓]此與樂毅同。使趙，趙劫之求地，望諸攻關[旁訓]斬守關者。而出；外孫之難，薛公[旁訓]田文。釋載[旁訓]不乘車。逃出於關，三晉稱以爲好士。太史公曰："好客自喜。"故舉大事，逃不足以爲辱矣。"[眉批]"伊尹"而下終上，又逃之策。且舉而下，再申所以逃之善。反覆言死，言逃生於紛齊，蓋齊得趙猶不紛，故紛齊在于絶趙于齊，此代之本旨也，然游辭甚矣。卒絶齊於趙，趙合於燕以攻齊，敗之。

蘇代獻書燕王

[眉批]九我曰：燕昭即位，志復齊讎，非一日矣。樂毅至燕在十七年後，又十年，

始合五國以攻齊。方其患齊之强，志未逞也。蘇代之徒爲之間齊離地之交，激秦之怒，勸之以伐宋，驕其兵而罷其師，齊卒以亡，代①有力焉，而世不數，何也？蓋毅之爲燕約信②，又服人卒，用以此勝，何暇乎代之爲哉？代③之輕詐反覆，效用於燕，亦昭王之賢明有以御之，非所以成功也。

蘇代自齊獻書於燕王曰："臣之行也，固知將有口事，言人譖之。故獻御書而行，獻侍御者以書。曰：'臣貴於齊，燕大夫將不信臣；臣賤，將輕臣；臣用，將多望猶責。於臣；齊有不善，謂惡燕。將歸罪於臣；天下不攻齊，將曰善爲齊謀；天下攻齊，將與齊兼貿猶賣。臣。臣之所處重卵④猶言累卵。也。'王謂臣曰：'吾必不聽衆口與讒言，吾信汝也，猶列眉也。言無可疑。上可以得用於齊，次可以得信於下，苟無死，女無不爲也，以女自信可也。'與之言曰：王與之言。'去燕之齊可也，期於成事而已。'臣受令以任齊，得任於齊。及五年。齊數出兵，未嘗謀燕。齊、趙之交，一合一離，燕不與齊謀趙，則與趙謀齊。燕與齊謀趙，實欲離齊於趙，代因與趙謀齊，以成燕之謀。齊之信燕也，至於虛北地，言不設備。齊北近燕。行其兵。以北兵伐它國。今王信田伐與參、去疾之言，三人讒代者。且攻齊，使齊犬馬而不言燕。使齊如犬馬制於人，又不泄燕之謀。今王又使慶燕臣。令臣曰：'吾欲用所善。'王苟欲用之，則臣請爲王事之。王欲醳釋同。臣專任所善，則臣請歸釋事。臣苟得見，則盈願。"

【九我評】將不信臣六患爲人間者所均有也。

蘇代約燕昭王書

秦召燕王，燕王欲往。蘇代約猶止。燕王曰："楚得枳而國亡，齊得宋而國亡，齊、楚不得以有枳、宋事秦者，何也？是則有功者，秦之深讎也。言此以見克齊者，秦之所惡。秦取天下，非行義也，暴也。秦之行

---

① 代，原誤作"伐"，今徑改。
② "約""信"之間，原空一字。
③ 代，原誤作"伐"，今徑改。
④ 卵，原誤作"卯"，今據黃丕烈本等改，注同。

暴正告天下，顯然而告天下。告楚曰：'蜀地之甲，輕舟浮於汶，乘夏水而下江，夏潦水漲。五日而至郢。漢中之甲，輕舟出於巴，乘夏水下漢，夏潦水漲。四日而至五渚。寡人積甲宛，東下隨，智者不及謀，男者不及怒，寡人如射隼矣。喻其易。王乃待天下之攻函谷，不亦遠乎？'楚王爲是之故，十七年事秦。秦正告韓曰：'我起乎少曲，一日而斷太行。我起乎宜陽而觸平陽，二日而莫不盡繇。〔旁訓〕音搖。我離兩周而觸鄭，五日而國舉。'韓氏以爲然，故事秦。秦正告魏曰：'我舉安邑，塞女戟，韓氏、太原卷。所絕。下軹道，道南陽、封、冀，封，封陵。冀，冀邑。皆魏境。兼包兩周，〔眉批〕此言下兵軹，道由南陽而封冀邑，使不通。封，當如"封函谷"之"封"。①乘夏水，浮輕舟，强弩在前，銛戟在後，決滎口，滎澤之口。魏無大梁；決白馬之口，魏無濟陽；決宿胥之口，魏無虛、頓丘。陸攻則擊河內，水攻則滅大梁。'魏以爲然，故事秦。秦欲攻安邑，恐齊據之，則以宋委於齊，〔眉批〕前說正合天下，此下乃以欺詐天下。曰：'宋王無道，爲木人以象寡人，射其面。寡人地絕兵遠，不能攻也。王苟能破宋有之，寡人如自得之。'已得安邑，塞女戟，因以破宋爲齊罪。此愚弄齊之計。秦欲攻韓，恐天下救之，則以齊委於天下曰：'齊人四與寡人約，四欺寡人，必率天下以攻寡人者三。必者，言攻之決。有齊無秦，無齊有秦，必伐之，必亡之。'已得宜陽、少曲，致藺、離石，因以破齊爲天下罪。此愚弄天下之計。秦欲攻魏，重楚，恐楚擊其後。則以南陽委於楚曰：'寡人固與韓且絕矣。殘均陵，塞黽隘，苟利於楚，寡人如自有之。'魏棄與國而合於秦，因以塞黽隘爲楚罪。此愚弄楚之計。兵困於林中，重燕、趙，恐燕、趙襲之。以膠東委於燕，以濟西委於趙。已得講於魏，質公子延，〔旁訓〕魏公子。因犀首屬行而攻趙。謂連兵相續。此愚弄趙之計。兵傷於譙石，遇敗於陽馬②，並趙地。而重魏，恐魏襲之。則以葉、蔡委於魏。已得講於趙，則劫魏，此愚弄魏之計。魏不爲割。困則使太后、穰侯爲和，贏則兼欺舅與

---

① 後三個"封"字，原皆誤作"對"，今徑改。
② 陽馬，原倒作"馬陽"，據《史記》改。黃丕烈本、《戰國策評苑》從鮑彪校本作"馬陵"。

母。嬴，謂勝。適燕者曰：‘以膠東。’適、讁同，即上云“因以爲罪”。適趙者曰：‘以濟西。’適魏者曰：‘以葉、蔡。’適楚者曰：‘以塞鄸阨。’適齊者曰：‘以宋。’必令其言如循環，言其無窮，不可致詰。用兵如刺蜚，喻易。母不能知，舅不能約。龍賈之戰，岸門之戰，封陵之戰，高商之戰，趙莊之戰，秦之所殺三晉之民數百萬。今其生者，皆死秦之孤也。［眉批］死秦之孤，言死於秦者之孤子。西河之外、上雒之地、三川，晉國之禍，三晉之半。言王三地被禍，居晉國之半。秦禍如此其大，而燕、趙之私交秦者，皆以爭事秦説其主，此臣之所大患。”燕昭王不行，［眉批］列國惟燕不爲秦。蘇代復重於燕。燕反約諸侯從親，如蘇秦時，或從或否，而天下由此宗蘇氏之從約。代、厲皆以壽死，名顯諸侯。

蘇代爲燕説趙王

趙且伐燕，蘇代爲燕謂惠王趙惠文王。曰：“今者，臣來過易水，蚌方出曝，而鷸啄其肉，蚌合而箝其啄，鷸曰：‘今日不雨，明日不雨，即有死蚌。’蚌亦謂鷸曰：‘今日不出，明日不出，即有死鷸。’兩者不肯相舍，漁者得而并擒之。得蚌，并得鷸。今趙且伐燕，燕、趙久相支，以敝大衆，臣恐强秦之爲漁父也。願王熟計之也。”惠王曰：“善。”乃止。

惠　　王

樂毅去燕適趙

昌國君樂毅爲燕昭王合五國之兵［旁訓］趙、楚、韓、魏、燕。而攻齊，下七十餘城，盡郡縣之以屬燕。［眉批］首叙毅功簡而盡。三城聊、莒、即墨。未下而燕昭王死，惠王即位，用齊人反間，疑樂毅，而使騎劫代①之將。樂毅奔趙，趙封以爲望諸君。［眉批］按《史記》，趙封毅以觀津，號望諸君。齊田單詐騎劫，卒敗燕軍，復收七十餘城以復齊。燕王悔，懼趙用樂毅乘燕之敝以伐燕。燕王乃使人讓樂毅，且謝之曰：“先王舉國而委將軍，

---

①　代，原誤作“伐”，日本内閣文庫藏本批校已改正。

將軍爲燕破齊，報先王之讎，天下莫不振動，寡人豈敢一日而忘將軍之功哉？會先王棄群臣，寡人新即位，左右誤寡人。寡人之使騎劫代將軍，爲將軍久暴露於外，故召將軍且休計事。且休兵而謀國事。將軍過聽，以與寡人有隙，遂捐燕而歸趙。將軍自爲計則可矣，而亦何以報先王之所以遇將軍之意乎？”望諸君乃使人獻書報燕王曰：“臣不佞，不能奉承先王之教，以順左右之心，恐抵斧質之罪，恐及於斬殺之罪。以傷先王之明，而又害於足下之義，無罪而殺毅，非義也。故遁逃奔趙。自負以不肖之罪，負，言荷罪在身。故不敢爲辭說。今王使使者數之罪，臣恐侍御者之不察先王之所以畜幸臣［旁訓］畜養親幸。之理，［眉批］“臣恐侍御者之不察先王之所以畜幸臣之理”云云，書中多是說此二句。而又不白［旁訓］明。於臣之所以事先王之心，故敢以書對。臣聞賢聖之君，不以祿私其親，功多者授之；不以官隨其愛，不以官爵濫予愛幸之人。能當者處之。故察能而授官者，成功之君也；論行而結交者，立名之士也。［眉批］成功、立名是一篇主意。臣以所學者觀之，先王之舉錯，有高世之心，［眉批］此所舉，與篇末“奉教君子”相應。故假節於魏王，時諸侯不通，出關則以節傳之①，毅爲魏昭王使燕，燕王以客禮待之，毅遂委質爲臣，故此云得假魏節入燕而以身得見燕王。而以身得察於燕。先王過舉，擢之乎賓客之中，而立之乎群臣之上，不謀於父兄，而使臣爲亞卿。臣自以爲奉令承教，可以幸無罪矣，故受命而不辭。［眉批］此下敘所以事昭王之由。先王命之曰：‘我有積怨深怨於齊，不量輕弱，而欲以齊［旁訓］伐齊。爲事。’臣對曰：‘夫②齊霸國之餘教，而驟勝之遺事也，閑於兵甲，習於戰攻。王若欲攻之，則必舉天下而圖之。舉天下而圖之，莫徑於結趙矣。且又淮北、宋地，楚、魏之所同願也。楚欲得淮北，魏欲得宋，時皆屬齊。趙若許，約楚、趙，宋盡力，四國攻之，齊可大破也。’先王曰：‘善。’臣乃口受令，具符節，南使臣於趙。顧反命，回而復命。起兵隨而攻齊。以天之道，先王之靈，河北之地，隨

---

① 傳，鮑彪本、黃丕烈本作“假”。
② 夫，原誤作“天”，今徑改。

先王舉而有之於濟上。濟上之軍奉令擊齊，大勝之。輕卒銳兵，長驅至國。齊王逃遁走莒，僅以身免。珠玉財①寶，車甲珍器，盡收入燕。大吕［旁訓］齊鐘名。陳於元英，故鼎反乎磨室，齊所得燕鼎，復歸乎燕室。齊器設於寧臺。［旁訓］燕臺。薊丘之植植於汶篁。言燕之薊丘所植，植齊王汶上之竹。自五霸以來，功未有及先王者也。［眉批］言先王功大，臣能以自明。先王以爲慊於其志，慊，快也。以臣爲不頓墜。命，不墮君命。［眉批］此叙先王所以舉己之由。故裂地而封之，封②昌國君。使之得比乎小國諸侯。臣不佞，自以爲奉令承教，可以幸無罪矣，故受命而弗辭。臣聞賢明之君，功立而不廢，故著於春秋；蚤知［旁訓］先見。之士，名成而不毀，故稱於後世。若先王之報怨雪恥，夷［旁訓］平。萬乘之强國，收八百歲之蓄積，通太公數之，有八百歲。及至棄群臣之日，餘令詔後嗣之遺義，執政任事之臣，所以能循法令，順庶孽者，新立之君皆患庶孽之亂，昭王預順之。施及萌隸，皆可以教於後世。［眉批］此見先王之政可以世守，不宜初死而遂背之。臣聞善作者不必善成，善始者不必善終。［眉批］此蓋明其不輔趙攻燕以解惠王之疑。以戰國反覆之世，而有如毅！觀其言，奉教於君子，則所學必有自來矣。昔者伍子胥説聽乎闔閭，故吳王遠迹至於郢。以闔閭比昭王，以夫差比惠王。夫差弗是也，不然子胥之説。賜之鴟夷而浮之江。取子胥尸，盛以鴟夷。鴟夷，榼名，馬革爲③之。故吳王夫差不悟先論之可以立功，故沉子胥而弗悔。子胥不蚤見主之不同量，故入江而不改。夫免身全功，以明先王之迹者，臣之上計也。離遭也。毀辱之非，墮先王之名者，臣之所大恐也。臨不測之罪，以幸爲利者，即所謂乘燕之敝。義之所不敢出也。臣聞古之君子，交絶不出惡聲；忠臣之去也，不潔其名。臣雖不佞，數奉教於君子矣。恐侍御者之親左右之説，而不察疏遠之行也。故敢以書報，惟君之留意焉。”

【九我評】悽惋感惻，所謂長歌之悲，過於慟哭。

───────────

① 財，原誤作“則”，今據黄丕烈本等改。
② 封，原誤作“對”，今徑改。
③ 爲，原誤作“于”，今據《戰國策旁訓便讀》改。

王　喜

燕王以書謝樂間於趙

［眉批］九我云：按燕方以百金壽人，而即乘間伐之①，燕王喜非人矣。樂間諫不聽而去，此殆智士。燕王召之書詞微婉，此亦可感。然君下不近人情，亦百金壽人之意也。間之終不返也，宜哉。

燕王喜使栗腹以百金爲趙孝成王壽酒，三日反，報曰："趙民其壯者皆死於長平，其孤未壯，可伐也。"王乃召昌國君樂間毅子。而問曰："何如？"對曰："趙四達之國也，其民皆習於兵，不可與戰。"王曰："吾以倍［旁訓］一倍。攻之，可乎？"曰："不可。"曰："以三，［旁訓］三倍。可乎？"曰："不可。"王大怒。左右皆以爲趙可伐，遂起六十萬以攻趙，令栗腹以四十萬攻鄗，使慶秦以二十萬攻代。趙使廉頗以八萬遇栗腹於鄗，使樂乘以五萬遇慶秦於代，燕人大敗，樂間入趙。燕王喜。以書且謝焉②，曰："寡人不佞，不能奉順君意，故君捐國而去，則寡人之不肖明矣。敢端其願，端，猶專也。願，欲復用之。而君不肯聽，欲正言其願，復用之意，恐君不肯聽。故使使者陳愚意，君試論之。［眉批］霍林曰：文章固能達意，亦能飾意。燕王遺樂間書，本是怨間責間，然詞氣委宛，讀者不覺其有怨，非以其文之故耶？語曰：'仁不輕絕，智不輕怨。'君之於先王也，世之所明知也。寡人望有非則君掩蓋之，有非而蔽覆之，寡人所望也。不虞［旁訓］圖。君之明罪之也。［旁訓］句法。望有過則君教誨之，不虞君之明棄之也。且寡人之罪，國人莫不知，天下莫不聞，君微出明怨言間雖無出之趙，以明有怨於我，人亦知之。以棄寡人，寡人必有罪矣。雖然，恐君之未盡厚也。此下直責間去燕之罪。諺曰：'厚者不毀人以自益也，仁者不危人以要名也。'故掩人之邪者，厚人［旁訓］志厚之人。之行也；救人之過者，仁者③之道也。世有掩寡人之邪，救寡人之過，非君孰望之？［眉批］九我曰：此書意婉而切，

① 而、伐，原誤作"面""代"，今據《戰國策旁訓便讀》改。
② 且、焉，原無，今據黃丕烈本等補。
③ "仁者"二字原在旁訓中，今據黃丕烈本移入正文。

文法而葩，足稱佳絕。今君厚受位於先王以成尊，輕棄寡人以快心，則掩邪救過，難得於君矣。且世有薄而故厚施，世雖薄我，我反厚施之。行有失而故惠用。有過失當棄，反順用之。今使寡人任不肖之罪，而君有失厚之累，於爲君擇之也，擇其所處。於，或作"請"。無所取之。處己處人俱失，竊爲君擇其所處，而無所取於此也。國之有封疆，家之有垣牆，所以合好掩惡也。有美則聚，有惡則掩。室不能相和，出語鄰家，未爲通計也。家雖不和，亦不可言於人。怨惡未見而明棄之，未爲盡厚也。寡人雖不肖乎，未如殷紂之亂也；[眉批]如岡曰："寡人雖不肖乎"以下，是一邊自解，一邊責間。君雖不得意乎，未如商容、箕子之累也。然則不內蓋寡人，掩寡人之失。而明怨於外，恐其適足以傷於高而薄於行也，非然也。自非然者。苟可以明君之義，成君之高，雖任惡名，所謂任不肖之罪。不難受也。本欲以爲①明寡人之薄，而君不得厚；揚寡人之辱，而君不得榮。此一舉而兩失也。義者不虧人以自益，況傷人以自損乎？傷人而反自損。君無以寡人不肖，累往事之美。昔者，柳下惠吏於魯，三黜而不去。或謂之曰：‘可以去。’柳下②惠曰：‘苟與人之異，[旁訓]立異。惡往而不黜乎？猶且黜乎，寧於故國爾。’柳下惠不以三黜自累，故前業不忘。不以去爲心，故遠近無議。今寡人之罪，國人未知，而議寡人者徧天下。語曰：‘論不脩心，善論人者，必先己無失可脩。議不累物，善議人者，必先己不爲惡名所累。仁不輕絕，智不簡功。’簡，猶棄也。簡棄大功者，輟也；輟，止也。輕絕厚利者，怨也。輟而棄之，怨而累之，宜在遠者，疏遠之臣可耳。不望之乎君也。今以寡人無罪，君豈怨之乎？願君捐怨，追惟先王，復以教寡人。棄我之怨，而追思先王厚恩，復反國而教我。意若曰倘或君之意曰。‘余且匿③心畜不善於心。以成而過，不顧先王以明而惡’，使寡人進不得脩④功，退不得改

---

① 爲，原無，今據黃丕烈本補。
② 柳下，原無，今據黃丕烈本補。
③ 匿，原作"匿"，今據黃丕烈本、《戰國策評苑》改。
④ 脩，原誤作"齊"，今據黃丕烈本、《戰國策評苑》改。

過，君之所揣也，言間量我也①。唯君圖之！此寡人之愚意也。敬以書
謁之。"樂閒、乘怨不用其計，二人卒留趙，不報。

【九我評】書詞條達婉麗，可玩可學。

燕太子使荆軻刺秦王

[眉批]一篇中，如田光、荆軻、樊於期、高漸離，皆激烈士，何其巧相值也。

燕太子丹質於秦，亡②歸，逃走而歸。見秦且滅六國，兵已臨易水，
恐其禍至，太子丹患之，謂其太傅鞫武曰："燕、秦不兩立，願太傅幸而
圖之。"幸爲③我謀之。武對曰："秦地遍天下，威脅韓、魏、趙氏，則易水
以北，未有所定也。奈何以見陵之怨，丹質秦，秦遇之不善。欲批其逆鱗
哉？"喻觸其怒也。逆鱗，見《韓子》。太子曰："然則何由？"太傅曰："請入，圖
之。"請太子入息，已乃圖之。居之有間，樊將軍亡秦之燕，太子客之。以禮待
之。太傅鞫武諫曰："不可。夫秦王[旁訓]始皇④。之暴，而積怨於燕，怨
其亡歸。足爲寒心，寒甚則心戰，恐懼亦戰。又況聞樊將軍之在乎？是謂委
肉當餓虎之蹊，禍必不振救。矣。雖有管、晏，不能爲之謀也。願太子
急遣樊將軍入匈奴以滅口。請西約三晉，南連齊、楚，北講於單于，然
後乃可圖也。"[眉批]九我云：此亦是合從遺意，可以緩亡，不可以救亡。太子丹曰：
"太傅之計曠日彌久，心惽然，恐不能須臾。言憂思惽瞀且死，須臾不能待。
且非獨於此也。夫樊將軍困窮於天下，歸身於丹，丹終不迫於强秦，
而棄所哀憐之交置之匈奴，是丹命固卒之時也。知禍且至，而猶爲之，自疑
命止於此。⑤願太傅更慮之。"鞫武曰："燕有田光先生者，其智深而慮沉，
沉静有謀⑥。可與之謀也。"太子曰："願因太傅交於田先生，可乎？"鞫武
曰："敬諾。"出見田光，道："太子願圖國事於先生。"田光曰："敬奉

---

① 也，原誤作"此"，今據黃丕烈本、《戰國策評苑》改。
② 亡，原誤作"忘"，今據黃丕烈本改。
③ 爲，原誤作"謂"，今徑改。
④ 皇，原誤作"王"，今據黃丕烈本、《戰國策評苑》等改。
⑤ 猶、命，原作"由""令"，今據黃丕烈本改。
⑥ 沉静有謀，原作"沉争有某"，不辭，今據文義改。

教。"乃造〔旁訓〕至。焉。太子跪而逢迎，卻行爲道，卻行而引導之，不敢背也。跪而拂席。田先生坐定，左右無人，太子避席而請曰："燕、秦不兩立，願先生留意也。"田光曰："臣聞騏驥盛壯之時，一日而馳千里。至其衰也，駑馬先之。今太子聞光壯盛之時，不知吾精已消亡矣。衰老而精神消滅。雖然，光不敢以乏國事也。不令所圖有闕。所善荊軻，衛人。可使也。"〔眉批〕到此引入荊軻。太子曰："願因先生得交荊軻，可乎？"田光曰："敬諾。"則起趨出，太子送之至門，戒曰："丹所報，先生所言者，國大事也，丹所白於先生，其所言者，皆國家大事。願先生勿泄也。"田光俛而笑曰："諾。"僂行曲躬而行，致敬之皃①。見荊軻，曰："光與子相善，燕國莫不知。今太子聞光壯盛之時，不知吾形已不逮也，不及壯時。幸而教之曰：'燕、秦不兩立，願先生留意也。'光竊不自外，不自疏於軻。言足下於太子，願足下過太子於宮。"荊軻曰："謹奉教。"田光曰："光聞長者爲行，不使人疑之，今太子約光曰：'所言者國大事也，願先生勿泄也。'是太子疑光也。夫爲行而使人疑之，非節俠士也。"立氣勢，作威福，結私交，以立強於世，謂②之俠。欲自殺以激荊軻，〔眉批〕光之死非爲泄，欲勉荊軻，使死之耳。曰："願足下急過太子，言光已死，明不言也。"遂自剄而死。軻見太子，言田光已死，致光之言。太子再拜而跪，膝下行流涕，以膝行，不立行，故言"下"。有頃而後言曰："丹所請田先生不言者，欲以成大事之謀，今田先生以死明不泄言，豈丹之心哉？"荊軻坐定，太子避席頓首曰："田先生不知丹不肖，使得至前，願有所道，此天所以哀燕而不棄其孤也。時諸侯嫡子亦僭稱孤。今秦有貪利之心，而欲不可足也。非盡天下之地，臣海内之王者，其意不饜。今秦已虜韓王，虜韓王安。盡納其地，又舉兵南伐楚，北臨趙。王翦數十萬之衆距漳、鄴，而李信出太原、雲中。趙不支秦，不能抵當秦。必入臣。入臣，則禍至燕。燕小弱，數困於兵，今計舉國不足以當秦。諸侯服秦，莫敢合從。丹之私計，愚以爲

---

① 皃，原誤作"見"，今據黃丕烈本改。
② 結，原誤作"吉"；謂，原作"胃"。今據黃丕烈本改。

誠得天下之勇士，使於秦，闕以重利，示之以利。秦王貪其贄，必得所願矣。誠得劫秦王，使悉反諸侯之侵地，若曹沫之與齊桓公，則大善矣。［眉批］"若曹沫之與齊桓公"段，是全篇主意。則不可，因而刺殺之。使大將擅兵於外，而內有大亂，則君臣相疑。以其間諸侯，得合從，其償秦必矣。取償於秦。此丹之上願，不知所以委命，委棄性命，猶①言不知死所。唯荊卿留意焉。"久之，荊軻曰："此國之大事也，臣駑下，恐不足任使。"太子前頓首，固請無讓。然後許諾。於是尊荊軻爲上卿，舍上舍，居之上舍，以寵異之。太子日造門下，供太牢，具異物，備諸珍奇之物。間進車騎美女，恣荊軻所欲，以順適其意。［眉批］按荊軻不逮聶政遠。聶政之辭仲子也以百金，荊軻則恣于車騎美人之間矣。久之，荊軻未有行意。秦將王翦破趙，虜趙王遷，盡收其地，進兵北略地，至燕南界。太子丹恐懼，乃請荊卿曰："秦兵旦暮渡易水，則雖欲長侍足下，豈可得哉？"荊軻曰："微太子言，臣願得謁之。今行而無信，無可以資取信。則秦未可親也。夫樊將軍，秦王購之慕求之。金千斤，邑萬家。募求之。誠得樊將軍首，與燕督亢之地圖，督亢，燕膏腴之地，蓋欲獻之，故畫圖。獻秦王，秦王必說見臣，臣乃得有以報太子。"太子曰："樊將軍以窮困來歸丹，丹不忍以己之私而傷長者之意，願足下更慮之。"荊軻知太子不忍，乃遂私見樊於期［旁訓］樊將軍名。曰："秦之遇將軍可謂深矣，父母宗族皆爲戮沒。今聞購將軍之首，金千②斤，邑萬家，將奈何？"樊將軍仰天大息流涕曰："吾每念，常痛於骨髓，顧計不知所出耳。"軻曰："今有一言，可以解燕國之患，而報將軍之仇者，何如？"樊於期乃前曰："奈何？"軻曰："願得將軍之首以獻秦王，秦王必喜而善見臣，臣左手把其袖，而右手揕［旁訓］刺。其胸，然則將軍之仇報，而燕國見陵［旁訓］辱。之恥除矣。將軍豈有意乎？"［眉批］九我云：欲輕易得人一頭，其發語如是，不容③不刻骨而伏劍也。樊於期偏袒扼腕勇者奮厲，必以左手扼右腕。而進曰："此臣之日夜切齒腐心，痛之極

────────────

① 猶，原作"由"，今徑改。
② 千，原作"萬"，今據黃丕烈本等改。《戰國策旁訓便讀》與此本同。
③ 容，原誤作"客"，今徑改。

也。乃今得聞教。”遂自刎。太子聞之，馳往，伏尸而哭，極哀。即已，無可奈何，乃遂盛樊於期之首，函①封之。以函盛其首，而封固之。於是太子預求天下之利匕首，得趙人徐夫人〔旁訓〕姓徐名夫人。匕首，取之百金，使工以藥淬之以試人，〔眉批〕以藥水染匕首爲淬。血濡縷，濡衣一縷。人無不立死者。乃爲裝遣荆軻，燕國有勇士秦武陽，年十三，〔眉批〕以十三歲之童子輔行，計亦疏矣。殺人，人不敢忤逆也。視。乃令秦武陽爲副。荆軻有所待，欲與俱。其人居遠未來，而爲留待，頃之未發。太子遲之，以爲遲久。疑其改悔，乃復請之曰：“日已盡矣，荆卿豈無意哉？丹請先遣秦武陽。”荆軻怒叱太子曰：“今日往而不反者，豎子也。今提一匕首入不測〔旁訓〕不可測度。之强秦，僕所以留者，待吾客與俱。今太子遲之，請辭決矣。”請一辭而決去。遂發。遂發車駕。太子及賓客知其事者，皆白衣冠以送之。至易水上，既祖，取道。祖，謂祭道路之神，封土爲山象，伏牲其上。既祭，處者餞之。飲畢，乘車輦之而去。高漸離擊筑，荆軻和而歌，爲變徵之聲，變徵爲商，蓋悲音。士皆垂淚涕泣。又前而爲歌曰：“風蕭蕭兮易水寒，壯士一去兮不復還！”復爲羽聲其音怒。忼慨，壯士不得志也。士皆瞋目，髮盡上衝冠。於是荆軻遂就車而去，終已不顧。既至秦，持千金之資幣物，厚遺秦王寵臣中庶子蒙嘉。〔旁訓〕蒙恬弟。嘉爲先言於秦王曰：“燕王誠振〔旁訓〕震同。怖大王之威，不敢興兵以逆軍吏，願舉國爲內臣，比諸侯之列，給貢職如郡縣，供給貢獻，與郡縣等職。而得奉守先王之宗廟。恐懼不敢自陳，謹斬樊於期頭，及獻燕督亢之地圖，函封，燕王拜送於庭，使使以聞大王，唯大王命之。”秦王聞之大喜，乃朝服，設九賓，見燕使者咸陽宮。荆軻奉樊於期之頭函，而秦武陽奉地圖匣，以次進至陛。秦武陽色變振恐，群臣怪之，荆軻顧笑武陽，顧視武陽而笑。前爲謝曰：“北蠻夷之鄙人，未嘗見天子，故振慴，願大王少假借之，少假之辭色。使得畢使於前。”悉其所獻。秦王謂軻起，取武陽所持圖。軻既取圖奉之，秦王發圖，圖窮而匕首見。因左手把秦王之袖，而右

---

① 函，原作“亟”，今據注文及黃丕烈本改。下文同。

手持匕首揕之。未至身，秦王驚，自引而起，袖絕，拔劍，劍長，摻其室。僅持其劍鞘。時惶急，劍堅，故不可立拔。荊軻逐秦王，秦王環柱而走，群臣驚愕，卒起不意，盡失其度。倉卒而出於不意，皆盡愴惶失常度。而秦法，群臣侍殿上者，不得持尺寸之兵。諸郎中執兵，皆陳於殿下，非有詔不得上。方急時，不及召下兵，以故荊軻逐秦王，而卒惶急無以擊軻。而乃以手共搏［旁訓］擊。之。是時侍醫夏無且，以其所奉藥囊提㩧也。荊軻，秦王方環柱走，卒惶急不知所爲。［眉批］叙事如畫。左右乃曰："王負劍！ 王負劍！①"［眉批］欲王推之於背，令前短易拔，故云"負劍"。遂拔以擊荊軻，斷其左股。荊軻廢，乃引其匕首以提秦王，不中，中柱。秦王復擊荊軻，軻被八創。軻自知事不就，倚柱而笑，箕踞以罵踞，坐，屈兩足如箕。曰："事所以不成者，乃欲以生劫之，必得約契復地之契。以報太子也。"左右既前斬荊軻，秦王目眩良久。已而論功賞群臣及當坐者，罪所當坐。各有差。而賜夏無且黃金二百鎰，曰："無且愛我，乃以藥囊提荊軻也。"於是秦大怒燕，益發兵詣趙，詔王翦軍以伐燕。十月而拔燕薊城。燕王喜、太子丹等，皆率其精兵東保於遼東。秦將李信追擊燕王，王急，用代王嘉計，殺太子丹，欲獻之秦。秦復進兵攻之。五歲而卒滅燕國，而虜燕王喜，秦兼天下。其後，荊軻客高漸離以擊筑見秦皇帝，而以筑擊秦皇帝，爲燕報仇，不中而死。

【九我評】軻之有高漸離，即聶政之有姊，皆天生奇絕也。

宋　策

景　公

墨子説止楚王攻宋

公輸般魯之巧人。爲楚設機，機者，雲梯之屬。將以攻宋。墨子聞之，百舍百里一舍。重繭，累胝如繭。往見公輸般，謂之曰："吾自宋聞子。聞其

---

① 原"王負劍"三字不重，今據黃丕烈本等補。

善。吾欲藉子殺王。”公輸般曰：“吾義固不殺王。”墨子曰：“聞公爲雲梯，梯之高上入雲。將以攻宋，宋何罪之有？義不殺王而攻國，是不殺少而殺衆。敢問攻宋何義也？”公輸般服焉，請見之王。見翟於王。墨子見楚王曰：“今有人於此，舍其文軒，鄰有敝輿而欲竊之；舍其錦繡，鄰有短褐而欲竊之；舍其梁肉，鄰有糟糠而欲竊之。此爲何若人也？”王曰：“必爲有竊疾猶癖。矣。”墨子曰：“荆之地方五千里，宋方五百里，此猶文軒之與敝輿也。荆有雲夢，犀兕麋鹿盈之，江、漢魚鱉黿鼉爲天下饒，[旁訓]富足。宋所謂無雉兔鮒魚者也，鮒，即鯽魚之小者。此猶梁①肉之與糟糠也。荆有長松、文梓、梗、楠、豫章，五者皆大木。宋無長木，此猶錦繡之與短褐也。臣以王吏之攻宋，爲與此同類也。”王曰：“善哉！請無攻宋。”

　　剔　成

臧孫子料荆不救宋

　　齊攻宋，宋使臧孫子索[旁訓]求。救於荆。[旁訓]楚。荆王威王。大說，許救之甚勸。[旁訓]力。臧孫子憂而反。其御曰：“索[旁訓]求。求而得，[旁訓]蒙許。有憂色，何也？”臧孫子曰：“宋小而齊大。夫救於小宋而惡於大齊，取强齊之怨。此王之所憂也。而荆王說甚，必以堅我。[旁訓]必詐以堅我意。我堅而齊敝，荆之利也。”臧子乃歸。齊王宣。果攻，拔宋五城，而荆王不至。

　　君　偃

宋君偃不善應祥

　　宋王②之時，有雀生鷇音彀，鷗鶵③。於城之陬。[旁訓]隅。使史占

---

①　梁，原作“梁”，今徑改。
②　黄丕烈本、《戰國策評苑》“宋”“王”之間有“康”字。
③　“音彀，鷗鶵”，原誤作“鶵彀鳥”，今據鮑本注引《集韻》及《戰國策旁訓便讀》改。

之，曰："小而生巨，必霸天下。"太史蓋遜言以避禍。王大喜。於是滅滕伐薛，取淮北之地，乃愈自信，欲霸之速成，故射天笞①地，盛血以革囊，懸而射之，曰射天。斬社稷而焚滅之，曰："威服天下鬼神。"罵國老諫臣爲無顏之冠，冠不覆額。以示勇。剖傴之背，鍥刻也。朝涉之脛，而國人大駭。齊聞而伐之，民散，城不守。王乃逃倪侯之館，侯，其臣也。遂得病而死。見祥而不爲祥，反爲禍。

衛　策

靈　公此春秋時。

復塗偵諫衛靈公

衛靈公近癰疽、[旁訓]醫之幸者。彌子瑕，亦幸臣。二人者專君之勢以蔽左右，復塗偵[旁訓]衛人。謂君曰："昔者，臣夢見君。"君曰："子何夢？"曰："夢見竈君。"君忿然作色曰："吾聞夢見人君者夢見日，今子曰夢見竈君而言君也，有說則可，無說則死。"對曰："日，并燭[旁訓]徧照。天下者也，一物不能蔽也。若竈則不然，前之人煬②，炊而向竈，曰煬。則後之人無從見也。[眉批]權臣蔽主，無如此譬。今臣疑人之有煬於君者也，是以夢見竈君。"君曰："善。"於是因廢癰疽、彌子瑕，而立司空狗。

嗣　君

至言失時之喻

衛人迎新婦，婦上車，問："驂馬，誰馬也？"車兩傍曰驂，轅中曰服。御曰："借之。"新婦謂僕曰："拊驂，無笞服。"皆言愛也。車至門，扶，扶婦下。教送母曰："滅竈，將失火③。"入室見臼，曰："徙之牖下，妨往來者。"主

---

① 笞，原誤作"苔"，今據黃丕烈本等改。
② "煬"字原脱，今據黃丕烈本補。
③ 失火，原誤作"夫大"，今據黃丕烈本改。

人笑之。此三言也①。然而不免爲笑者，蚤晚之時失也。初爲婦而云然，失之早也。

中山策

中山君以壺飱②得士

中山君饗都士大夫，都，試也。言已試而饗之。司馬子期中山人。在焉。羊羹不遍，司馬子期怒而走於楚，説楚王昭。伐中山，中山君亡。去國也。[眉批]中山君饗主羊羹不遍，固非矣。然爲人臣者，乃一杯羹之故，而説楚以伐其主，亦謂之賊臣而已。有二人挈戈而隨其後者，中山君顧謂二人③："子奚爲者也?"二人對曰："臣有父，嘗餓且死，君下壺飱臣父。君爲一壺之飯於臣父。臣父且死，曰：'中山有事，[旁訓]戎事。汝必死之。'故來死君也。"將爲君死。中山君喟然而仰嘆曰："與不期衆少，其於當厄；其，猶在也。言施與當在厄時。怨不期深淺，其於傷心。傷人之心，雖淺④亦怨。吾以一杯羊羹亡國，以一壺飱得士二人。"

---

① 黃丕烈本作"此三言者，皆要言也"，此本省"者皆要言"四字。
② 飱，原作"飱"，今據正文改。
③ 二人，原誤作"一"，今據黃丕烈本等改。
④ 淺，原誤作"成"，今據黃丕烈本等改。

圖書在版編目(CIP)數據

戰國策三注旁訓評林/(明)李廷機注;(明)沈一
貫選;(明)葉向高評;郭萬青整理.--上海:上海
古籍出版社,2023.11(2025.5重印)
(漢籍合璧精華編)
ISBN 978-7-5732-0883-5

Ⅰ.①戰… Ⅱ.①李… ②沈… ③葉… ④郭… Ⅲ.
①《戰國策》-研究 Ⅳ.①K231.04

中國國家版本館 CIP 數據核字(2023)第 195586 號

漢籍合璧精華編

戰國策三注旁訓評林

[明]李廷機 注
[明]沈一貫 選
[明]葉向高 評
郭萬青 整理

上海古籍出版社出版發行

(上海市閔行區號景路 159 弄 1-5 號 A 座 5F　郵政編碼 201101)

(1) 網址：www.guji.com.cn

(2) E-mail：guji1@guji.com.cn

(3) 易文網網址：www.ewen.co

上海世紀嘉晉數字信息技術有限公司印刷

開本 710×1000　1/16　印張 13　插頁 3　字數 206,000
2023 年 11 月第 1 版　2025 年 5 月第 2 次印刷
ISBN 978-7-5732-0883-5

K·3471　定價：78.00 元
如有質量問題,請與承印公司聯繫